Anya Tsai

L'or de nos cicatrices

Se libérer et se reconstruire après des violences sexuelles

F1RST
ÉDITIONS

À tous les Résilients & Résilientes
À celles et ceux en devenir
À tous les Alchimistes

Sommaire

INTRODUCTION

> « Il n'y a pas de hasard,
> il n'y a que des rendez-vous. »
> Paul Éluard

Vous tenez mon livre entre les mains et j'en suis honorée. S'il est arrivé jusque-là, c'est que nous avions rendez-vous et que le message qu'il contient vous est destiné.

Ce livre s'adresse à tous les résilients et résilientes, à celles et ceux en devenir, aux personnes qui ont vécu une épreuve difficile, tout particulièrement des violences sexuelles. Sa mission est de transmettre des clés pour se libérer du passé, se reconstruire et reprendre le pouvoir sur sa vie.

Je l'ai écrit à cœur ouvert, c'est le guide que j'aurais aimé pour m'accompagner sur le chemin de la résilience. J'aurais gagné des années si j'avais su tout cela ! Mais je ne regrette rien, ce parcours m'a permis de découvrir moi-même les moyens d'avancer vers ma résilience.

Que ces pages puissent vous ouvrir de nouveaux horizons, vous montrer que la voie de la transformation personnelle et de la renaissance est possible. Si mes mots peuvent guider une seule personne vers sa propre lumière, ce sera ma plus belle récompense.

Au-delà de la simple lecture, **ce livre est à vivre**. C'est le voyage que je vous propose : mettez en œuvre ce que je partage pour en faire votre propre expérience, puis constatez les résultats dans votre vie. Ce livre n'a de valeur que si vous lui en accordez. Testez, mettez en application, persévérez pour récolter les fruits de vos efforts. Allez à votre rythme et cultivez la bienveillance envers vous-même. C'est la clé pour métamorphoser sa vie.

Appropriez-vous ce livre, il est votre compagnon, faites-le vivre : annotez-le, cornez ses pages, surlignez les passages importants, faites les exercices proposés, j'ai laissé des espaces pour que vous puissiez vous exprimer. Il prendra ainsi toute sa puissance et accomplira sa mission.

Je vous souhaite un merveilleux voyage sur le chemin de la transformation.

Mon histoire

« Je ne suis pas ce qui m'est arrivé,
je suis ce que je choisis de devenir. »

Carl Gustav Jung

MA RÉSILIENCE

Je m'appelle Anya et je suis une résiliente. La résilience est un mot qui m'est particulièrement cher. En physique, c'est l'aptitude d'un corps à résister aux chocs et à reprendre sa structure initiale. En psychologie, c'est la capacité à vivre, à rebondir, à se développer en dépit de l'adversité et à surmonter des épreuves traumatiques. La résilience est un processus alchimique de transformation.

Ma blessure est celle d'un viol subi dans l'enfance. J'avais 15 ans.

La parole est libératrice, mais moi, j'ai mis plus de 20 ans à libérer la mienne. Allégée d'un fardeau, délestée de mon passé et de mes chaînes, je suis libre. L'impossible est devenu possible. Exit les peurs, les doutes, la souffrance dans laquelle j'étais prisonnière. J'ai une furieuse envie de vivre pleinement et je souhaite que ma vie soit belle, épanouissante, remplie d'amour, de joies, de rêves à réaliser.

Ma vie a commencé à changer le jour où j'ai cessé de me voir en tant qu'éternelle victime : la honte et la culpabilité ressenties, je les ai restituées au violeur. J'ai pris conscience que c'est lui qui devrait souffrir, et non moi. Cette perception des choses a transformé ma vie. Et un matin, il m'est venu la soudaine envie d'écrire, de témoigner du long chemin parcouru pour en arriver là.

J'ai donné un sens à mon épreuve. Ce passé, je ne l'ai pas choisi, je ne peux pas le changer, mais je peux décider d'en faire ce que je veux. Et cette souffrance qui était ancrée au plus profond de moi et qui m'a accompagnée toutes ces années, je l'ai transformée, jour après jour, en bienveillance envers moi-même, en force intérieure et en confiance en la vie.

Ce livre veut transmettre ce message d'espoir qu'une nouvelle vie est possible même après l'indicible, après l'intolérable, qu'il est possible de se reconstruire, d'être heureux et en paix avec soi-même. Chacun porte en soi cette capacité de résilience. Ce que j'ai fait, vous pouvez le faire aussi.

MON VOYAGE INTÉRIEUR

Je vous emmène dans un voyage de métamorphose, on n'en revient jamais comme on est parti. J'ai commencé ce voyage le jour où je suis morte. À 15 ans, je suis morte une première fois, avant de renaître à la vie.

Je suis partie à la découverte de mon monde intérieur aux rivages inhospitaliers, aux contours incertains, aux terres arides et désertes à l'infini. J'ai trouvé des continents inexplorés, des pays qui n'étaient qu'une succession de champs de ruines et de batailles, des paysages si dévastés qu'aucune forme de vie ne pouvait y prendre place.

Mais, au milieu de ces ruines, il y avait une imperceptible trace de vie. Ce n'était qu'un faible rayon de lumière dans cette sinistre obscurité, mais cette lueur existait. Il y avait bel et bien de la lumière au bout du tunnel.

Des années plus tard, en continuant d'explorer, j'ai découvert d'autres contrées, d'autres pays intérieurs où la vie semblait reprendre avantage sur l'adversité. Je suis allée au plus profond de mon être, dans des endroits cachés où nul ne s'était jamais aventuré. J'ai découvert des trésors magnifiques.

J'ai alors entrepris de reconstruire ces territoires dévastés, pierre après pierre, et de faire la cartographie de ce monde intérieur. La première pierre était sans aucun doute la plus lourde et la plus difficile à poser. Puis, effort après effort, tel un oiseau qui construit son nid, j'ai reconstruit ces villages, ces pays, ces continents.

Il s'est passé un quart de siècle depuis cette nuit où ma vie a basculé. C'est le temps qui m'a été nécessaire pour en arriver là et, tel un phœnix, renaître de mes cendres.

MES ORIGINES

Je suis née dans un petit village de Chine. Mes parents ont quitté leur pays natal dans l'espoir d'un avenir meilleur. Je suis arrivée en France à l'âge d'un an. Une année plus tard, en même temps que ma mère perdait son oncle, mon petit frère voyait le jour à Paris. Une vie qui s'en va, une nouvelle qui commence. Tel est le cycle de la vie.

Mes parents m'ont appelée Anya en hommage à mon village de naissance. *An* 安 signifie la paix en chinois, *Ya* 雅 veut dire élégance. Je porte la paix dans mon nom. Pourtant, j'ai mis du temps à la trouver.

Pendant mes premières années, j'écrivais mon prénom comme il était l'usage à l'époque, en séparant les deux caractères chinois. J'étais An-Ya, comme deux entités distinctes : à la fois Chinoise et Française, ciel et terre, ombre et lumière, yin et yang. Puis un jour, j'en ai eu assez de cette dissociation. Je rêvais d'un prénom plus occidental. C'est ainsi que j'ai supprimé le trait d'union pour devenir Anya.

J'ai été longtemps jalouse de mon frère et de mes proches nés en France. Ils portaient des prénoms français et ils étaient Français par le droit du sol, contrairement à moi. Il m'a fallu du temps pour aimer et m'approprier mon prénom. J'ai également mis du temps à m'accepter telle que j'étais.

Je ne me sentais pas complètement chez moi en France, mais paradoxalement je ne me sentais pas non plus entièrement Chinoise. En chinois, il existe un mot pour décrire les personnes qui ont, comme moi, cette double culture. Je suis ce que l'on appelle une « banane » : jaune à l'extérieur et blanche à l'intérieur.

À la majorité, je me suis empressée de demander ma naturalisation. Comme il n'existe pas de convention avec la Chine pour avoir la double nationalité, j'ai dû renoncer à ma nationalité d'origine. Lors de mon entretien de naturalisation, on m'a poussée à franciser mon prénom, à le changer en *Anne* ou *Annie*. J'aurais même pu choisir n'importe quel autre prénom français. Ma mère m'encourageait à le faire. Après réflexion, j'ai choisi de garder mon nom de naissance. Depuis ce jour, je l'adore, il fait partie de mon histoire. C'est ainsi qu'à 18 ans, alors que je pouvais prendre une autre identité, j'ai pris conscience que je portais le plus beau prénom qui soit, je ne l'aurais changé pour rien au monde.

Ma double culture

J'ai mis du temps à ne plus considérer ma double culture comme un « handicap », c'était ma façon de penser quand j'étais enfant. Je n'avais qu'une envie : me fondre dans la masse. J'aurais aimé ne plus avoir les yeux bridés, être blonde aux yeux bleus. Il m'a fallu des années pour réaliser que ma double culture est une immense richesse.

J'ai été élevée dans le respect des traditions chinoises. Dans la culture asiatique, nous ne sommes pas encouragés à montrer nos sentiments. Nous sommes plutôt dans la retenue et la pudeur. Ne pas contrôler ses émotions peut être perçu comme un signe de faiblesse, comme une façon de perdre la face. Depuis toute petite, j'ai donc appris à contenir mes émotions pour ne pas me laisser emporter par elles. Savoir garder la sérénité peut être très utile dans certaines situations. Ce n'était pas toujours facile de prendre sur soi et d'être dans le contrôle permanent. Mais avec la pratique, j'ai plutôt été une bonne élève.

L'une des principales différences entre ces deux cultures, c'est qu'en Occident, une personne est une entité à part entière. Sa vie lui appartient, elle fait ses propres choix. Elle cherche l'épanouissement, la voie vers le bonheur et l'accomplissement personnel. Mais en Orient, la vie d'une personne fait partie d'un tout : sa famille, la communauté, la société. Les choix qui sont faits en tiennent compte : on ne choisit pas ce qui est le mieux pour soi, mais pour la famille ou la communauté afin de maintenir un équilibre.

Il n'y a pas de culture ni d'éducation meilleure qu'une autre. Mais il existe des différences essentielles qui expliquent que les personnes ne comprennent pas les situations de la même façon ou ne réagissent pas à l'identique.

Mes parents m'ont transmis de très belles valeurs et mon éducation en France m'a profondément enrichie. Ce sont des cadeaux précieux. J'ai eu la chance de grandir dans deux magnifiques cultures et j'ai fait mon propre mélange en combinant le meilleur de l'Orient et de l'Occident.

La révélation de ma date de naissance

Enfant, je ne fêtais pas mon anniversaire. En revanche, ma mère me préparait un plat spécial pour l'occasion : un bol de nouilles qui sont symboles de longévité en Asie.

Je suis née le 17 décembre 1978 du calendrier lunaire. À cette époque, on parlait, dans mon village d'origine, en calendrier lunaire et non en calendrier solaire (ou grégorien). J'ai dû attendre l'adolescence pour connaître ma « vraie » date de naissance. Ma mère avait réussi à se procurer un livre qui répertoriait les correspondances entre calendriers lunaire et grégorien, ce fut, pour moi, un outil précieux. Aujourd'hui, grâce à Internet, il suffit d'un clic pour obtenir cette correspondance.

C'est ainsi qu'à l'adolescence, je découvris la date occidentale de ma naissance : le 15 janvier 1979. Quelle révélation ! Un voile s'est levé, c'était une nouvelle mise au monde.

À un mois d'écart, une date de naissance peut changer une vie. Née en 1979, et non en 1978, j'aurais dû entrer à l'école un an plus tard. Je n'aurai pas fait les mêmes rencontres et ma vie aurait sans doute été différente.

Mes blessures de l'âme

Comme chacun, j'ai eu des blessures d'enfance. Ma première blessure était celle d'un abandon. Je n'étais âgée que de trois ou quatre ans. Mes parents tenaient un atelier de maroquinerie et avaient une grande poubelle qui servait à recueillir les chutes de cuir. Après que j'ai fait une grosse bêtise, mon père m'avait mise dans la poubelle pour me punir. Je me souviens avoir pleuré toutes les larmes de mon corps et lui avoir demandé de me secourir. Mais il m'a laissée pleurer. C'est un employé, finalement, qui est venu me délivrer.

Je n'en veux pas à mon père et je ne le juge pas, il avait ses raisons. Il a fait ce qu'il pensait être le mieux à l'époque. Même si cela n'avait duré que quelques minutes, elles m'ont semblé une éternité. Il n'avait pas imaginé que son geste puisse causer une blessure émotionnelle profonde. Comme je suis très sensible, j'en ai gardé l'empreinte inconsciente, la peur profonde de l'abandon et le sentiment d'être sans valeur. Je m'appliquais à être parfaite pour ne pas décevoir mes parents et ne pas être « bonne au rebut ».

Ma seconde blessure de l'âme a mis du temps à guérir. C'est celle d'un rejet et d'une humiliation qui a engendré chez moi un rapport très particulier à la parole. J'ai marché très tard, mais j'ai su parler très tôt. J'étais un bébé très porté et choyé par un village entier : la famille, les voisins, les amis s'occupaient de moi à tour de rôle. Passant de bras en bras, j'ai été très stimulée et j'ai su dire mes premiers mots très tôt.

À leur arrivée en France, mes parents ne parlaient pas français, mais uniquement leur dialecte chinois. À l'âge de 6 ans, je suis donc arrivée à l'école primaire en parlant à peine français, avec un accent assez prononcé. Un jour, mon instituteur de CP m'avait demandé de lire un texte à voix haute devant toute la classe. Mes camarades se sont moqués de mon accent et j'en ai été profondément blessée. Les enfants peuvent être très cruels entre eux et l'effet de groupe a amplifié cette blessure. J'avais tellement honte que j'aurais voulu me cacher à mille lieues sous terre...

La parole silencieuse

Depuis ce jour-là, pour éviter de revivre cette humiliation et ce rejet, j'ai choisi de me taire. Pour communiquer avec l'instituteur ou pour interagir avec la classe, je marquais mes réponses sur un tableau ou sur des bouts de papier. Ce n'était certes pas la meilleure solution, je ne la recommanderai à personne. Mais à 6 ans, c'est ce que j'avais trouvé de mieux. Puis j'ai fait ce que j'ai toujours appris : refouler mes émotions et ne rien laisser transparaître.

C'est ainsi que je suis devenue malgré moi « la muette » de l'école. Je n'étais plus Anya. Cette étiquette de « muette » était devenue mon identité et j'ai mis des années à m'en défaire. Les enfants me pointaient du doigt en cours de récréation, on chuchotait après mon passage. J'étais une attraction à moi toute seule parce que j'étais différente. Et être différente à l'école, ce n'était pas une situation facile.

Pendant des années, enfermée dans ce mutisme, profondément blessée et rejetée par d'autres enfants, je me suis créé un monde imaginaire pour me protéger. Dans ma bulle protectrice, j'établissais mes règles : pas de moqueries ni d'humiliations. Rester silencieuse était mon mode de communication. Pensant que ma parole avait peu de valeur, je préférais me taire pour ne pas être blessée. J'adoptais cette attitude uniquement à l'école. Une fois chez moi, je parlais tout à fait normalement.

J'avais la chance d'être une excellente élève avec des facilités d'apprentissage. J'ai appris à lire très vite par moi-même dès que j'ai compris comment se formaient les syllabes. J'ai mené ma scolarité sans problème, le fait de ne pas parler en classe n'a jamais gêné mon passage en classe supérieure.

J'ai appris le français en quelques mois. Très vite, rien ne me distinguait plus d'un autre enfant dont c'était la langue maternelle. Mais ce n'est pas pour autant que je me suis mise à parler à l'école, mon ego blessé me dictait de continuer à me taire, et la blessure ne cicatrisait pas... Puisque je n'avais aucune difficulté scolaire et que je ne gênais personne avec mon silence, mes professeurs me laissaient tranquille et acceptaient mon comportement spécial. Ce n'est qu'en fin d'école primaire que j'ai recommencé à parler, mais je suis restée, toute ma scolarité, une élève très réservée et introvertie.

Garder le silence après mon viol n'a pas été si difficile. Après ces années d'entraînement, j'étais devenue experte de la « parole silencieuse ».

MON ÉPREUVE

Voyage au bout de la nuit

Ma vie a complètement basculé la nuit du samedi 26 février 1994. J'avais tout juste quinze ans, mais j'en paraissais douze, j'ai toujours fait plus jeune que mon âge. J'habitais avec mes parents au-dessus de l'atelier familial de maroquinerie, à Paris, et je partageais ma chambre avec mon petit frère.

Cette nuit-là, des hommes se sont introduits chez nous pour nous cambrioler. J'ai été tirée de mon sommeil par un oreiller maintenu sur mon visage qui m'étouffait, je me suis réveillée dans la panique et l'incompréhension la plus totale. Quand ils ont retiré l'oreiller, j'ai découvert plusieurs hommes, tous cagoulés et armés. Je ne pouvais distinguer que leurs yeux et la lame des couteaux, dont les reflets brisaient la profondeur sombre de la nuit. Ils nous menaçaient, mon frère et moi, de nous tuer si nous ne nous taisions pas et si nous ne faisions pas tout ce qu'ils demandaient.

Ils étaient au moins cinq et impossibles à identifier. J'ai pensé qu'il s'agissait d'un horrible cauchemar et que j'allais finir par me réveiller. Mais tout était bien réel. Les cambrioleurs nous ont ligoté les poignets et les chevilles pour nous immobiliser, bâillonné la bouche, puis bandé les yeux. Impossible de crier, ni de bouger, ni de s'enfuir, ni de prévenir la police, ni de pleurer. L'un des seuls sens qu'il me restait était l'ouïe et je restais à l'affût du moindre bruit.

Les cambrioleurs ont fouillé tout l'appartement, à la recherche d'argent, de bijoux, d'objets de valeur. Ils ont arraché le collier avec le cœur en jade que je portais. Ce cadeau de mon père avait une valeur sentimentale inestimable. J'en ai été désespérément impuissante.

Puis ils ont emmené mon frère dans la chambre de mes parents, eux aussi ligotés et bâillonnés, afin de les faire chanter pour obtenir plus d'argent. Mes parents ont donné cette nuit-là tout ce qu'ils avaient, ils se moquaient complètement de l'argent quand leur peur la plus profonde était pour leur vie et celle de leurs enfants... C'est ainsi que je me suis retrouvée seule dans la chambre avec les cambrioleurs.

Cela aurait pu rester juste un cambriolage avec violences et séquestrations, mais le destin en a décidé autrement. L'un des hommes a commencé à me toucher, à plusieurs reprises, entre ses allées et venues. Chaque fois qu'il revenait dans la chambre, il me touchait de façon de plus en plus insistante, d'abord au-dessus de mes vêtements de nuit, puis en dessous, sous mon T-shirt et dans ma culotte. En un éclair, j'ai compris ce qui allait m'arriver, j'ai toujours été mature pour mon âge. J'étais condamnée à attendre mon viol, dans l'incapacité de pouvoir lutter, ni hurler, ni pleurer, ni réagir. Comment aurais-je pu en étant ainsi ligotée et bâillonnée ? Je pouvais juste me révolter intérieurement, mais personne ne pouvait entendre ma détresse et mon désespoir. Cette nuit-là, je n'avais d'autre choix que d'attendre mon sort.

Puis l'homme est revenu. Il a défait les liens qui ligotaient mes chevilles pour libérer mes jambes et il a retiré ma culotte. Devant la scène, l'un des complices a réagi en criant : « Non, arrête ! Ne fais surtout pas ça, tu vois bien que ce n'est qu'une enfant ! » Ces mots résonnèrent à mes oreilles comme une lueur d'espoir : ce sont des humains, ils ne peuvent pas laisser se produire un tel crime sous leurs yeux sans réagir... Malheureusement, l'homme n'écouta pas son complice et lui ordonna de se taire. Je ne pus échapper à mon destin, les paroles de l'autre homme ne me sauvèrent pas.

C'est ainsi que ma vie a basculé : un double viol, celui de mon intimité par le cambriolage et le viol de mon intégrité. Cette nuit-là, je pensais mourir, persuadée qu'après leurs crimes, ils nous tueraient tous.

Je m'attendais à recevoir le coup de couteau fatal. Je pleurais intérieurement en pensant que ma vie avait été trop courte. C'était si injuste, j'allais quitter ce monde sans avoir connu l'amour ni embrassé un garçon, sans avoir pu dire à mes parents et à mon frère que je les aimais de tout mon cœur... Ces mots simples étaient si difficiles à dire, car ils n'étaient pas dans les habitudes de notre culture. Et je regrettais tout ce que je n'avais pu faire quand il était encore temps.

Cette nuit-là, la peur de mourir a été plus forte que tout. Je ne voulais pas mourir ainsi, seule dans mon lit, baignée dans mon sang... Alors, dans un dernier sursaut, pendant que l'homme commettait son crime, j'ai prié de tout mon cœur, de toutes mes forces, en demandant de pouvoir continuer à vivre... Le ciel a entendu ma prière et mon vœu a été exaucé.

Après ce double crime, les hommes se sont enfuis. Ils avaient tout saccagé, tout dévasté, tout ravagé dans l'appartement et dans mon cœur. J'étais bien vivante, mais dans mon corps et dans mon âme, j'étais morte.

En détachant mes liens, j'ai découvert du sang dans l'appartement. Ma mère avait été séquestrée et ils l'avaient blessée à la main pour la faire chanter. Mais elle allait bien, et surtout, tout le monde était vivant. Un miracle ! Je ne me donnais pas le droit de me plaindre, car toute ma famille avait la chance d'être en vie. Nous nous en sortions bien malgré le drame.

J'ai fait le choix de me taire, pour oublier à jamais cette nuit et faire comme si rien ne s'était passé. Ce serait mon secret, j'en serais l'unique gardienne. En même temps que j'enterrais mon histoire, je me préparais à vivre une longue et rude bataille intérieure. C'est sans conteste le combat le plus difficile que j'ai eu à mener, seule face à moi-même, dans la plus grande solitude. Personne ne pouvait deviner mon lourd secret.

LA VIE D'APRÈS

Le temps du silence

J'étais dans un tel état de choc qu'il m'était impossible d'en parler. Je ne voulais pas faire souffrir mes parents en leur avouant la vérité. Je me suis sentie souillée, honteuse et coupable d'un crime dont j'étais la victime. À force de ruminer, je me disais que j'étais peut-être responsable, que j'avais mérité ça ou que c'était mon karma. Comme je dormais en T-shirt et en culotte, je pensais que ma tenue avait pu provoquer la situation. J'ai culpabilisé de trop nombreuses années en pensant que si je m'étais habillée d'un pyjama large ou si j'avais mieux couvert mon corps, ce ne serait pas arrivé. J'ai tellement ressassé mon histoire en espérant pouvoir changer le scénario...

Je n'étais pas du tout prête à parler. Tant de peurs me bloquaient : peur d'être jugée, peur de ne pas être entendue, peur que ma parole soit mise en doute, peur de la réaction des gens, peur de l'abandon et du rejet, peur de moi-même et de me montrer telle que je me voyais : souillée, déshonorée, abîmée, défectueuse, imparfaite, inférieure, bonne au rebut, sans valeur... Je me suis réfugiée dans un monde créé pour me protéger, pour essayer d'oublier et d'effacer les traces de cette sombre nuit.

J'ai choisi de tout enfouir en moi, de faire comme si cela n'avait jamais existé, comme un mauvais rêve que l'on cherche à oublier. Je pensais qu'en ne parlant pas du viol, en ne lui donnant aucun moyen d'exister dans mon présent, il n'aurait ni prise ni pouvoir sur ma vie. J'étais dans une forme de déni de la réalité et de minimisation des actes subis. Je faisais tout pour relativiser et dédramatiser la situation. Pour finir, j'avais la chance d'être en vie ! Je ne m'autorisais donc pas à me plaindre puisque cela aurait pu être pire. Je ne m'en sortais pas si mal. Cette rationalisation était un mécanisme de protection face à l'horreur d'une réalité que je n'arrivais pas à affronter. J'aurais tellement aimé que l'on puisse porter ma souffrance à ma place.

Ma parole a mis 20 ans à se libérer. On m'a tendu des perches, et je n'ai pas su les saisir. J'ai eu l'occasion de parler, mais la peur me bloquait à chaque fois. J'ai envoyé des signaux de détresse, mais ils n'étaient pas assez visibles. J'ai de nouveau pratiqué la parole silencieuse. Pour m'entendre, il fallait écouter mon silence et voir ce qu'il cachait. Derrière ce silence, une petite voix émettait le vœu le plus cher d'être écoutée...

La plainte pour cambriolage

Mes parents ne voulaient pas porter plainte. Ils voulaient oublier cette horrible nuit et savaient qu'il y avait peu d'espoir de retrouver ces hommes. Mais peu de temps après, l'un des cambrioleurs a commencé à téléphoner à mes parents. Il voulait davantage. Il les a informés que ses complices et lui savaient où nous allions à l'école. Il a fait des menaces et du chantage.

Ne pouvaient-ils se contenter de ce qu'ils avaient pris cette nuit-là ? Jusqu'où peut aller la folie des hommes ? Quand j'ai appris ces menaces, j'ai suffoqué. J'avais si peur que le cauchemar se reproduise.

Mes parents ont finalement porté plainte. Nous avons tous été auditionnés. Au commissariat, nous étions, mon frère et moi, assis côte à côte, chacun face à un policier. À la fin de mon audition, le policier m'a demandé : « *Petite, tu es sûre que c'est tout, tu n'as rien à ajouter ? Ils ne t'ont rien fait de plus ?* »

Cette question n'a été posée qu'à moi. Au lieu de saisir cette main tendue, je me suis braquée. J'ai répondu qu'il ne s'était rien passé d'autre. Telle une huître, je me suis enfermée dans ma douleur. Emmurée dans mon silence, j'ai enterré encore plus profond mon secret. Les mots n'ont pu sortir. Parler aurait été tellement libérateur, mais je n'avais pas le courage. C'était au-dessus de mes forces.

En faisant des recherches et en recoupant les numéros d'appel, mes parents ont réussi à identifier l'un des cambrioleurs. Il avait travaillé pour eux. Le crime était donc prémédité. Ils avaient fait du repérage et connaissaient toutes nos habitudes de vie. Mes parents n'ont pas donné cette information à la police par peur d'éventuelles représailles. La plainte a été classée sans suite par manque d'éléments.

J'ai choisi de me taire et d'enfouir ce passé en moi, là où personne ne pourra jamais le trouver. J'avais si peur que mes parents découvrent la vérité. Avec l'imagination fertile que j'avais, je me faisais des scénarios catastrophes : j'imaginais que si mon père l'apprenait, il pourrait tuer le criminel et aller en prison par ma faute. J'ai donc choisi le silence pour ne pas donner à cette possibilité une chance de se réaliser.

Ombres et solitude

Après le cambriolage, mes parents avaient installé un système de télésurveillance et nous avions chacun une alarme près de notre lit. Je m'endormais chaque nuit la main posée sur le boîtier de l'alarme. Moi qui dormais bien, j'ai commencé à avoir des insomnies et à faire des cauchemars de poursuites où l'on essayait de me tuer. Je me couchais tous les soirs avec l'angoisse au ventre. M'endormir profondément était devenu synonyme de danger, je restais en hypervigilance et ne dormais plus que d'un œil.

Combien de fois me suis-je réveillée en panique, couverte de sueur ? Je m'habillais parfois en pleine nuit quand je ne pouvais plus me rendormir, j'attendais debout, prostrée devant la chambre de mes parents, ou assise sur mon lit jusqu'au lever du jour. Ma mère, remarquant un changement dans mon comportement, m'a demandé : « *Anya, cette nuit-là, ils t'ont fait quelque chose ? Est-ce qu'ils t'ont touchée ?* »

Par cette question posée et cette main tendue, j'ai su qu'elle se doutait que je cachais un secret. Les mères ressentent ce genre de choses. Au lieu de saisir cette perche, je me suis violemment braquée : « *Non, laisse-moi tranquille ! Il ne s'est rien passé cette nuit-là, ils ne m'ont rien fait ! Arrête, je ne veux plus jamais en parler.* » Elle a respecté ma demande et ne m'en a plus reparlé. J'ai laissé passer une nouvelle occasion de libérer ma parole.

Mes résultats scolaires ont brusquement chuté. J'avais toujours été une excellente élève, j'avais été admise au lycée Henri IV, l'un des meilleurs lycées parisiens. Je pensais qu'en me consacrant aux études, je pourrais oublier. Mais je n'arrivais plus à me concentrer, et j'ai décroché. En fin de classe de Première, j'ai choisi de redoubler. Je pensais que faire une seconde fois la même classe mettrait mon cerveau en pause pour ne plus réfléchir ni penser.

Je me suis réfugiée au pays des émotions refoulées. Je ne m'autorisais pas à les exprimer, pas même la colère, ni la peur, ni la tristesse. Je n'ai d'ailleurs jamais pleuré après le drame. Je ne m'en donnais pas l'autorisation. Je retenais mes larmes pour remplir le puits sans fond de ma tristesse et de mon désespoir. Je suis devenue froide. De nature réservée, je me suis enfermée plus encore dans ma carapace pour me protéger.

Je faisais tout pour que ce passé « honteux » ne se découvre pas. J'ai fait le choix du silence, de la solitude et de l'isolement. Avec le temps, je pensais pouvoir tout oublier. J'ai refoulé mon histoire, car la réalité était si intolérable que je ne pouvais pas la regarder en face. La vie a suivi son cours, avec des hauts et des bas. Je contrôlais comme je pouvais mon passé et mes émotions, enfermés dans un coffre à double tour, enterrés dans mon cimetière secret.

Garder tout cela était si difficile. Tout ce qui ne s'exprime pas s'imprime dans le corps. Et ce qui est imprimé cherche à sortir d'une autre façon. Pendant des années, mon corps a somatisé et créé des maladies, pour exprimer ce que j'avais du « mal à dire ». Il m'a parlé à l'endroit même où j'avais souffert. J'ai lutté longtemps contre des infections et divers troubles gynécologiques. Je ne faisais que soigner mes symptômes sans traiter la cause. Je ne faisais pas le lien avec mon traumatisme.

Ma parole ne se libérait toujours pas. Ce que je ne pouvais pas extérioriser, j'essayais de le dire autrement : avec mon corps, mon comportement, mes résultats scolaires, mes écrits. Je me souviens d'un devoir d'anglais dont la consigne était d'écrire un poème sur le modèle de celui de Duke Ellington intitulé « *What is music to you ?*[1] » Je l'ai intitulé « *What is death ?* »

---

1. Duke Ellington, *Music is my Mistress*, 1973.

[Qu'est-ce que la mort ?]. C'était un poème très noir, une ode à la mort comme symbole de libération. C'était un cri de détresse venu du fond de mon cœur, une perche que je tendais, sans doute désespérée, mais personne n'a vu la douleur derrière les mots. Seul résultat, j'ai obtenu une bonne note.

J'avoue avoir eu des pensées suicidaires. Non une envie d'en finir avec la vie, mais d'en finir avec cette souffrance infinie qui hantait mes nuits. Après le viol, je me disais que si, par malheur, j'avais attrapé le sida ou si je tombais enceinte, je mettrais fin à mes jours... J'aurais eu trop honte d'assumer ces conséquences. Par chance, rien de cela ne s'est produit, mais j'ai tellement paniqué que j'ai eu un retard de règles, qui n'a pas aidé à calmer mes angoisses.

Je souffrais intérieurement. Tout refouler en moi me vidait de mon énergie vitale. J'ai pensé à prendre des somnifères à forte dose pour endormir à jamais cette souffrance. Mais je ne suis jamais passée à l'acte. Penser que mes parents ne se remettraient jamais de ma perte m'a retenue. Je ne voulais pas leur imposer cette torture ni qu'ils vivent avec ma mort sur la conscience. C'est l'amour que je leur portais et celui que j'éprouvais pour mon frère qui m'a empêchée d'aller au bout de l'idée.

Dans ma culture, les émotions et les sentiments ne se montrent pas. Même si mes parents ne m'avaient jamais dit « je t'aime », je n'ai jamais manqué d'amour. Je l'ai toujours ressenti dans leurs actes. Ils se sont sacrifiés pour donner à leurs enfants le meilleur avenir possible, pour que nous n'ayons pas, comme eux, à travailler sept jours sur sept, sans jamais prendre de vacances, et pour que nous ne manquions de rien. Leurs enfants ont toujours été leur priorité. C'était par leurs sacrifices et leurs gestes quotidiens qu'ils me montraient leur amour. Tout l'amour que j'ai reçu depuis mon enfance, tout cet amour accumulé que je portais en moi, m'a certainement sauvée.

Mon masque de perfection

Après ce drame, je me voyais condamnée à rester une victime, à ne jamais être heureuse. Je pensais avoir un grand handicap. J'étais résignée. Quand mes parents m'ont demandé d'arrêter mes études à 19 ans pour les aider à tenir la boutique de maroquinerie qu'ils venaient d'acquérir, je n'ai pas osé refuser. Je pensais qu'ils savaient mieux que moi ce qui ferait mon bonheur. J'ai accepté toutes ces années que l'on fasse des choix à ma place. Cela m'arrangeait aussi, car je n'avais plus besoin de réfléchir. Je suis rentrée dans le moule. En incarnant la jeune fille douce, docile, rangée, qui ne fait aucune vague, je devenais alors invisible et sans défauts.

J'ai fait ce que je savais si bien faire : refouler mes émotions, porter le masque de *mademoiselle Parfaite* et montrer celle que l'on voulait voir. Surtout cacher mes fragilités, mes imperfections, ma vulnérabilité, par peur d'être rejetée et abandonnée. J'étais irréprochable, tout simplement parfaite. Ce masque était ma protection.

À l'âge de 23 ans, je me suis mariée. *Mademoiselle Parfaite* est devenue *madame Parfaite*. J'ai changé de nom et pris celui de mon mari. Plus personne ne m'appelait par mon nom de jeune fille. J'étais heureuse et fière de cette nouvelle identité ! C'était symbolique. Il me semblait qu'en quittant le nom que je portais lors du drame, cela effacerait par magie mon passé et me laverait du viol. C'était une illusion : rien n'efface un passé, pas même une nouvelle identité.

Au fond de moi, derrière ce masque de perfection, je portais une blessure profonde. J'avais peur que mon épreuve me définisse, qu'elle devienne mon identité et qu'elle conditionne le reste de ma vie si je montrais mes failles. « Sois forte » et

« sois parfaite » étaient les injonctions que je me répétais en boucle et qui me faisaient tenir debout.

Après le mariage, ma famille a demandé que je travaille avec mon mari, c'était la tradition dans notre communauté. Encore une fois, j'ai accepté ce choix que l'on a fait pour moi. Puis j'ai eu trois beaux enfants. Me marier et fonder une famille m'ont apporté la stabilité dont j'avais besoin pour me reconstruire. Les grossesses étaient difficiles et réveillaient des angoisses, surtout la dernière. Après deux fils, j'attendais une fille. J'étais très heureuse de cette nouvelle, mais pendant la grossesse, une part du refoulé est remontée. Mon passé enfoui essayait de se frayer un autre chemin. Avec beaucoup de contrôle et d'énergie, j'ai réussi à l'enterrer de nouveau.

Être capable de donner la vie, par l'endroit même où j'avais souffert, était une revanche. Malgré le drame, je pouvais produire ce miracle ! À chaque accouchement, en même temps que je donnais la vie, je me mettais moi-même de nouveau au monde. Mes enfants font partie de mon chemin de reconstruction. Ils m'ont apporté une raison de vivre et ont donné un sens à ma vie.

Je me suis concentrée sur mes enfants, mon couple, mon travail, ma famille : ce furent des piliers essentiels. Mes journées étaient si remplies que cela m'empêchait de me focaliser sur mes problèmes. Je suis devenue hyperactive, mon travail et la réussite étaient comme une drogue. J'étais capable d'assumer une charge de travail colossale. Je faisais tout pour ne pas me laisser de répit. Je me couchais tard. Pour réussir à m'endormir, je devais m'épuiser physiquement ou mentalement. La nuit, mon passé me rattrapait encore de temps en temps, mais j'ai continué à l'enfouir dans mon cimetière secret.

Cette vie m'a comblée plusieurs années. J'ai réussi professionnellement à force de travail. Les années ont passé et j'avais tout pour être heureuse. J'étais *madame Parfaite* avec une vie parfaite. Mais je me sentais incomplète, un sentiment de vide intérieur. Quelque chose me ramenait en arrière, vers ce passé que j'avais essayé d'enterrer.

Sous cette image lisse, derrière mon masque, j'avais encore beaucoup de colère en moi, de haine et de désir de vengeance. Combien de fois avais-je imaginé mon violeur à genoux devant moi : moi avec une arme, et lui à terre me demandant pardon, me suppliant de lui laisser la vie sauve ! Je rêvais de le faire souffrir autant qu'il m'avait fait souffrir. J'imaginais avoir ce pouvoir sur lui : décider de sa vie ou de sa mort, et cette illusion me rendait heureuse temporairement. Je pensais que mon bonheur dépendait du malheur de cet homme.

Des violences médicales

Mon histoire serait incomplète si je ne partageais pas avec vous les autres violences que j'ai subies et qui ont ajouté des difficultés à mon parcours. Il s'agit de violences médicales qui portaient atteinte à ma zone la plus sensible, siège de toutes mes souffrances : mon périnée.

Une chute sur le coccyx

À l'âge de onze ou douze ans, j'ai fait une grosse chute sur le coccyx. Mon père m'avait accompagnée aux urgences de l'hôpital pédiatrique. La radio indiquait juste une contusion. La douleur allait donc passer avec le temps. Mais le médecin, après avoir regardé les résultats qui indiquaient l'absence de fracture et de luxation, a demandé à mon père de sortir de la salle et d'aller dans le couloir. Il l'appellerait quand il pourrait de nouveau entrer. J'ai trouvé cela étrange, mais comme c'était le médecin, je n'ai rien osé dire.

Mon père sorti, le médecin ferma la porte et me demanda d'enlever ma culotte. Je n'ai pas osé demander la raison ni m'opposer à sa demande, il avait autorité sur moi. C'est ainsi que sans aucune communication de sa part et sans mon consentement, il m'a imposé un toucher rectal, qui a duré une éternité à mes yeux. Une torture pour moi qui souffrait terriblement du coccyx. Tétanisée par son geste, je n'ai pas pu réagir. Après avoir fini, il m'a dit : « Rhabille-toi, tout va bien, tu n'as pas de luxation, ce n'est qu'une contusion. »

Je le savais déjà puisque c'était écrit noir sur blanc sur le rapport du radiologue qu'il avait lui aussi consulté. Son geste était incompréhensible à mes yeux. S'il voulait vérifier le diagnostic du radiologue, la moindre des choses aurait été de me prévenir et de me demander la permission avant d'enfoncer ses doigts dans mon corps.

Je sais que les médecins peuvent pratiquer des touchers rectaux, c'est un acte médical parfois justifié. Mais l'absence de communication et sa pratique sur un mineur sans l'autorisation des parents m'ont semblé suspectes. Au vu des conditions dans lesquelles l'acte a été pratiqué, après avoir éloigné mon père et sans me demander mon consentement, j'estime que cela constitue une faute professionnelle.

Mon corps a vécu cette pénétration comme une violence sexuelle, une atteinte grave à mon intégrité et ma dignité. Son geste a eu des répercussions physiques et émotionnelles considérables. J'ai mis des années à me libérer des sentiments de honte et de culpabilité ressentis, sans parler de tous les blocages corporels engendrés par cet acte non consenti.

Une double épisiotomie

À deux reprises, à la naissance de mes fils, j'ai subi une épisiotomie. Il s'agit d'une incision chirurgicale du périnée sur trois plans (vaginal, musculaire et cutané) pratiquée lors de l'accouchement pour faciliter le passage du bébé. Ma douleur la plus intense est liée à la cicatrice de cette blessure physique. Elle fait partie de mon intimité, elle est reliée à ma cicatrice invisible, celle du viol. C'est une double cicatrice, ouverte au même endroit lors de mes deux premiers accouchements. Pour la naissance de ma fille, j'ai été épargnée. Une joie incommensurable !

Lors de mon premier accouchement, j'avais informé la sage-femme que je ne souhaitais pas d'épisiotomie et que je préférais une déchirure naturelle. J'avais 24 ans et j'étais encore incapable de parler de mon viol et de dire que je ne voulais pas que l'on touche au siège de mes souffrances passées. S'il y avait une zone interdite, c'était bien celle de mon périnée. Malheureusement, je n'ai pas su m'affirmer ni faire respecter mon choix. L'acte a été pratiqué sans mon consentement.

En 2003 et dans cette maternité, plus de 90 % des premiers accouchements par voie basse donnaient lieu à une épisiotomie. « C'est quasi systématique », m'avait annoncé la sage-femme. Un chiffre aberrant qui m'a fait froid dans le dos. Aujourd'hui, les choses ont heureusement évolué : depuis 2005, l'OMS recommande de limiter au maximum cet acte qui était pratiqué à outrance[2].

Mon corps a vécu cette incision dans sa chair comme une mutilation sexuelle, une profonde altération de mon intégrité. Malheureusement dans mon cas, la plaie s'est infectée peu après. J'ai subi cette douleur en pensant qu'elle était normale. Personne à l'hôpital n'a vu l'infection. Malgré mes plaintes, le médecin n'a rien trouvé d'autre à dire que ma douleur était psychologique. Je ne me sentais pas légitime pour me plaindre davantage.

Comme cela devenait insupportable, j'ai vu mon généraliste en urgence deux jours plus tard. Il m'a sermonnée d'avoir

2. La pratique de l'épisiotomie systématique a été remise en cause. En France, en 2005, le Collège national des gynécologues et obstétriciens français (CNGOF) a recommandé que le taux d'épisiotomie ne dépasse pas 30 % des accouchements. L'Organisation mondiale de la santé (OMS) estime, quant à elle, que le taux d'épisiotomie devrait tourner autour de 10 %.

attendu si longtemps : ma plaie était infectée avec la présence de ganglions. Cette infection a mis fin à mon allaitement : les médicaments prescrits étaient incompatibles avec sa poursuite.

Cette cicatrice d'épisiotomie me rappelle ce que j'ai traversé. Cette blessure s'est ouverte, s'est infectée, a suppuré, s'est refermée, a induré, puis s'est rouverte seize mois plus tard au même endroit, pour la naissance de mon second fils. La seconde épisiotomie a réveillé les douleurs de mon premier accouchement, ainsi que les blessures émotionnelles liées au viol. À chaque incision dans ma chair, je revivais des souffrances passées, dans une zone laissée pour morte, le siège de mes douleurs physiques et émotionnelles.

Pendant longtemps, j'ai détesté cette entaille profonde dans ma chair. Je n'arrivais pas à la regarder, lui appliquer des soins m'était difficile. Cette infection ne m'étonne plus aujourd'hui. J'ai mis longtemps à pouvoir apprivoiser cette cicatrice, la toucher, la masser pour l'assouplir et lui appliquer les soins nécessaires à sa guérison. Cette cicatrice est symbolique. Elle est vivante et relie toute mon histoire. Elle ne fait qu'une avec ma cicatrice invisible du viol.

MA RECONSTRUCTION

La perte des êtres chers

À partir de 2012, ma famille maternelle a vécu cinq deuils en six ans. Cette série de décès m'a beaucoup bouleversée. L'une des pertes les plus douloureuses a été celle de ma cousine, emportée par une leucémie foudroyante en l'espace de quelques mois. Personne n'avait imaginé qu'elle ne puisse pas guérir, moi la première. Je n'ai malheureusement pas pu lui dire au revoir. Elle avait 15 ans, l'âge que j'avais lorsque ma vie a basculé.

La perte des êtres chers m'a énormément questionnée sur le sens de l'existence. J'ai cherché le sens de cette épreuve, pourquoi ma cousine était partie si jeune, pourquoi moi j'étais encore en vie.

La libération de ma parole

Ces deuils faisaient en même temps remonter le passé à la surface. N'en pouvant plus de garder ce lourd secret pour moi, j'ai choisi de me libérer en me confiant à un ami. Ce jour-là, je me suis sentie suffisamment en confiance pour partager avec lui ce secret qui me rongeait de l'intérieur.

Après m'avoir écouté avec bienveillance, il a dit des mots qui ont transformé ma vision des choses : « Anya, ce qui t'est arrivé est terrible. Mais c'est ton passé, il ne te définit pas et tu ne pourras pas le changer. Par contre, tu peux choisir de vivre pleinement ton présent, et ton avenir t'appartient, toi seule es maître de ta vie. Tu peux faire le choix de ne plus rester victime. Il faut maintenant laisser le passé derrière toi pour avancer sur ton chemin. Le bonheur ne dépend que de toi et tu mérites d'être heureuse. Je t'encourage à parler de ce qui t'est arrivé à ceux qui te sont chers, pour te libérer. Pour qu'ils découvrent enfin la véritable Anya, qu'ils sachent les épreuves difficiles que tu as traversées, pour qu'ils t'acceptent et t'aiment pour celle que tu es vraiment. »

Ses paroles ont eu l'effet d'un électrochoc. Il a su me dire ce que je savais au fond de moi, mais que j'avais oublié... J'avais besoin de les entendre pour me libérer et ne plus me voir en victime. Je lui suis reconnaissante d'avoir été là pour moi et c'est ainsi que ma parole a commencé à se libérer.

Le lendemain, mon ami m'a donné un livre de développement personnel sur la quête du bonheur et de la liberté : *les quatre accords toltèques*, de Don Miguel Ruiz[3]. Sa lecture a transformé ma perception des choses et m'a ouvert un nouveau chemin vers la paix intérieure. J'étais prête à changer.

J'ai appliqué le conseil de mon ami. J'ai commencé à parler à mes proches et à mes amis. J'ai dû me faire violence pour affronter mes peurs. C'était si difficile de me confier et de montrer ma vulnérabilité. Mais chaque récit était un acte de libération.

Personne ne m'a jugée ni a éprouvé de la pitié pour moi. J'ai eu la chance d'avoir une écoute bienveillante, de la compassion, des remerciements pour la confiance accordée. Telle une montgolfière qui pour s'élever plus haut doit s'alléger, je me délestais d'un sac de lest chaque fois que je me livrais, quelle délivrance ! La parole est libératrice, tel est son immense pouvoir.

Mon chemin de développement personnel

En même temps que je libérais ma parole, j'ai continué à avancer sur mon chemin de développement personnel. Je me suis nourrie de livres et, surtout, j'ai mis en application les apprentissages. Ma vie en a été métamorphosée. J'ai commencé à penser à moi, à mes désirs, à mes besoins, à mes limites et à mes valeurs, j'ai travaillé sur mes peurs et mes croyances limitantes. Quelles découvertes, un nouveau monde s'ouvrait à moi ! Et j'ai commencé à faire mes propres choix.

J'ai ensuite poursuivi ce travail en thérapie pendant un an. C'est ainsi que 23 ans après les faits, je me suis libérée de la culpabilité que je portais encore, mais qui ne m'appartenait pas. J'ai fait un bond en avant dans mon parcours de reconstruction en apprenant à me connaître moi-même, une révélation !

3. Ruiz (Don Miguel), *Les quatre accords toltèques*, Jouvence, Genève, 2016.

Aujourd'hui, je me sens libre de vivre la vie que je choisis et d'être fidèle à moi-même : c'est un cadeau inestimable.

Les réminiscences du passé

En 2017, une amie à qui je confiais mon histoire m'a fortement encouragée à porter plainte pour viol, ce que personne n'avait fait jusqu'alors. Je n'avais pas pensé à le faire et je n'en ressentais pas le besoin avant qu'elle insiste. Je me suis sentie poussée au-delà de mes limites et mes larmes ont coulé. Je pensais avoir tourné la page, mais le passé est comme un boomerang. Il projette constamment son ombre sur le présent. Les blessures non cicatrisées se réveillent un jour et, sans crier gare, nous reviennent en plein visage.

Je n'avais pas envie de déterrer les cadavres du passé, ni soulever les lourdes pierres qui recouvraient les tombes, ni profaner ces sépultures que j'avais mis du temps à construire pour enterrer ce que je ne voulais plus jamais revoir, encore moins affronter. Fini, oublié, enterré.

Je croyais que ma construction était inaltérable, résistante au temps et aux intempéries de ma vie. J'étais persuadée que mon passé était à l'abri dans ce cimetière secret, caché dans un coffre fermé à double tour qu'il ne faut jamais déterrer ni ouvrir. C'était ma boîte de Pandore. Il n'y avait aucune croix pour marquer l'endroit où il était enterré, dans le côté interdit de mon jardin secret. J'aurais aimé que tout reste ainsi.

L'actualité, cette année-là, a fait le reste, avec la médiatisation d'affaires de violences sexuelles et le début du mouvement #MeToo. Tout cela flottait dans l'air du temps, omniprésent. J'ai essayé de lutter et de me cacher pour me protéger. Je n'ai pas pu résister. Les vannes de ce passé enfoui se sont rouvertes sans que je puisse, cette fois, les refermer. Je n'ai pas pu empêcher ce déluge. Et le flot intarissable de la douleur, de la souffrance, des émotions refoulées, tout s'est déversé en moi, aussi frais qu'au premier jour. Ces vagues venues de ce passé lointain ont créé un raz de marée intérieur dans l'océan de ma peine et de ma solitude.

Non, on n'oublie jamais. Enterrer son passé ne permet pas au temps d'effacer les souffrances ni de sécher les larmes trop longtemps retenues. Au mieux, la douleur est endormie, mais l'accalmie n'est que temporaire. Les nuits blanches sont revenues, des flashs de souvenirs ont envahi mes nuits et j'ai vécu de nouveau cette lutte intérieure : seule face à moi-même. C'est sans conteste le combat le plus difficile que j'ai eu à mener dans ma vie. Mais cette bataille, je l'ai gagnée.

J'ai survécu à cette pénombre qui n'était pas si infinie. La nuit noire a pris fin et a cédé la place au jour qui a pu enfin se lever. Au bout du tunnel obscur, il y avait bien de la lumière. J'ai retrouvé mon enfant intérieure, la petite fille blessée en moi que j'avais oubliée tant d'années. Elle m'a appelée à l'aide. Je me suis reconnue en elle, je lui ai tendu la main pour l'aider, enfin. En la retrouvant, j'ai choisi de me sauver et de me pardonner de l'avoir abandonnée.

Il m'aura fallu toutes ces années pour faire ce chemin que j'étais la seule à pouvoir parcourir : apprendre à me connaître, à m'apprivoiser, m'accepter telle que je suis, vivre en paix avec moi-même, découvrir mes ressources, ressentir l'amour de la vie et me libérer enfin.

Rien n'arrête une idée dont l'heure est venue

Il s'est écoulé 23 ans avant que je décide de porter plainte pour viol sur mineure. J'avais 38 ans et je pensais être dans mes droits. Je n'avais pas imaginé qu'il y aurait prescription. En 2017, la prescription était de 20 ans à partir du jour de la majorité pour les viols sur mineurs. J'avais jusqu'au jour de mes 38 ans pour porter plainte. À 38 ans et un jour, il était trop tard, le crime était prescrit.

En 2018, la nouvelle loi Schiappa[4] a allongé le délai de prescription à 30 ans après la majorité pour les viols sur mineurs. Malheureusement, elle n'est pas à effet rétroactif, puisqu'un crime prescrit ne peut plus être jugé.

Je ne peux décrire le profond sentiment d'impuissance et d'injustice que j'ai ressenti, à ce moment-là, la colère de me sentir rejetée par la société, incomprise par ces hommes qui font des lois injustes. Ils n'ont, eux, jamais ressenti la souffrance des victimes. Ils ne comprennent pas qu'on puisse mettre des décennies avant d'être capable de parler. Eux n'ont pas eu à vivre ces moments de détresse et de désespoir ni à traverser seuls un désert de solitude si aride qu'il est difficile d'aller jusqu'au bout...

Oui, attendre tant d'années n'est pas anormal, cela peut être un temps nécessaire, parfois incompressible. Et moi, je suis encore là, vivante. J'ai survécu je ne sais comment à cette traversée. Ce qui était impossible, je l'ai fait, et l'océan des possibles s'est ouvert devant moi.

Le chemin a été tellement long, sinueux, douloureux... Un parcours éprouvant empli de peurs, de doutes, de souffrances, dans une immense solitude. C'est cette solitude qui était le plus pénible. J'étais emmurée dans mon silence, emprisonnée dans ma douleur : j'avais choisi de me taire.

Au milieu de ce silence, dans ce monde où le noir est l'unique couleur, où la nuit infinie ne cède jamais place au jour, rien ne me faisait plus peur que d'être face à moi-même, face à l'inconnue que j'étais pour moi, avec toutes mes peurs et mes souffrances intérieures. J'ai dû apprendre à vivre avec cette étrangère et m'apprivoiser jour après jour.

Quand je réussissais à progresser d'un pas, j'en faisais deux en arrière et plusieurs de côté... Tout cela dans une pénombre si

4. Voir chapitre 1, « Un point sur la loi ».

dense qu'elle effaçait toutes les couleurs qui avaient composé ma vie. Privée de mes sens, muette et aveugle, il fallait que j'avance seule dans ce trou noir. J'aurais tellement voulu que l'on fasse ce chemin pour moi. J'aurais tant aimé céder ma place à une fille plus forte et plus courageuse... Mais je devais avancer seule. Personne d'autre ne pouvait le faire à ma place. Peu importe le temps qu'il faudrait.

Et maintenant que j'étais prête, j'étais arrêtée dans mon élan à cause d'un délai dépassé de onze mois pour faire valoir mes droits. Onze mois, c'est donc le prix de l'impunité pour le violeur puisque la société le lave de ses crimes. Sur le plan pénal, il existe une prescription pour les crimes, mais non pour la souffrance... C'est double peine pour les victimes prescrites. Pas de justice pour moi, je ne dois pas compter sur elle pour finir de me reconstruire. Je n'ai pas eu d'autre choix que d'accepter. J'ai alors pris conscience que je n'avais pas besoin de voir mon violeur souffrir pour être heureuse. Mon bonheur ne dépend que de moi. Il ne dépend pas de l'espoir d'une condamnation ni du malheur d'un homme. Le faire souffrir comme j'ai souffert ne me rendra ni heureuse ni en paix avec moi-même.

Cependant, rien ne pouvait m'arrêter. J'ai décidé de porter plainte malgré la prescription : pour moi-même, pour ne pas avoir de regrets, portée par la nécessité de faire reconnaître par la société le crime que j'avais subi dans mon enfance. Cette démarche est devenue un besoin vital. J'ai pensé « je suis capable de le faire, le courage a pris la place de la peur ».

Pendant toutes ces années, la solitude et le silence étaient motivés par la peur. Cette émotion avait guidé ma vie et mes choix, m'avait paralysée. Mais derrière elle, se cachait un désir – il me fallait juste écouter mon cœur – le désir de me libérer et de laisser le passé mourir à chaque instant. Pour ne plus jamais subir, cesser d'être une victime et vivre pleinement une vie choisie.

Pour que mon épreuve n'ait pas été vécue en vain, pour qu'on ne retienne pas que les mots *viol, souffrance, injustice, victime*, j'ai choisi de montrer qu'il y a, derrière ces mots, un chemin vers la connaissance de soi, un parcours qu'on est seule à pouvoir faire, et qui m'a appris d'autres mots mille fois plus beaux : **acceptation, espoir, renaissance, résilience, libération, bonheur, bienveillance envers soi-même, amour de soi**.

Mon dépôt de plainte

En novembre 2017, j'ai eu assez de courage et de force intérieure pour réaliser ce que je n'avais pu faire à quinze ans : porter plainte pour viol, pour me libérer, pour commencer un nouveau chapitre de ma vie et trouver la paix intérieure. J'ai choisi le commissariat du dixième arrondissement, un lieu symbolique, dans le quartier où j'habitais enfant. Un retour aux sources : 23 ans auparavant, dans le même commissariat, ma famille et moi avions porté plainte pour cambriolage.

Là, j'ai été heureuse de constater que ma demande a été reçue sans discuter. Après avoir contacté l'officier de police judiciaire et le magistrat, les policiers m'ont informée que ma plainte serait prise par la Brigade de protection des mineurs qui me contactera pour fixer un rendez-vous. La police a confirmé que ma plainte serait reçue même s'il y a prescription. Le cœur plus léger, je suis repartie confiante.

Ma prise de conscience

Pour me donner du courage, l'amie qui m'avait accompagnée au commissariat a téléphoné à l'une de ses amies, avocate. Elle lui a raconté mon histoire. Celle-ci a compris mon besoin de reconnaissance et la symbolique de ma démarche. Elle m'a conseillé de ne pas minimiser le crime, il comporte des circonstances aggravantes, car mon cas réunit menaces, contrainte, surprise et violence. Réveillée en pleine nuit chez moi, en plein sommeil, j'ai été menacée de mort, ligotée, bâillonnée, séquestrée par des hommes armés. Je ne pouvais ni crier, ni pleurer, ni m'enfuir. Je n'avais d'autre choix que de subir sans réagir. Pour elle, c'est un double crime, il fait partie des plus sévères qu'elle ait eu à entendre. À travers ses paroles, j'ai pris conscience de la gravité des faits. Ce crime est passible de la cour d'assises. J'avais, avec le temps, minimisé les actes.

Selon elle, j'ai raison de porter plainte malgré la prescription, cet acte demande un immense courage, et l'on ne sait jamais à l'avance de quoi l'avenir est fait. Tout est possible. Elle me raconte alors l'histoire d'un viol prescrit. La victime avait tout de même porté plainte, mais puisqu'il y avait prescription, il n'y avait pas eu d'enquête judiciaire. Quelques années plus tard, une autre femme a porté plainte contre le même homme. Il n'y avait pas prescription pour elle. Il y a eu une enquête, le dossier de la première victime a pu appuyer celui de la seconde. Son témoignage a été déterminant dans l'affaire. Le procès a eu lieu et le violeur a été condamné.

J'ai compris qu'on ne porte jamais plainte pour rien, même quand il y a prescription. Mon témoignage pourra peut-être servir à une autre victime, qui sait ? Porter plainte est d'utilité publique. Je ne le fais pas uniquement pour moi, mais aussi pour d'autres éventuelles victimes. Cela donne plus de sens à mon geste, et je sais que j'ai raison de le faire.

À la brigade de protection des mineurs

Une semaine plus tard, je suis convoquée à la Brigade de protection des mineurs. Ce sera une plainte contre X. Même si le nom d'un suspect est mentionné dans ma plainte, cela reste une suspicion, car je ne peux pas le prouver de façon irréfutable.

L'audition dure cinq heures, sans temps de pause. Il faut questionner, noter, retranscrire, tout cela prend du temps. Cinq heures très éprouvantes émotionnellement et psychologiquement. Les questions sont reformulées un peu plus tard pour vérifier la cohérence de mes propos. Même les questions les plus intimes sont posées. Des questions difficiles, mais nécessaires pour prouver le préjudice et les répercussions sur ma vie après le viol. Je réponds à chacune d'entre elles.

À la fin de ma déposition, il est mentionné qu'étant donné la prescription des faits, il n'y aura pas de procédure judiciaire. J'en suis consciente. Je le fais pour la reconnaissance du préjudice subi et pour que mon témoignage puisse être utile aux éventuelles victimes du même violeur si elles venaient à porter plainte un jour. On me relit les six pages qui constituent ma plainte. C'est une sensation indescriptible d'entendre lire par quelqu'un d'autre sa propre histoire…

Je n'ai malheureusement pas pu avoir un exemplaire du procès-verbal. Suite à des incidents dus à des copies de plainte publiés sur Internet, ils m'ont expliqué qu'ils ne le donnent plus afin de protéger les officiers de police en charge de la rédaction et dont le nom est mentionné. J'ai insisté pour avoir un exemplaire avec leur nom barré ou qu'on me laisse uniquement les parties comportant mon récit, le refus a été ferme et catégorique.

J'ai ressenti un profond sentiment d'injustice et d'impuissance d'être ainsi dépossédée de mon histoire… Porter plainte m'a demandé un courage surhumain. C'était symbolique pour moi d'avoir une preuve, de voir mon récit sur un papier officiel. J'ai eu un lot de consolation : un récépissé de dépôt de plainte contre X pour viol sur mineure, avec la date des faits. C'était mieux que rien, mais insuffisant à mes yeux.

En rentrant chez moi, j'ai fait des recherches sur Internet. J'ai appris que la loi prévoit bien la remise du procès-verbal de plainte à la victime si elle en fait la demande. Mais dans la pratique, j'ai constaté que ce n'est pas toujours le cas, puisque je n'y ai pas eu droit malgré mes sollicitations. Je m'en suis voulu de ne pas avoir insisté davantage pour faire valoir mes droits, dont je n'avais pas suffisamment connaissance.

Après cette phase de colère et de déception, j'ai choisi d'accepter la situation et de lâcher prise. J'ai renoncé à me focaliser sur ce détail pour ne pas me créer de souffrances inutiles. Je suis allée porter plainte pour me libérer, non pour me charger de nouvelles souffrances... Et puisqu'on m'interdisait l'accès à mon récit, j'ai eu la soudaine envie d'écrire pour témoigner.

TRANSFORMATION & SUBLIMATION

La naissance du blog « Les Résilientes »

Au lieu de retourner cette colère contre moi, j'ai choisi de la transformer en énergie créatrice. Cette histoire m'appartient et je ne peux pas l'oublier. Il ne tient qu'à moi de réécrire l'histoire dont je suis l'héroïne. Pendant les jours qui ont précédé et suivi mon dépôt de plainte, j'ai écrit dans un cahier que j'ai nommé mon « *journal de guérison* ».

Un matin, j'ai eu la furieuse envie de publier mes écrits. Je ne voulais plus qu'ils restent secrets. Un appel du cœur, une évidence. C'est ainsi que m'est venue l'idée de partager mon parcours sur le chemin de la guérison et de la renaissance. En février 2018 est né mon blog ***Les Résilientes***[5] dans le but de transmettre ce message d'espoir : il est possible de se reconstruire et de vivre une nouvelle vie, libre, heureuse et épanouie.

Écrire a eu un immense pouvoir de métamorphose sur moi, a fait l'effet d'une vraie thérapie. Ma vie s'est transformée. J'ai commencé à en écrire un nouveau chapitre. Je me suis offert

5. Blog disponible sur : https://lesresilientes.com/

un cadeau inestimable : la libération, le pardon, la paix avec moi-même.

Ce passé que j'ai subi, je ne peux pas le changer, mais je peux choisir celle que je veux devenir. J'ai décidé de donner un sens à ce que j'ai vécu. Mon expérience, je la transmettrai aux autres pour les aider dans leur parcours de reconstruction et partager ce que j'aurais aimé savoir plus tôt.

La création de l'association « Les Résilientes »

En même temps que j'écrivais sur mon blog, j'ai choisi de me spécialiser dans l'accompagnement après des violences sexuelles. Je me suis formée sur les spécificités des violences sexuelles, sur les moyens de faire émerger les récits des victimes et d'accueillir leur parole, sur la prévention des mutilations sexuelles et mariages forcés, ainsi que sur l'accompagnement solidaire des victimes aux procès. J'ai appris à organiser des débats et des formations sur le sujet, à créer et à animer des groupes de parole. C'était passionnant !

Après toutes ces formations, je me suis lancée dans une nouvelle aventure humaine. En juillet 2018, j'ai fondé l'association *Les Résilientes.* J'ai créé ce que je n'avais pas trouvé : des cercles de parole pour les femmes victimes de violences sexuelles afin qu'elles échangent sur leurs parcours de reconstruction. J'ai créé une merveilleuse communauté de résilientes. J'ai pu transformer ma blessure de rejet et d'humiliation de l'enfance. Rejetée d'une communauté d'enfants à mon entrée à l'école, j'ai transmuté et sublimé cette blessure de l'âme en créant ma propre communauté.

Après plus de vingt ans de carrière dans le monde de la maroquinerie et des accessoires de mode, j'ai quitté mon travail pour me consacrer à ma mission de vie : accompagner les personnes sur le chemin de leur transformation. J'ai repris mes études pour devenir **coach de vie**. Ma spécialité : le coaching de résilience après des violences sexuelles.

Mon association étant l'une des rares à proposer des groupes de parole à Paris, le succès a été tel que j'ai dû augmenter le nombre de groupes. J'ai également créé des ateliers sur la reconstruction et des permanences juridiques grâce à l'aide précieuse de bénévoles touchés par ma cause.

Puis j'ai commencé à recevoir des demandes venant d'hommes. J'en ai été très émue. Je n'avais pas imaginé que les articles de mon blog pouvaient avoir un sens pour eux aussi. Partant du constat qu'il n'y avait aucun accueil pour les hommes victimes, j'ai créé, en 2019, des cercles de parole pour eux.

C'est une façon pour moi de me réconcilier avec le sexe opposé que j'avoue avoir détesté à un moment de ma vie. Moi qui avais subi des violences de la part d'un homme, j'étais étonnée de constater que beaucoup d'hommes m'ont aidée et encouragée dans mon parcours de reconstruction. Je leur en suis si reconnaissante. Créer des groupes pour les hommes est ma façon de leur rendre hommage et de remercier tous ceux qui m'ont soutenue.

En 2020, l'association *Les Résilientes* a été reconnue d'intérêt général.

Du blog au livre

Un an après mon dépôt de plainte, je me suis aussi lancée dans l'écriture de ce livre pour vous transmettre tout ce que j'ai appris. Mon journal de guérison a donné naissance à mon blog, mon blog à l'association, et mon travail de coach a ouvert la voie à ce livre.

Je l'ai écrit avec mon stylo à plume d'écolière, celui de mes 15 ans. C'est avec lui que j'avais rédigé mon journal de guérison et c'est lui qui m'a encore accompagnée au fil de l'écriture.

Je l'ai gardé tout ce temps, le plus beau cadeau de Noël de mes années collège : un stylo à plume Waterman en métal bleu turquoise et sa plume couleur or. Je n'ai jamais pu m'en séparer, il m'a été fidèle toute ma scolarité. Il m'a suivie dans mes déménagements, et je l'ai gardé précieusement comme un trésor.

J'ai conscience de la symbolique très forte de cet objet. Il est le trait d'union qui me relie au passé et me permet d'écrire aujourd'hui mon histoire. Cela fait sens pour moi, ce n'est pas un hasard. C'est avec le stylo à plume de mon enfance que je devais écrire ce livre. Il ne pouvait en être autrement.

Ma perle de résilience

La vie m'a appris que toute épreuve, même la plus dramatique, renferme en elle la graine du changement et de la renaissance. Notre vie est une succession de naissances et de renaissances, nous nous mettons au monde à chaque nouvelle expérience. Toute épreuve nous contraint à la métamorphose.

Nous pouvons choisir de rester victimes des événements et de continuer à les subir. Ou nous pouvons choisir d'agir pour reprendre le pouvoir sur notre vie et transformer l'adversité en opportunité de croissance. **Tel un alchimiste, nous pouvons transmuter notre épreuve et transformer le plomb de nos souffrances en or précieux.**

Une épreuve, quelle qu'elle soit, ne me définit pas et ne conditionne pas le reste de ma vie. Ce n'est qu'un chapitre du roman de ma vie. Je ne peux pas changer le passé, mais en revanche je peux agir sur mon présent pour changer mon avenir. Il n'est pas écrit d'avance, c'est moi qui l'écris. Je suis seule maître de ma destinée.

Boris Cyrulnik utilise une magnifique parabole de la perle comme symbole de résilience[6]. Quand un grain de sable pénètre dans sa coquille, pour se défendre de l'agression, l'huître va produire des couches successives de nacre autour du corps étranger. Et cette réaction particulière donne naissance à une merveille, un bijou précieux et unique : la perle.

Nous pouvons tous transformer notre épreuve en une perle unique au monde par le processus alchimique de la résilience. Aujourd'hui, j'ai une nouvelle vie pleine d'espoir, de possibilités, de joies et de bonheur. Je ressens une infinie gratitude envers la vie de me donner l'opportunité de vivre cette renaissance.

6. Boris Cyrulnik, *Un merveilleux malheur*, Odile Jacob, Paris, 1999.

Ma philosophie de vie

CE EN QUOI JE CROIS

Quelles que soient votre situation actuelle et les difficultés que vous traversez, cet état est temporaire. Rien ne dure éternellement. Tout a un début et une fin. Vous avez la capacité de transformer toutes vos blessures.

Ma conviction profonde est que **la vie ne nous envoie pas d'épreuves que nous ne sommes pas capables de surmonter.** Nous sommes dans chaque situation pour apprendre. Nous avons des leçons de vie à tirer de chaque expérience, heureuse ou douloureuse. Nous ne sommes pas sur terre pour souffrir indéfiniment, ce n'est pas le but de notre vie. Nous sommes là pour évoluer, grandir et aller vers le meilleur de nous-mêmes.

J'ai partagé mon histoire avec vous pour témoigner qu'il est possible de surmonter ses épreuves, de laisser le passé derrière soi et de reprendre sa vie en main. Vous avez le pouvoir de construire la vie de vos rêves. Vous le méritez et n'avez aucune limite : tout est possible.

Vous êtes le héros ou l'héroïne du roman de votre vie. Comme tout héros, nous avons nos épreuves à surmonter pour en sortir plus forts. À votre tour de raconter votre histoire. Elle n'est pas écrite, la suite vous appartient. Que votre histoire soit belle et inspirante !

MA MISSION DE VIE

Les événements difficiles portent en eux le germe d'une opportunité de croissance et de renaissance. Il est possible de sortir grandi de toutes vos épreuves et d'en retirer des apprentissages inestimables qui vont métamorphoser votre vie. Ce livre vise à vous les transmettre et à vous donner les clés pour vous libérer du passé et exploiter votre potentiel.

Si vous reconnaissez cette force en moi et dans mon histoire, c'est parce que vous avez aussi cette force en vous. En effet, vous ne pourriez pas voir quelque chose en moi si vous ne l'aviez pas déjà en vous. Peut-être ne la voyez-vous pas encore, car elle est à l'état de graine : son potentiel enfoui est en devenir. Faisons-la germer et croître ensemble.

Le chemin que vous ouvrira ce livre et la valeur qu'il vous apportera dépendront de ce que vous y mettrez de vous-même. Il m'a fallu du temps pour écrire et transmettre ce que j'ai appris. Vous aussi, vous aurez besoin de temps, de patience, de persévérance pour intégrer les principes et les mettre en application. Comme dans tout apprentissage, le succès repose sur une pratique régulière et surtout sur la foi en vous-même.

Vous possédez toutes les ressources pour changer votre vie, même si vous n'en avez pas encore conscience. Ce livre est là pour vous aider à révéler vos trésors et à les exploiter. Vous avez en vous ce pouvoir de résilience. Ma mission est de vous ouvrir la voie, de vous montrer comment sublimer vos blessures, comment appliquer de l'or sur vos cicatrices et, tel un phœnix, renaître de vos cendres.

Commençons ce voyage intérieur à la découverte de vos trésors.

VOTRE POINT DE DÉPART

Avant de commencer, je vous propose un exercice que je donne régulièrement en début d'accompagnement pour permettre à chacun de se situer. C'est un bon outil pour voir ses avancées et son évolution au fil du temps.

Dans ce premier cercle, dessinez la proportion que chacun des éléments suivants représente dans votre **vie actuelle.** Vous pouvez les représenter sous forme de parts de camembert ou remplir le cercle comme vous le souhaitez. Pour une meilleure lisibilité, vous pouvez utiliser des couleurs différentes pour chaque élément.

N'hésitez pas à ajouter des éléments si nécessaire.

- ○ Moi
- ○ L'agresseur
- ○ L'agression
- ○ Ma famille
- ○ Ma vie sociale / mes amis
- ○ Mon travail (ou mes études)
- ○ Mes passions
- ○ ....

Mon point de départ : ma situation aujourd'hui

Date : .../.../...

Dans ce deuxième cercle, dessinez la proportion que vous aimeriez que chacun de ces éléments représente à une date que vous déterminez **dans l'avenir.**

Cela peut être dans six mois, un an, une date anniversaire ou tout autre moment dans le futur que vous choisissez.

La situation à laquelle je veux parvenir

Le .../.../...

Je vous encourage à refaire régulièrement cet exercice pour suivre votre évolution.

PARTIE 1

LA LIBÉRATION

CE QUE L'ON RÉPRIME S'IMPRIME.
CE À QUOI L'ON RÉSISTE PERSISTE.
CE QUI NOUS AFFECTE, NOUS INFECTE.
CE QUE L'ON FUIT NOUS POURSUIT.
CE À QUOI L'ON FAIT FACE S'EFFACE.
CE QUE L'ON VISUALISE SE MATÉRIALISE.
ET CE QUE L'ON BÉNIT NOUS RAVIT.

Auteur inconnu

CHAPITRE 1

Un point sur les violences sexuelles

Avant de vous livrer les clés pour vous libérer du passé, il me semble essentiel de faire un point sur les violences sexuelles. Deux expertes vont apporter leur éclairage, l'une sur l'aspect juridique et l'autre sur le plan psychologique :

- Sarah Bully, juriste au Défenseur des Droits, ancienne avocate au barreau de Paris, diplomée en sciences criminelles et criminologiques de l'Institut de Criminologie et de droit pénal de Paris et de l'Université Paris II Panthéon-Assas ;
- Mathilde Riffort, psychologue clinicienne et psychothérapeute, qui exerce auprès d'auteurs et de victimes d'infractions pénales.

UN POINT SUR LA LOI

Invitée : Sarah Bully, juriste au Défenseur des Droits

Quelques chiffres

Anya Tsai : ***Pouvez-vous nous donner quelques chiffres sur les violences sexuelles ?***

Sarah Bully : *En moyenne chaque année en France, 94 000 femmes âgées de 18 à 75 ans sont victimes de viols et de tentatives de viol. Comme pour les chiffres des violences conjugales, il s'agit d'une estimation minimale. En effet, les viols restent des atteintes faiblement rapportées aux services de police. Sur la période 2011- 2019, seul 17 % des victimes d'un viol ou d'une tentative de viol déclarent avoir déposé plainte.*

Dans 91 % des cas, ces agressions ont été perpétrées par une personne connue de la victime et dans 43 % des cas, c'est le conjoint ou l'ex-conjoint qui est l'auteur des faits[7].

S'agissant des mineurs, peu d'enquêtes sont menées pour déterminer l'ampleur du problème. Parmi les femmes victimes d'un viol ou d'une tentative de viol, 40 % ont subi l'agression avant l'âge de 15 ans, 16 % pendant l'adolescence (15-18 ans) et 44 % à 18 ans ou plus. Encore plus que les femmes, les hommes ont majoritairement été agressés avant d'être majeurs (76 % des hommes victimes)[8].

L'ensemble de ces études dressent le même constat : les mineurs sont la classe d'âge la plus exposée aux violences sexuelles. Des violences qui, par ailleurs, touchent toutes les catégories sociales[9].

7. Enquête « Cadre de vie et sécurité » Décembre 2019. Ces chiffres sont des moyennes obtenues à partir des résultats des enquêtes 2011 à 2018.
8. Insécurité et Délinquance en 2019 – Bilan statistique
9. Système d'information décisionnel, statistiques pénales du ministère de la Justice, 2018.

Viol et agression sexuelle : définition, différences, peines

***A.T.** Le terme de violence sexuelle est assez large, il englobe différents types de violences. Pouvez-vous préciser lesquelles ?*

S.B. *La violence sexuelle est un terme qui englobe toutes les formes de violence, physique et psychologique, qui se manifestent de façon sexuelle. Il peut s'agir d'agression sexuelle, de viol, de harcèlement sexuel, d'inceste, d'atteintes sexuelles sur mineurs, d'exhibitionnisme. De nouvelles formes de violences sexuelles émergent comme la cyberviolence sexuelle ou encore le retrait furtif du préservatif. En tout état de cause, les violences sexuelles sont des armes très efficaces pour détruire et dégrader l'autre.*

***A.T.** J'aimerais que l'on parle plus précisément de viol et d'agression sexuelle, les différences ne sont pas toujours claires pour les victimes. Quelle est la définition d'un viol aux yeux de la loi ?*

S.B. *Le viol est un crime défini par l'article 222-23 du Code pénal.*

« Est un viol tout acte de pénétration sexuelle, de quelque nature qu'il soit, commis sur la personne d'autrui ou sur la personne de l'auteur par violence, contrainte, menace ou surprise. »

Les termes « pénétration sexuelle de quelque nature que ce soit » signifient toutes les pénétrations par un sexe et/ou dans un sexe. Cela s'applique aussi à d'autres types de pénétration si la connotation sexuelle est prouvée (exemple : pénétration d'un objet dans l'anus).

Les termes « sur la personne d'autrui ou sur la personne de l'auteur » signifient que l'auteur d'un viol peut aussi bien pénétrer sa victime que forcer sa victime à le pénétrer.

A.T. *Pouvez-vous expliquer ce que sont la violence, la contrainte, la menace et la surprise ?*

S.B. *Un acte sexuel commis avec violence est une agression sexuelle, voire un viol s'il y a eu pénétration. Le terme de* ***violence*** *implique les pressions physiques exercées sur la victime pour obtenir d'elle le comportement sexuel que l'on souhaite. La violence physique peut se démontrer avec un certificat médical. Elle peut laisser des traces, comme des hématomes. Mais on entend aussi par ce terme la violence psychologique qui crée un climat d'insécurité physique et émotionnelle par la survenue de conflits à tort et à travers, d'intimidations répétées, de menaces fréquentes, de chantage, de sous-entendus insidieux, de colères.*

S'agissant de la ***contrainte****, il y a bien entendu la contrainte physique que peut exercer l'auteur sur la victime, mais il y a également une contrainte morale. Lorsque les faits sont commis par un auteur mineur ou majeur sur une victime mineure de moins de 15 ans, la contrainte morale ou la surprise peuvent résulter :*

- *de la différence d'âge existant entre la victime et l'auteur de l'agression ;*
- *de l'autorité que l'auteur exerce sur la victime ;*
- *de l'abus de la vulnérabilité de la victime qui ne dispose pas du discernement nécessaire pour ces actes.*

Dans l'ensemble de ces cas, la justice considère que la victime n'était pas consentante et agit sous la contrainte.

La ***menace*** *recouvre les cas où l'agresseur a annoncé des représailles en cas de refus de la victime.*

Enfin, la ***surprise****, correspond aux situations où l'agresseur a trompé la victime pour obtenir des actes sexuels, ou de ne pas lui laisser le temps d'en réaliser l'enjeu. La justice a retenu que la surprise pouvait résulter du très jeune âge des victimes,* *estimant que celui-ci les rendait incapables de réaliser la nature et la gravité des actes qui leur étaient imposés. On parle aussi de surprise lorsque la victime ne peut pas s'exprimer, parce qu'elle est endormie, ou trop alcoolisée ou droguée pour être consciente de ce qu'elle fait.*

A.T. ***Qu'est-ce qu'une agression sexuelle ? Quelle différence avec un viol ?***

S.B. *L'agression sexuelle est un délit prévu par l'article 222-22 du Code pénal : « Constitue une agression sexuelle autre que le viol toute atteinte sexuelle sans pénétration commise avec violence, contrainte, menace ou surprise. »*

L'atteinte sexuelle n'est pas définie par le Code pénal, mais cette notion est interprétée comme étant tout contact de nature sexuelle (embrasser, toucher les parties dites sexuelles, etc.). Il faut donc un contact physique entre l'auteur et la victime.

Ainsi, la différence majeure entre l'agression sexuelle et le viol est la ***pénétration sexuelle****.*

A.T. ***Qu'est-ce que l'inceste ?***

S.B. *L'inceste est défini à l'article 222-31-1 du Code pénal. Les agressions sexuelles, les viols et les atteintes sexuelles sur mineurs sont qualifiés d'incestueux lorsqu'ils sont commis par :*

- *un ascendant*
- *un frère, une sœur*
- *un oncle, une tante*
- *un neveu ou une nièce*
- *ou par le conjoint, le concubin ou le partenaire de PACS d'une de ces personnes.*

En France, l'inceste, c'est-à-dire le rapport sexuel entre deux personnes qui sont parents à un degré où le mariage est interdit, ne constitue pas une infraction spécifique. Si la relation est librement consentie et concerne deux personnes qui ont dépassé l'âge de la majorité sexuelle, fixé à quinze ans, elle ne tombe pas sous le coup du Code pénal.

Cependant, la justice tient compte du lien de famille pour sanctionner et pour définir certaines infractions sexuelles. Celles-ci sont sanctionnées plus sévèrement lorsqu'elles sont commises par « un ascendant, légitime, naturel ou adoptif, ou par toute autre personne ayant autorité sur la victime ».

A.T. ***Quelles sont les peines encourues pour les viols et pour les agressions sexuelles ? Existe-t-il des circonstances aggravantes ?***

S.B. *L'échelle des peines varie en fonction du statut de l'auteur, de celui de la victime et des conditions de réalisation de l'infraction. Ainsi,* ***le viol est un crime, puni de 15 ans de réclusion criminelle****, c'est-à-dire sans circonstances aggravantes. Il est donc jugé devant une* ***cour d'assises****. Le viol est puni de 20 ans de réclusion criminelle lorsqu'il a été commis avec une ou plusieurs circonstances aggravantes :*

- *lorsqu'il a entraîné une mutilation ou une infirmité permanente ;*
- *lorsqu'il a été commis sur un mineur de moins de 15 ans ;*
- *lorsqu'il est commis par un ascendant ou par toute personne ayant sur la victime une autorité de droit ou de fait ;*
- *lorsqu'il est commis par une personne qui abuse de l'autorité que ses fonctions lui confèrent ;*
- *lorsqu'il est commis par plusieurs personnes agissant en qualité d'auteur ou de complice ;*
- *lorsqu'il est commis avec usage ou menace d'une arme ;*

- *lorsqu'il est commis sur une personne dont la vulnérabilité est visible ou connue de l'auteur. Cette vulnérabilité doit être antérieure aux faits (elle ne peut en être la conséquence). Elle peut être due à l'âge, à une maladie, à une déficience physique, à son état de grossesse, etc.*

L'article 222-25 du Code pénal dispose que le viol est puni de 30 ans de réclusion criminelle lorsqu'il a entraîné la mort de la victime, l'article 222-26 du Code pénal dispose qu'il est puni de réclusion criminelle à perpétuité lorsqu'il est précédé, accompagné ou suivi d'actes de barbarie.

L'agression sexuelle est un délit, puni de 5 ans d'emprisonnement et de 75 000 euros d'amende** (art 222-27 du Code pénal). C'est une infraction jugée devant le **tribunal correctionnel.

Cependant, c'est une infraction punie de 7 ans d'emprisonnement et de 100 000 euros d'amende lorsqu'elle est commise avec une ou plusieurs circonstances aggravantes (art 222-28 du Code pénal) :

- *lorsqu'elle a entraîné une blessure ou une lésion ;*
- *lorsqu'elle est commise par un ascendant ou par toute personne ayant une autorité de droit ou de fait ;*
- *lorsqu'elle est commise par une personne qui abuse de l'autorité que lui confèrent ses fonctions ;*
- *lorsqu'elle est commise par plusieurs personnes agissant en qualité d'auteur ou de complice ;*
- *lorsqu'elle est commise avec usage ou menace d'une arme.*

L'article 222-29 du Code pénal dispose que l'agression sexuelle est punie de 7 ans d'emprisonnement et de 100 000 euros d'amende lorsqu'elle concerne « une personne dont la particulière vulnérabilité due à son âge, à une maladie, à une déficience physique ou psychique est apparente ou connue de son auteur ».

Enfin, l'article 222-29-1 du Code pénal dispose que la peine est de 10 ans d'emprisonnement et de 150 000 euros d'amende lorsque la victime a moins de 15 ans.

A.T. Pouvez-vous nous parler de la notion de consentement ? Y a-t-il un âge minimum où la victime n'a pas à prouver qu'elle était consentante ?

S.B. *On entend le terme « consentement » comme le fait de* ***donner son accord, de façon libre et éclairée****. Être consentant, c'est être d'accord, avoir échangé, partagé, clarifié les attentes, les désirs et les intentions de l'autre. C'est aussi les nommer, les confirmer et avoir l'âge pour y consentir. Ainsi, être libre de consentir, c'est ne pas agir sous la domination, les menaces, l'intimidation, la contrainte, l'humiliation, la manipulation, l'agression, le contrôle, l'abus de confiance et/ou d'autorité, le chantage ou en échange d'une récompense. Enfin, le message doit être clair pour toutes les personnes concernées et celles-ci doivent avoir la maturité et la capacité intellectuelle pour comprendre et accepter la demande. Elles ne doivent pas non plus être sous les effets de l'alcool, de la drogue ou de médicaments.*

Plusieurs associations de protection de l'enfant militent en faveur de l'instauration d'un âge minimum de consentement à l'acte sexuel. Ainsi, le viol serait automatiquement reconnu en dessous du seuil fixé par la loi et ne laisserait plus de place à l'appréciation souveraine des magistrats.

Le projet de loi renforçant la lutte contre les violences sexuelles et sexistes envisageait l'instauration d'une présomption irréfragable de non-consentement pour les mineurs de moins de 15 ans. D'autres pays occidentaux ont déjà introduit cette présomption dans leur législation, notamment l'Espagne, la Belgique, l'Allemagne, l'Angleterre, le pays de Galles, la Suisse, le Danemark, l'Autriche et les États-Unis. Cependant, après plusieurs débats parlementaires, la loi sur les violences sexistes et sexuelles a finalement écarté la question de l'âge minimal du consentement sexuel.

A.T.* *Je vais poser des questions sur des exemples précis, qui méritent des éclaircissements. La pénétration sexuelle par un objet ou des doigts est-elle un viol ?

S.B. *La loi vise tout acte de pénétration « de quelque nature qu'il soit », ce qui comprend le rapport sexuel classique, mais également les pénétrations anales et buccales non consenties. En outre, le viol peut être caractérisé en présence de la pénétration d'un objet ou de doigts dans le sexe ou l'anus de la victime si le caractère sexuel des circonstances dans lesquelles les faits ont été commis est démontré.*

A.T.* *Qu'en est-il d'une fellation forcée ?

S.B. *Lorsqu'une personne oblige une autre à lui pratiquer une fellation, il s'agit bien d'un viol, car il y a pénétration sexuelle dans la bouche de la victime. Lorsqu'une personne oblige une autre à subir une fellation, il s'agit également d'un viol, car la pénétration peut se faire sur la victime, ou sur l'auteur.*

A.T.* *Et pour une femme qui subit un cunnilingus forcé ?

S.B. *Le cunnilingus ne suggère pas de pénétration sexuelle, si l'acte n'est pas consenti, il s'agit d'une agression sexuelle.*

A.T.* *Une pénétration sexuelle pendant le sommeil est-elle considérée comme un viol ?

S.B. *Une pénétration sexuelle pendant le sommeil est un viol, car il s'agit d'une pénétration par surprise à laquelle la victime n'est pas en mesure de donner son consentement. En effet, il convient de rappeler que ce n'est pas parce que des personnes* *vivent en couple que le corps de l'un est à la disposition de l'autre. Le consentement est nécessaire « même dans une relation amoureuse ».*

A.T.* *Quand on est en couple, qu'en est-il du devoir conjugal ? Est-ce que cela existe ?

S.B. *Le viol se définit par des actes commis « sur la personne d'autrui ». Il apparaît normal de concevoir le viol entre personnes unies par le lien du mariage. Or, cette évidence n'est que très récente. En effet, le « devoir conjugal » était autrefois une obligation, rendant alors le viol inconcevable entre époux. Cependant, la jurisprudence a depuis élargi son champ d'application du viol. La loi du 4 avril 2006 précise que le viol s'avère constitué, quelle que soit la nature des relations existantes entre l'agresseur et la victime, y compris les liens du mariage.*

A.T.* *Et si la personne n'a pas réagi, ne s'est pas enfuie, ni débattue, est-ce quand même un viol ?

S.B. *La qualification de viol dépend de l'utilisation par l'agresseur de la violence, la contrainte, la menace ou la surprise pour parvenir à pénétrer sexuellement la victime. Que la victime se soit débattue ou non, ait tenté de s'enfuir ou non, a réagi violemment ou au contraire est restée figée, ne change en rien la qualification de l'infraction, il s'agit d'un viol.*

La prescription

A.T.* *Qu'est-ce que la prescription ?

S.B. *La prescription de l'action publique est le principe selon lequel l'écoulement d'un certain délai entraîne l'extinction de l'action publique, c'est-à-dire qu'il n'est plus possible de poursuivre l'auteur de l'infraction.*

A.T. *Quels sont les délais de prescription pour viol et agression sexuelle ?*

TABLEAU RÉCAPITULATIF DES DÉLAIS DE PRESCRIPTIONS EN MATIÈRE DE VIOLENCES SEXUELLES

	Viol	**Agression sexuelle**
Victime âgée de moins de 15 ans au moment des faits	30 ans à compter de la majorité de la victime, jusqu'à ses 48 ans	20 ans à compter de la majorité de la victime, jusqu'à ses 38 ans
Victime âgée de 15 à 18 ans au moment des faits	30 ans à compter de la majorité de la victime, jusqu'à ses 48 ans	10 ans à compter de la majorité de la victime, jusqu'à ses 28 ans
Victime majeure au moment des faits	20 ans à compter des faits	6 ans à compter des faits

S.B. *Le point de départ du délai de prescription de l'action publique pour les infractions sexuelles dont les mineurs sont victimes a été déplacé au jour de leur majorité, et non au lendemain de l'infraction comme c'est le cas en droit commun. Ce recul du point de départ du délai a plusieurs objectifs : prendre en compte l'altération du discernement de la victime mineure qui n'est pas toujours consciente de l'anormalité des faits qui se sont produits, mais aussi de son incapacité pratique à pouvoir parfois s'exprimer, soit en raison des liens qu'elle entretient avec l'auteur, soit en raison d'une éventuelle fragilité.*

A.T. ***Pouvez-vous parler de la nouvelle loi Schiappa d'août 2018 ? A-t-elle un effet rétroactif ?***

S.B. *La loi du 3 août 2018, dite loi Schiappa, prévoit un allongement des délais de prescription pénale à 30 ans après la majorité pour les crimes sexuels sur mineurs.*

Les dispositions de cette loi sont entrées en vigueur le lendemain de la parution au Journal officiel, *soit le 6 août 2018. Ainsi, jusqu'au 6 août 2018, le délai de prescription était de 20 ans à compter de la majorité de la victime, elle pouvait donc agir en justice jusqu'au jour de ses 38 ans. Cette loi n'est pas rétroactive, c'est-à-dire qu'elle n'entraîne pas la réouverture d'affaires prescrites, mais permet à celles en cours de bénéficier d'un délai de prescription allongé de 10 ans.* **Concrètement, il convient de retenir que cette disposition concerne toutes les victimes nées après le 6 août 1980 qui n'avaient donc pas encore 38 ans le 6 août 2018.**

A.T. ***Le dépôt de plainte suspend-il le délai de prescription ?***

S.B. *Une plainte adressée au procureur de la République ou déposée auprès des services de police ou de gendarmerie n'a pas d'effet interruptif de la prescription de l'action publique. Seul l'acte pris par le procureur de la République en vertu de cette plainte (par exemple permettant l'ouverture d'une enquête) est susceptible d'interrompre la prescription de l'action publique.*

Il est donc conseillé de prendre le relais du procureur de la République en cas d'inaction suite à une plainte simple : par exemple par le biais d'une citation directe devant le tribunal correctionnel, ou par une plainte avec constitution de partie civile entre les mains du doyen des juges d'instruction.

A.T. *Que faire s'il y a prescription ?*

S.B. *L'étendue du délai de prescription varie selon le type d'infraction et l'âge de la victime au moment des faits. Son point de départ est en principe le jour d'infraction, mais il existe des exceptions notamment en matière de violences sexuelles. Vous pouvez porter plainte même si le délai vous paraît dépassé, car la justice vérifiera le calcul du délai et recherchera aussi s'il existe une cause d'interruption ou de suspension de la prescription.*

Le dépôt de plainte

A.T. *Quelle est la différence entre une plainte et une main courante ?*

S.B. *Contrairement à une plainte, le but de la main courante n'est pas d'engager des poursuites à l'encontre de l'auteur des faits, mais de signaler la nature et la date des faits aux forces de l'ordre. Cela peut être utile dans le cadre d'un futur procès. Le dépôt de plainte permet à une personne d'informer la justice qu'une infraction a été commise et dont elle se dit victime. La poursuite de la plainte peut entraîner la sanction pénale de l'auteur.*

A.T. *Où aller pour porter plainte ?*

S.B. *Vous pouvez déposer plainte en vous rendant directement dans un commissariat de police ou à la gendarmerie de votre choix. Les services de police et de gendarmerie ont l'obligation d'enregistrer la plainte. Un procès-verbal sera établi et la plainte sera transmise au procureur de la République. Le dépôt d'une plainte simple auprès d'un commissariat, d'une gendarmerie ou au procureur de la République est* ***gratuit****.*

***A.T.* Est-il possible de porter plainte sans connaître le nom de l'auteur des faits ou sans pouvoir l'identifier ?**

S.B. *Oui, il est tout à fait possible que la victime dépose plainte contre un agresseur non identifié ou lorsqu'elle n'est pas sûre de l'identité de l'agresseur. Elle portera plainte contre X.*

***A.T.* Est-il possible de faire un dépôt de plainte par écrit ?**

S.B. *Il est également possible de porter plainte en écrivant directement au procureur de la République. Cette lettre doit être rédigée sur papier libre et doit décrire précisément les circonstances de l'infraction.*

***A.T.* Les personnes mineures peuvent-elles aller seules porter plainte ou doivent-elles être accompagnées ?**

S.B. *Un mineur victime d'une infraction peut porter plainte lui-même en écrivant au procureur ou en se rendant seul ou accompagné dans les locaux de la police ou de la gendarmerie. Mais s'il veut être impliqué dans le reste de la procédure, il devra obligatoirement être représenté par une personne majeure.*

***A.T.* Si une personne mineure se confie pour les violences qu'elle subit et qu'elle ne souhaite pas porter plainte, doit-on respecter son choix ?**

S.B. *Le Code pénal prévoit que le fait d'avoir connaissance de privations, de mauvais traitements ou d'agressions ou atteintes sexuelles infligés à un mineur et de ne pas en informer les autorités judiciaires est puni de trois ans d'emprisonnement et de 45 000 euros d'amende.*

Lorsque le défaut d'information concerne une infraction mentionnée au premier alinéa commise sur un mineur de moins de quinze ans, les peines sont portées à cinq ans d'emprisonnement et 75 000 euros d'amende.

Ainsi, il est obligatoire de dénoncer les faits dont vous avez connaissance même si l'enfant ne le souhaite pas. Il en va de sa sécurité physique et mentale.

A.T. *Peut-on porter plainte si l'auteur des faits est décédé ?*

S.B. *Il est possible de déposer une plainte contre une personne décédée en écrivant directement auprès du procureur de la République. Cependant, aucune poursuite pénale ne pourra être engagée contre le mis en cause, car son décès entraîne l'extinction de l'action publique.*

A.T. *Si les faits sont prescrits, peut-on quand même porter plainte malgré la prescription ?*

S.B. *Il est possible de déposer plainte auprès des services de police ou de gendarmerie ou encore directement par courrier auprès du procureur de la République même si les faits dénoncés sont prescrits. Cependant, l'auteur présumé ne pourra pas être poursuivi pénalement en raison du dépassement du délai de prescription.*

A.T. *Est-ce que ce n'est pas porter plainte pour rien s'il y a prescription ?*

S.B. *Il n'est jamais inutile de porter plainte. En effet, déposer une plainte pénale implique de dénoncer les faits subis et cette étape peut s'avérer nécessaire dans le processus de reconstruction d'une victime. Par ailleurs, les faits dénoncés peuvent aider et nourrir les enquêtes d'autres affaires en cours mettant en cause le même agresseur.*

A.T. *Que se passe-t-il après le dépôt de plainte ?*

S.B. *Le commissariat transmet la plainte au procureur de la République et une enquête est diligentée. Des actes d'investigations sont menés, la victime peut être sollicitée pour* *apporter un complément d'information et les policiers peuvent organiser une confrontation entre la personne mise en cause et la victime. Cette confrontation peut être refusée par la victime. Enfin, le procureur de la République décidera s'il y a lieu de poursuivre l'auteur des faits, de prononcer une mesure alternative aux poursuites ou de classer sans suite.*

Conseils pour le dépôt de plainte

A.T.* *Un dépôt de plainte se prépare-t-il ? Si oui, comment bien le préparer ?

S.B. *Il convient de distinguer deux situations :*

1. *Lorsqu'une victime d'agression à caractère sexuel dépose plainte* **juste après les faits** *: elle fera l'objet d'un examen médical au sein d'une unité médico-judiciaire sur réquisition – à la demande – d'un officier de police judiciaire. L'examen est réalisé avec l'accord de la victime et doit être fait le plus précocement possible après les faits. Cet examen répond à deux objectifs :*

- *Un objectif médical et thérapeutique : il s'agit de dresser le bilan traumatique et psychologique, d'effectuer des examens complémentaires infectieux, de débuter une prise en charge médicale et psychologique et de mettre en place un traitement préventif pour prévenir tout risque de grossesse et/ou d'infection.*
- *Un objectif judiciaire : le but est de constater les lésions traumatiques, d'effectuer des examens complémentaires afin de prouver le contact sexuel et d'identifier l'auteur.*

Dans le cas où la victime ne souhaite pas déposer plainte tout de suite, il est primordial qu'elle se rende à une unité médico-judiciaire ou directement à l'hôpital pour se faire examiner.

L'examen médical peut être réalisé sans réquisition et permettra de constituer, par la suite, des éléments de preuve.

2. *Lorsqu'une victime d'agression à caractère sexuel dépose plainte* ***plusieurs semaines, voire plusieurs années après les faits*** *: l'examen médical n'est plus nécessaire puisque la victime ne présentera, sans doute, plus de traces physiques. Cependant, elle peut faire l'objet d'un bilan traumatique et psychologique.*

Au préalable du dépôt de plainte, il est vivement conseillé à la victime de rassembler l'ensemble des documents et justificatifs médicaux dont elle dispose, mais aussi de « réunir » ses souvenirs pour pouvoir décrire précisément les faits dénoncés.

A.T. La victime peut-elle être accompagnée pour porter plainte ?

S.B. *Oui, le code de procédure pénale prévoit qu'à tous les stades de l'enquête, la victime peut, à sa demande, être accompagnée par son représentant légal et par la personne majeure de son choix. Si l'officier de police judiciaire refuse la présence d'une tierce personne, il doit justifier expressément sa décision.*

A.T. Est-il possible d'avoir une copie de sa plainte ?

S.B. *Oui, tout dépôt de plainte fait l'objet d'un procès-verbal et donne lieu à la délivrance immédiate d'un récépissé à la victime. Si cette dernière en fait la demande, une copie du procès-verbal lui est remise.*

A.T. Lorsqu'on a oublié un élément lors de dépôt de plainte, peut-on faire un complément ?

S.B. *Oui, il est possible de faire un complément de plainte auprès des services de police ou par courrier auprès du procureur.*

A.T. *Pour finir, avez-vous un message à transmettre aux lecteurs ?*

S.B. *Vous l'aurez compris à travers les explications que je vous ai livrées, il existe, en France, un véritable arsenal juridique pour lutter contre les violences sexuelles. Il n'est, certes, pas parfait, mais considère* ***les violences sexuelles comme une atteinte à la dignité et aux droits fondamentaux des personnes. À ce titre, elles ne peuvent rester impunies et doivent être combattues****.*

La loi du silence doit cesser, les sentiments de honte et de culpabilité changer de camp et les stéréotypes sexistes disparaître. L'unique responsable, c'est l'agresseur.

Je souhaite dire aux victimes de violences sexuelles, qu'elles aient été subies récemment ou il y a plusieurs années, qu'elles peuvent agir pour reprendre le contrôle de leur vie. Elles peuvent se protéger et protéger les autres victimes potentielles en dénonçant les faits aux autorités de police.

Enfin, il m'apparaît essentiel de rappeler que les lois évoluent au fil des réformes juridiques. C'est pourquoi les dispositions légales ici énoncées doivent être vérifiées au moment où vous souhaitez engager une procédure judiciaire puisqu'il est possible qu'elles aient été modifiées.

L'ASPECT PSYCHOLOGIQUE DES VIOLENCES SEXUELLES

Invitée : Mathilde Riffort, psychologue clinicienne et psychothérapeute

Les conséquences des violences sexuelles

Anya Tsai : *Pouvez-vous parler des conséquences des violences sexuelles sur les victimes, notamment sur le plan psychologique ?*

Mathilde Riffort : *Les conséquences des violences sexuelles peuvent être nombreuses sur les plans personnel, professionnel, social, somatique et psychologique*[10,11]*. Chacun réagit à sa façon selon sa personnalité, son histoire et l'événement particulier qu'il a subi. Il est fréquent que les victimes ne se sentent pas légitimes ou aient le sentiment d'être « bizarres » en fonction de leurs réactions. Pourtant, les conséquences de ces violences ne constituent qu'une réaction normale à un événement anormal : le psychisme se protège et s'exprime comme il le peut, même si cela peut être source d'une grande souffrance. Votre manière de réagir ne définit pas qui vous êtes ni votre légitimité en tant que victime. Chaque personne ayant subi des violences a le droit d'être prise en compte et de se reconstruire à son rythme, dans le respect de ce qu'elle est et de ce qu'elle souhaite.*

A.T. *Quels sont les troubles psychotraumatiques liés aux violences sexuelles ?*

M.R. *Le psychotraumatisme désigne l'ensemble des réponses psychologiques qui peuvent émerger après un événement particulièrement stressant (comme un accident ou des violences*

---

10. Senon, J.-L., Jonas, C. & Voyer, M., *Psychiatrie légale et criminologie clinique*. Elsevier Masson, Issy-les-Moulineaux, 2013.
11. Coutanceau, R. & Smith, J., *La violence sexuelle*, Dunod, Paris, 2010.

subies). Cela n'est pas automatique[12]*, mais la personne concernée peut rencontrer des difficultés très diverses qui peuvent se cumuler selon les individus*[13][14] *:*

- *L'état ou le trouble de stress post-traumatique (voir ci-contre).*
- *Les troubles dépressifs (tristesse, désintérêt et démotivation pour les activités quotidiennes, idées négatives sur soi et sur le monde, troubles du sommeil, idées suicidaires, etc.).*
- *Les troubles anxieux (peurs envahissantes, phobies, crises de panique, crises d'angoisse, etc.).*
- *Les troubles alimentaires (hyperalimentation/sous-alimentation, prise ou perte de poids importante, idées obsédantes autour de la nourriture ou de la forme du corps, ingestion de matières non comestibles, etc.).*
- *Les troubles du comportement (troubles de l'attention et de la concentration, irritabilité, accès de colère, méfiance excessive, comportements violents, etc.).*
- *Les troubles psychosomatiques (douleurs chroniques, troubles digestifs, troubles de la sphère uro-génitale, manifestations dermatologiques, etc.).*
- *Les troubles psychosexuels (hypersexualité/hyposexualité, vaginisme, troubles des fonctions sexuelles, troubles du désir, etc.).*
- *Les conduites à risque et/ou addictives (consommation de produits, addiction aux jeux, achats compulsifs, conduites sexuelles à risque, conduites délictuelles, etc.).*
- *Les troubles de la personnalité (perturbation ancrée des sphères cognitive et comportementale).*

---

12. Vermeiren, É., « Les événements traumatogènes », *Stress et trauma*, 2009, 9(4) : 214-217.
13. Senon, J.-L., Jonas, C. & Voyer, M., 2013, *op. cit.*
14. American Psychiatric Association, *Diagnostic and statistical manual of mental disorders (5th ed.)*, 2013. Disponible sur : https://doi.org/10.1176/appi.books.9780890425596

Cette liste n'est évidemment pas exhaustive, car, encore une fois, chacun développera une réaction propre avec des manifestations particulières. Elles prennent plus ou moins de place dans la vie de la personne concernée en fonction de son histoire, de sa personnalité et de son état antérieur.

A.T. ***Qu'est-ce que l'état de stress post-traumatique ?***

M.R. *L'état ou trouble de stress post-traumatique fait partie des syndromes qui peuvent se développer à la suite d'un psychotraumatisme. C'est celui que l'on retrouve le plus fréquemment. Il désigne un trouble de la réponse au stress. Dans les semaines qui suivent un événement potentiellement traumatique, il n'est pas rare de faire l'expérience de symptômes évoquant un trouble de stress post-traumatique, mais celui-ci n'est constitué que lorsque ces symptômes perdurent et s'inscrivent dans le temps.*

L'apparition du trouble de stress post-traumatique peut intervenir peu de temps après l'événement ou des mois, voire des années plus tard, et concerne environ 40 % des victimes de violences sexuelles[15].

A.T. ***Quels ont les signes évocateurs d'un trouble de stress post-traumatique ?***

M.R. *Le diagnostic doit être fait par un professionnel de santé formé. Les principaux signes du trouble de stress post-traumatique sont*[16, 17] *:*

- *des souvenirs envahissants, des flashs, des cauchemars, etc. ;*
- *des conduites évitantes (la personne concernée évite au maximum d'être en contact avec des éléments qui pourraient*

15. Senon, J.-L., Jonas, C. & Voyer, M., 2013, *op. cit.*
16. American Psychiatric Association, 2013, *op. cit.*
17. World Health Organization, *International statistical classification of diseases and related health problems (10th ed.)*, 1994. Disponible sur : https://icd.who.int/

lui rappeler l'événement traumatique, comme des lieux, des situations, des objets, etc.) ;

- *une perturbation négative de l'humeur et des pensées sur soi et sur le monde ;*
- *une hypervigilance et une hyperréactivité, c'est-à-dire des accès de colère, des réactions de sursaut, des difficultés de concentration, des troubles du sommeil, etc.*

Les personnes atteintes d'un trouble de stress post-traumatique font sans cesse face à des rappels de l'événement traumatique qui n'est pas traité comme tel par le cerveau, mais comme un risque actuel, un danger imminent. Des éléments qui rappellent l'événement sont donc présents au quotidien et les mécanismes de protection du psychisme sont sans cesse activés pour s'en défendre. Ces symptômes peuvent occasionner une grande détresse, mais des thérapies existent pour les traiter.

Les mécanismes des psychotraumatismes

***A.T.* Qu'est-ce que le phénomène de sidération et de dissociation ?**

M.R. *Ces deux manifestations sont caractéristiques[18]. Elles font partie des signes qui témoignent du fait que le cerveau, au cours d'un événement particulièrement stressant, se protège et protège le psychisme.*

Face à un danger, le cerveau doit choisir en quelques secondes entre toutes les réactions possibles celle qui lui semble la plus adaptée pour survivre. La ***sidération*** *est l'une d'entre elles et désigne un état dans lequel la personne se fige (comme un animal qui ferait le mort), son cerveau estimant qu'il s'agit de la meilleure option pour espérer survivre à l'événement.*

18. Senon, J.-L., Jonas, C. & Voyer, M., 2013, *op. cit.*

*La **dissociation** est un mécanisme par lequel la personne entre dans un état d'anesthésie globale, en particulier émotionnelle. Le sujet peut avoir l'impression d'être totalement déconnecté de son corps, d'être ailleurs, même de quitter son corps et de regarder la scène de l'extérieur, ou encore avoir l'impression que l'événement n'est pas réel.*[19]

Ces deux réactions peuvent être associées. Toutes les victimes ne les expérimentent pas, mais elles sont fréquentes dans les cas de violences sexuelles. La sidération et la dissociation sont souvent à l'origine d'un important sentiment de culpabilité. En effet, elles peuvent empêcher la personne d'agir et donc de se débattre, de crier ou de manifester une opposition. Ce sont des réactions incontrôlables et totalement normales mises en place par le système cérébral pour se préserver d'un événement grave et anormal. Elles ne doivent aucunement remettre en question ni le statut de victime ni la gravité des actes subis.

Il arrive que le vécu de dissociation perdure après l'événement avec plus ou moins d'intensité. C'est ce qui donne, par exemple, les fameux flashbacks, *un des symptômes du trouble de stress post-traumatique*[20]. *La dissociation peut aussi être à l'origine d'autres troubles, parfois plus sévères et plus ancrés.*

A.T. *Qu'en est-il des phénomènes de déni, de négation et de minimisation qui sont des manifestations fréquentes chez les victimes de violences sexuelles ?*

M.R. *Le déni, la négation et la minimisation sont trois barreaux d'une même échelle. Le **déni** désigne un mécanisme selon lequel une personne se persuade qu'une réalité n'est jamais arrivée. La **négation** implique que la personne soit consciente du caractère*

19. Santé publique France, « Quelles sont les conséquences psychologiques d'une exposition à un événement traumatisant comme les attentats ? », mars 2020. Disponible sur : https://www.santepubliquefrance.fr/maladies-et-traumatismes/stress-post-traumatique
20. Senon, J.-L., Jonas, C. & Voyer, M., 2013, *op. cit.*

réel de l'événement, mais refuse de l'admettre. La **minimisation** *renvoie au fait de concéder qu'une réalité existe tout en banalisant ou en omettant certaines caractéristiques.*

Ces phénomènes sont très fréquents chez les victimes de violences sexuelles, certaines passant même par les trois phases. Il s'agit d'un mécanisme de protection du psychisme pour qui il peut être plus facile de vivre en ignorant une partie de la réalité qui serait trop douloureuse. Néanmoins, sur le long terme, ces stratégies peuvent renforcer certains symptômes, ainsi que le sentiment de culpabilité.

Le contexte de la révélation des violences sexuelles peut jouer un rôle important dans la cristallisation du déni et des mécanismes liés. En effet, si l'attitude de l'entourage renforce le vécu de culpabilité ou banalise l'événement, il est possible que la victime le fasse également.[21]

A.T.* *Qu'est-ce que la mémoire traumatique ?

M.R. *La* ***mémoire traumatique*** *est l'ensemble des perturbations du fonctionnement de la mémoire occasionnées par un psychotraumatisme. Les événements particulièrement stressants mettent à l'épreuve le fonctionnement cérébral. Le psychisme est alors contraint d'employer des armes inhabituelles pour se protéger d'un risque vital. Ces mécanismes peuvent empêcher le traitement du souvenir de l'événement : il ne sera donc pas classé comme tel, mais comme actuel et représentant toujours un danger. C'est ce qui se passe chez les sujets atteints de trouble de stress post-traumatique*[22].

21. Coutanceau, R. & Smith, J., 2010, *op. cit.*
22. Salmona, M., « La mémoire traumatique en bref », septembre 2008. Disponible sur : https://www.memoiretraumatique.org/psychotraumatismes/memoire-traumatique.html

A.T. *Qu'est-ce que l'amnésie traumatique ?*

M.R. *L'**amnésie traumatique** désigne un trouble de la mémoire retrouvé notamment chez les victimes de violence[23]. Il s'agit de l'incapacité à mobiliser des souvenirs autour de l'événement traumatique. L'amnésie peut être totale ou partielle, les pans oubliés pouvant correspondre à quelques secondes, quelques mois ou plusieurs années. L'amnésie traumatique va souvent de pair avec des mécanismes dissociatifs. Elle peut durer jusqu'à plusieurs dizaines d'années. La levée de l'amnésie s'accompagne souvent de symptômes évocateurs d'un trouble de stress post-traumatique. De nombreuses victimes éprouvent une grande culpabilité face aux souvenirs qui leur reviennent et à leur oubli des événements traumatiques, ce qui est souvent l'occasion de questionnements sur la réalité des souvenirs.*

Traiter les psychotraumatismes

A.T. *Est-il forcément nécessaire de faire une thérapie après des violences sexuelles ?*

M.R. *Cela dépend de la façon dont le sujet vit avec les violences subies, c'est une question très individuelle. Certaines personnes n'entameront pas de thérapie, d'autres en ressentiront le besoin à un certain moment.*

Bien que les conséquences d'un psychotraumatisme constituent une réaction normale du psychisme face à la violence sexuelle, elles n'en restent pas moins douloureuses. La reconstruction peut nécessiter un accompagnement thérapeutique pour identifier et atténuer les symptômes du psychotraumatisme, mais aussi travailler ce qui l'entoure.

23. Salmona, M., « L'amnésie traumatique, un mécanisme dissociatif pour survivre », janvier 2018. Disponible sur : https://www.memoiretraumatique.org/assets/files/v1/Articles-Dr-MSalmona/2018-l-amnesie-traumatique.pdf

Plus le psychotraumatisme est sévère, plus le travail pluridisciplinaire et diversifié sera nécessaire, notamment lorsque les atteintes se manifestent sur plusieurs niveaux (psychique, somatique, addictologique, etc.). C'est pour cela qu'il ne faut pas hésiter, si vous vous en sentez capable, à informer les professionnels de la santé que vous consultez de ce que vous avez vécu, même si votre problème n'est pas, à priori, lié aux violences sexuelles.

A.T. ***Quelle est la différence entre les différents « psys » ?***

M.R. *Le* ***psychiatre*** *est un médecin spécialiste des troubles psychiques. Il est habilité à poser des diagnostics et peut prescrire des médicaments si nécessaire. Les consultations peuvent être prises en charge par la Sécurité sociale.*

Le ***psychologue*** *est un professionnel du champ médico-social spécialiste de la souffrance psychique (diplôme universitaire de niveau Master 2). Il n'a pas l'autorisation de poser un diagnostic médical ni de prescrire des médicaments. Il peut en revanche formuler des hypothèses diagnostiques pour orienter au mieux la prise en charge proposée. Psychologues et psychiatres peuvent travailler ensemble auprès d'un même patient.*

Le ***psychothérapeute*** *est souvent un psychiatre, un psychologue ou un professionnel de santé ayant suivi des enseignements théoriques et pratiques particuliers (on peut donc être psychiatre-psychothérapeute ou psychologue-psychothérapeute). Il propose une prise en charge par différents types de psychothérapies avec des outils spécifiques (thérapies cognitivo-comportementales, psychanalyse, thérapies humanistes, thérapies intégratives). Certaines mutuelles peuvent couvrir les séances chez un psychologue ou un psychothérapeute.*

En ce qui concerne les ***psychanalystes****, le titre en lui-même n'est pas reconnu ni protégé, mais les psychiatres et les psychologues peuvent l'ajouter à leurs qualifications dans la mesure où ils ont* *suivi une formation leur permettant de proposer des thérapies psychanalytiques.*

Pour les **psychopraticiens**, *le titre n'est pour le moment pas reconnu et ne renvoie pas à une formation particulière.*

De manière générale et en particulier lorsque l'on est victime de violences sexuelles, il est utile de bien se renseigner sur le parcours du professionnel avant de consulter. Tous les professionnels ne sont pas formés à la prise en charge des violences sexuelles, qui nécessite une attention toute particulière et des connaissances spécifiques.

A.T. Quelles sont les thérapies recommandées pour traiter les symptômes psychotraumatiques ?

M.R. *Voici une liste non exhaustive des principales thérapies employées pour traiter les conséquences d'un psychotraumatisme, la prise en charge proposée devant être adaptée à la situation particulière et à la demande du patient*[24,25]*.*

L'EMDR

L'EMDR (Eye Movement Desensitization and Reprocessing *ou Désensibilisation et Retraitement par les Mouvements oculaires), fait partie des deux thérapies recommandées par l'OMS (Organisation mondiale de la Santé) pour traiter le trouble de stress post-traumatique*[26]*. C'est une thérapie qui a pour objectif de permettre au souvenir non traité normalement par le cerveau de l'être, créant ainsi une autre relation émotionnelle et cognitive à l'événement.*

Lors d'une séance de travail, après un moment d'échange et de verbalisation avec le thérapeute, il est proposé au patient

24. El-Hage, W., « Prise en charge des troubles post-traumatiques », *Rhizome*, 2018, 69-70(3), 10-11.
25. Senon, J.-L., Jonas, C. & Voyer, M., 2013, *op. cit.*
26. Site Internet de l'Association EMDR France : https://www.emdr-france.org/

de se remémorer un souvenir traumatique. Un stimulus est alors présenté, par exemple il est demandé de suivre des yeux un objet dans un mouvement de balayage de gauche à droite. Cela a pour effet de stimuler les zones du cerveau liées aux souvenirs et aux émotions, et donc de permettre le traitement du souvenir traumatique. La séance se termine par un moment de retour à la réalité et de débriefing.

Les TCC

Les TCC (thérapies cognitivo-comportementales) font également partie des thérapies recommandées par l'OMS pour traiter le trouble de stress post-traumatique. Leur but est de corriger le lien dysfonctionnel qui se crée entre pensée, émotion et comportement en aidant le patient à dépasser les symptômes invalidants tout en adoptant de nouveaux comportements plus adaptés. Le thérapeute fait le point avec le patient sur les pensées, émotions et comportements qui lui posent le plus de difficultés dans son quotidien. Puis, selon la demande, le thérapeute propose des exercices qui évoluent de séance en séance. Différentes techniques peuvent être employées : thérapie d'exposition, thérapie des schémas, restructuration cognitive, apprentissage de la gestion du stress, etc. Il peut s'agir par exemple, d'une séance sur l'autre, de réaliser une action dont on a peur, de tenir un journal d'émotions (reporter chaque jour les émotions ressenties sur un carnet), de faire des exercices de relaxation, etc.

Les thérapies par la parole

En complément ou non d'une thérapie tournée vers le traitement des symptômes comme l'EMDR ou les TCC, il peut être intéressant d'engager une thérapie par la parole plus « classique », qu'elle soit d'inspiration psychodynamique (inspirée des théories psychanalytiques, centrée sur l'élaboration), humaniste (approche dite centrée sur la personne, intégrant les émotions et la dimension corporelle) ou intégrative (inspirée de l'ensemble des approches, selon la demande du patient). Il est possible de mêler différentes techniques afin de travailler de façon plus approfondie et complète. Travailler sur son histoire, reconstituer le fil de son existence, faire des liens et partir à la recherche de certaines réponses est parfois nécessaire au cours d'un chemin de reconstruction.

La médication

Selon les troubles développés, il peut être nécessaire de prescrire un traitement médicamenteux. Cela n'est pas une honte, c'est au contraire un soutien à votre reconstruction. Que le traitement soit temporaire ou chronique, il est important que celui-ci soit suivi par un psychiatre afin de l'adapter au mieux à votre situation et à son évolution. Le traitement se suffit rarement à lui-même, une psychothérapie est souvent complémentaire.

Autres thérapies

- *L'ICV (Intégration du Cycle de la Vie) est une thérapie relativement récente qui montre des résultats encourageants, en particulier dans le traitement des psychotraumatismes*[27]*. L'objectif est, comme pour l'EMDR, de permettre un retraitement des souvenirs traumatiques afin d'apaiser les réactions qui leur sont liées.*
- *L'hypnose peut aussi aider à traiter certains des symptômes psychotraumatiques.*

Au-delà de la psychothérapie et d'un éventuel traitement, de nombreux autres outils peuvent vous aider à poursuivre votre route vers un mieux-être : un suivi associatif, des groupes de parole, un accompagnement en sexologie, des soins du corps, une activité sportive ou artistique... Vous retrouverez dans le parcours d'Anya de nombreuses inspirations pour investir votre reconstruction. Le plus important étant d'être à l'écoute de vous-même et de prendre soin de vous : personne n'est mieux placé que vous pour le faire.

27. Site Internet de l'association francophone d'ICV : http://aficv.com/

A.T.* *Est-il possible de se sentir moins bien quand on commence un travail thérapeutique ?

M.R. *Oui, et c'est tout à fait normal. La psychothérapie fait appel à vos ressources internes, vient mettre en mouvement et questionner votre équilibre psychique, vous amène à évoquer des souvenirs douloureux. Il est normal que cela soit difficile à vivre, c'est pour cela que l'on parle de travail thérapeutique. Cependant, cette phase n'est que transitoire et vous mènera vers un mieux-être. N'hésitez pas à en parler à la personne qui vous suit afin d'envisager ensemble des solutions pour vous soulager durant ces périodes.*

*Quelle que soit la thérapie, l'un des éléments les plus importants reste l'**alliance thérapeutique** (relation de travail entre le patient et le thérapeute). La reconstruction après des violences sexuelles peut être douloureuse, la parole est souvent difficile et les émotions très fortes. Il est primordial que vous vous sentiez à l'aise et en confiance avec la personne qui vous prend en charge pour que le travail effectué ait un réel intérêt pour vous.*

A.T.* *Comment parler des violences subies à ses proches ?

M.R. *La révélation est un moment important et angoissant. Il est primordial de se sentir suffisamment bien, suffisamment prêt, dans un moment suffisamment bon. J'emploie l'adverbe « suffisamment » volontairement, puisque le moment idéal n'existe pas, mais il est important que vous soyez dans de bonnes dispositions et que vous vous sentiez préparé. En effet, il est difficile, même impossible, d'anticiper la réaction des proches.*

La méthode de la révélation vous appartient totalement. Vous pouvez choisir d'écrire une lettre ou un message, de téléphoner, de parler face à face… À vous de décider ce qui vous convient le mieux. Les mots aussi vous appartiennent. Soyez indulgent envers vous-même : hésiter, chercher ses mots, pleurer, être angoissé est absolument normal.

Même après la révélation, maintenir le lien avec ses proches n'est pas toujours facile. Il peut être extrêmement difficile pour eux d'apprendre ce qui vous est arrivé, les conséquences, et de vivre avec[28]*. Il est parfois intéressant de faire intervenir un tiers pour vous aider à communiquer : votre psychologue, une personne qui vous soutient, le fait d'écrire une lettre ou de faire un dessin, voire engager une thérapie familiale. Ce tiers, en intervenant dans la relation, peut vous aider à prendre de la distance, à apaiser les tensions et à servir de médiateur quant au message que vous souhaitez faire passer.*

***A.T.** Avez-vous un message à transmettre aux lecteurs ?*

***M.R.** Face à la violence sexuelle, il est normal de se sentir perdu et de ne pas savoir quoi faire, ou au contraire de ressentir une pression interne à agir à tout prix. C'est pourquoi il est si important d'être à l'écoute de soi-même, en toute bienveillance, et, si nécessaire, de pouvoir être guidé par des personnes formées qui pourront vous éclairer sur les démarches possibles et vous orienter vers les ressources adaptées. N'hésitez pas à en parler et à demander conseil auprès d'un professionnel de santé en qui vous avez confiance, d'une association, d'un proche qui aurait connu un parcours similaire. La reconstruction est possible, le psychotraumatisme ne vous définit pas et l'apaisement de vos symptômes n'est pas une utopie.*

---

28. Coutanceau, R. & Smith, J., *La violence sexuelle, op. cit.*

CHAPITRE 2

Se libérer de la culpabilité

LE SENTIMENT DE CULPABILITÉ

La culpabilité est le sentiment de faute ressenti, que celle-ci soit réelle ou imaginaire. La personne qui culpabilise se pense coupable, elle se considère responsable de la situation ou des événements.

La culpabilité peut aussi être mêlée à de la honte, qui est liée à la dévalorisation de soi. Une personne qui se sent honteuse cultive un sentiment d'infériorité. La honte touche à la valeur personnelle, l'estime de soi, l'identité et la dignité.

Les victimes de violences sexuelles ressentent quasiment toutes ce sentiment de culpabilité, très souvent associé à de la honte. Elles se rendent ainsi responsables, à tort, de ce qui leur est arrivé. La culpabilité enferme la victime dans le silence, la solitude et l'isolement. Elle maintient la victime dans le passé et les souffrances. Elle l'empêche ainsi de trouver des solutions dans le présent et d'avancer sur son parcours de reconstruction.

Culpabilité et colère

Il existe un lien étroit entre culpabilité et colère. La culpabilité est en effet une émotion mixte, généralement un mélange de colère et de peur, parfois mêlé de tristesse. Elle est souvent un sentiment substitué, également appelé sentiment « racket » : il prend la place de la colère qui est une réaction légitime après des violences sexuelles.

La culpabilité portée par la victime l'empêche souvent de ressentir de la colère contre l'auteur des actes. Il y a un transfert de responsabilité de l'auteur sur la victime qui se rend à tort responsable des actes subis, alors que cette responsabilité ne lui appartient pas. Cette colère n'étant pas portée sur la bonne personne, elle se retourne souvent contre la victime et peut entraîner une dévalorisation de soi, mais aussi dépression, autopunition, automutilation, comportement destructeur, etc.

Tant que cette culpabilité et cette colère ne peuvent pas être déposées, le chemin vers l'apaisement est difficile. Se libérer de la culpabilité est une étape essentielle dans la reconstruction.

LA CULPABILITÉ COMME MÉCANISME DE PROTECTION

La culpabilité est un **mécanisme de protection face à l'horreur de la réalité** que la victime n'arrive pas à accepter, en fuyant dans son imaginaire pour se protéger et se mettre en sécurité, en réinventant son histoire, avec l'illusion qu'elle aurait pu éviter le drame ou qu'elle a le pouvoir de changer son passé.

La culpabilité est un **mécanisme de protection face au sentiment d'impuissance** quant à l'événement. Elle confère une illusion de pleins pouvoirs sur la situation, de contrôle sur les événements, en pensant qu'on aurait pu faire quelque chose pour changer ce qui est arrivé ou empêcher que cela se produise. Culpabilité et pouvoir vont de pair. En se culpabilisant, la victime entretient cette illusion de toute puissance.

Face à l'intolérable et à l'atrocité de ce qu'elle a vécu, la victime se sent impuissante. Elle ne rêve que d'une chose : pouvoir refaire l'histoire, changer le cours des événements qui ont mené au drame pour ne pas avoir à subir ce qu'elle a vécu.

Le sentiment de culpabilité peut se manifester par de la colère contre soi, mais également une tendance à la rumination intérieure, le fait de ressasser mentalement l'événement pour essayer d'en changer sans cesse le déroulement, en inventant chaque fois un nouveau scénario. La victime se repasse le film et se questionne en boucle : « Et si j'avais fait ceci, si je n'avais pas été là, je n'aurais pas dû, j'aurai mieux fait de, et si… »

Ce questionnement est sans fin, l'imagination de l'être humain est illimitée. Il y a des milliers de scénarios possibles, il suffit de changer un seul élément de l'histoire pour créer un nouveau film. Ressasser donne l'illusion que le pire aurait pu être évité, protège d'une réalité que nous refusons de croire et évite de nous confronter à notre impuissance.

La culpabilité est un **mécanisme pour nous protéger de la souffrance**, des douleurs et de la tristesse liées à cette réalité. Par cette fuite dans l'imaginaire, on se protège en se coupant de la souffrance et de ses émotions et on déforme la réalité en la masquant.

La culpabilité est liée à un **autojugement décalé dans le temps** : on se juge après coup et non au moment des faits. On s'accuse et on se critique sur ce que l'on a fait (ou pas fait), ce que l'on a dit (ou pas dit), ce que l'on a ressenti (ou pas ressenti). C'est une attitude très sévère envers soi-même, qui intervient après coup, alors que nous n'avions pas connaissance de toutes les données à ce moment-là. Nous ne pouvions ni anticiper les faits, ni prévoir ce qui allait arriver, ni deviner les intentions malveillantes de la personne qui nous a blessé. Il était donc impossible de prendre une décision différente de celle que nous avons prise. Nous avons fait de notre mieux avec les informations dont nous disposions alors.

La culpabilité a des répercussions importantes sur **la confiance en soi, sur l'estime de soi, sur la perception de sa valeur personnelle et sur son identité.** Lever le poids de cette culpabilité est donc une étape essentielle vers l'apaisement intérieur. Cela passe par l'acceptation de ce qui est arrivé pour ne plus fuir la réalité afin de pouvoir avancer sur son chemin de reconstruction.

LA DOUBLE CULPABILITÉ DES VICTIMES

La culpabilité ressentie par les victimes de violences sexuelles est double. Elle a deux sources : intérieure et extérieure.

La culpabilité intérieure

La culpabilité de source intérieure est celle que l'on ressent, qui vient de soi.

Cette culpabilité intérieure m'a beaucoup rongée. Je la nourrissais avec mes ruminations, en ressassant mon passé, en essayant de changer l'histoire, en me questionnant sans arrêt pour trouver la cause et les raisons : « Est-ce mon karma ? Qu'ai-je fait pour mériter ça ? Pourquoi moi et pas une autre ? Est-ce ma tenue ? Comment est-ce possible ? Et si j'avais..., aurais-je pu changer quelque chose ? »

J'étais incrédule, c'était inconcevable à mes yeux. Je ruminais en boucle, me questionnais sans fin. J'ai recherché longtemps des explications que je n'ai jamais eues. Cela s'apparente à de la **torture mentale**. Je me sentais coupable de ce qui m'arrivait et je pensais en être responsable. Cette culpabilité était mêlée à de la honte, au sentiment d'être souillée, de n'avoir plus aucune valeur.

Ce type de réaction est très fréquent chez les victimes de violences sexuelles. L'auteur des actes nous a manqué de respect à tous niveaux, ne nous a accordé aucune valeur en nous traitant comme un objet que l'on utilise et que l'on jette après usage. Cela touche à notre dignité et à notre intégrité, nos droits fondamentaux d'être humain ont été bafoués.

La culpabilité extérieure

La culpabilité de source extérieure est celle que nous renvoient la société, les proches, la famille, les amis, la communauté.

Une victime qui se confie peut ressentir ce type de culpabilité. Libérer sa parole est très difficile, il faut sortir de sa zone de confort et se faire violence. C'est un acte de courage immense que de montrer sa vulnérabilité.

Même si tout le monde ne réagit pas ainsi, il arrive que la victime soit confrontée à des réactions ou à des questions telles que :

- « Ce n'est pas possible ! Je ne te crois pas ! »
- « Comment étais-tu habillé(e) ? »
- « Pourquoi étais-tu là, à ce moment-là ? »
- « Est-ce que tu t'es débattu(e) ? »
- « Tu as a dit non ? »
- « Es-tu sûr(e) que tu n'étais pas consentant(e) ? »
- « Pourquoi avais-tu bu ? »
- « Pourquoi l'as-tu suivi ? »

- « Pourquoi ne t'es-tu pas enfui(e) ? »
- « Mais je le/la connais, il/elle n'a pas pu faire ça ! »
- « Je ne comprends pas comment cela a pu t'arriver ! »
- « Pourquoi tu ne l'as pas dit plus tôt ? », etc.

Ces questions sont sans fin. Les gens à qui l'on se confie peuvent avoir cette réaction de vouloir rechercher les causes et d'investiguer, voire de refaire l'histoire. Mais demander *pourquoi* ne va jamais changer ce qui est arrivé !

Ces questions qui commencent par « pourquoi », je les appelle les **questions interdites**. Ce sont des questions que l'on ne devrait jamais poser à une victime. La question « pourquoi » appelle une justification, une réponse qui commence par « parce que » : « J'ai agi ainsi parce que... », « Je suis allée là parce que... », « Je me suis habillée ainsi parce que... »

Une victime n'a pas à se justifier d'un acte qu'elle a subi et non commis. Une demande de justification est un acte très culpabilisateur.

La victime subit une atteinte grave qui touche à son être, à son identité et à son intégrité. Elle subit un traumatisme qui a des conséquences lourdes sur sa vie. Pour rappel, un viol est un crime jugé en cour d'assises. En posant toutes ces questions, on demande à la victime de justifier les actes commis par autrui et, par conséquent, de porter le poids de la culpabilité et de la responsabilité d'autrui.

En mettant en doute la parole d'une victime, les gens et la société entretiennent cette culture du viol et la culpabilisation des victimes, au lieu d'encourager la libération de la parole.

Faisons une analogie. Imaginons que vous vous faites cambrioler. C'est un viol de l'intimité, quelqu'un pénètre chez vous sans votre consentement pour vous voler des biens ou des objets de valeur. En tant que victime de cambriolage, lorsque l'on va en parler ou porter plainte, va-t-on lui demander :

- Pourquoi avais-tu de l'argent ou des objets de valeur chez toi ?
- Pourquoi n'as-tu pas rangé ton argent ailleurs ou caché tes richesses ?
- Pourquoi n'as-tu pas mis tes bijoux dans un coffre à la banque ?
- Pourquoi n'as-tu pas été plus prudent ?

Évidemment non. On n'a pas à prouver son statut de victime, il est accordé d'office. On ne va pas chercher à comprendre le pourquoi du comment, mais on va évaluer le préjudice pour demander réparation, par exemple aux assurances. On va donc écouter notre récit, prendre notre dépôt de plainte et reconnaître le préjudice subi.

Après des violences sexuelles, ce n'est hélas pas toujours le cas. Il n'est pas rare de demander à la victime de se justifier de ce qui lui est arrivé. C'est le monde à l'envers : la victime devient coupable. En lui demandant « pourquoi », on lui renvoie de la culpabilité. À qui demande-t-on normalement de se justifier ? Au coupable !

ACCUEILLIR LA PAROLE D'UNE VICTIME

Quelles sont les attentes d'une personne qui libère sa parole sur les violences qu'elle a subies ?

La question « pourquoi » ne l'encouragera ni à se confier ni à libérer sa parole. « Pourquoi moi et pas un(e) autre ? » est une question qu'une victime s'est déjà maintes fois posée. Elle n'a pas besoin d'une source de culpabilité extérieure ni qu'on remue le couteau dans la plaie.

Voici les mots qu'une victime attend de la personne qui accueille sa parole :

- Je te crois.
- Tu as bien fait de m'en parler.
- Ce n'est pas ta faute.
- Tu n'es pas coupable. Le coupable, c'est lui/elle.
- Il/elle n'avait pas le droit, la loi l'interdit.
- Tu n'es plus seul(e). Je suis là pour toi.
- Je vais t'aider. Qu'est-ce que je peux faire pour toi ?

Une victime qui se confie ne cherche généralement ni solutions ni conseils. Elle a besoin d'une écoute bienveillante, d'une attitude qui ne juge pas et qu'on la croit. Le non-jugement est fondamental, car la victime a déjà une propension à se juger elle-même, le jugement des autres ajoute une blessure supplémentaire.

UNE VICTIME N'EST JAMAIS COUPABLE

Culpabilité et responsabilité

Dans le cas de violences sexuelles, la victime se rend à tort responsable des événements en se culpabilisant. Elle est persuadée qu'en ayant agi différemment, elle aurait pu éviter le pire. Elle entretient ainsi l'illusion de pouvoir contrôler, même ce qui ne dépend pas d'elle.

Ce point est essentiel : **l'agresseur est le seul et unique responsable de ses actes**. Il a imposé sa volonté et il a contraint la victime. Lui seul a fait le choix d'agir ainsi. C'est donc à lui de répondre de ses actes. La responsabilité de l'auteur des actes est totale. Il est à la fois **responsable et coupable**.

Une victime n'est nullement responsable des actes subis. Une victime n'est jamais coupable. Lui demander de se justifier et de répondre des actes d'autrui, c'est lui demander d'avouer une faute qu'elle n'a pas commise ! Elle n'a donc pas à porter le fardeau de la culpabilité ni de la responsabilité.

La victime assume une trop lourde responsabilité qui ne lui appartient pas : c'est celle de l'agresseur. Cette culpabilité est nocive, elle cause de nombreuses souffrances. Cette appropriation de la responsabilité existe dans d'autres situations : ainsi, un enfant peut se sentir responsable du divorce de ses parents. Il assume ce qui ne lui appartient pas : la responsabilité du divorce revient à ses parents, c'est leur choix et non le sien.

Rendre la responsabilité à l'auteur

La seule et unique personne qui doit répondre de ses actes est celle qui les a commis. C'est à elle d'en porter l'entière responsabilité.

Les violences sexuelles sont des actes de destruction, de domination et d'abus de pouvoir, dans lesquels les victimes sont niées dans leur intégrité et privées de leur droit de consentement. Le viol est le seul crime où la victime se sent coupable et porte le poids de la culpabilité à la place de celui qui commet les actes, tandis que le coupable se considère comme innocent ! Les rôles sont inversés. Il est temps de rendre à chacun ses responsabilités. Il est urgent de changer les mentalités, que les gens soient sensibilisés et formés sur ce sujet. Il faut encore progresser pour faire évoluer la société et la conscience collective. Cette notion de culpabilité est essentielle, et nous devons mesurer le poids de nos paroles lorsque nous accueillons le récit d'une victime.

SE LIBÉRER DU FARDEAU

Pour sortir du cercle vicieux de la culpabilité, il faut cesser d’endosser des responsabilités qui ne nous incombent pas, il faut renvoyer la responsabilité à l’auteur des actes.

Restituer la culpabilité

Il est possible de restituer la culpabilité à l’auteur des faits, symboliquement ou réellement. Dans mon cas, comme je ne pouvais réellement la lui rendre, je l’ai fait de façon symbolique.

La culpabilité est si pesante, plus encore lorsqu’elle ne nous appartient pas ! Imaginez que pendant des années, vous portiez le sac à dos de quelqu’un d’autre, rempli de lourdes pierres. Vous le portez sans répit jour et nuit, 24 heures sur 24, 7 jours sur 7, 365 jours sur 365, sans vous autoriser à le poser de temps en temps pour vous soulager. Insupportable, n’est-ce pas ? Qui peut tenir ainsi ? Pourtant, c’est ce supplice que je m’infligeais, et que beaucoup d’autres victimes de violences sexuelles s’infligent encore…

Il m’a fallu 20 ans pour réaliser que cette culpabilité ne devait plus m’appartenir. Je me suis enfin dit : « Je n’en veux plus, je ne suis ni coupable ni responsable ! J’ai été victime d’un crime jugé en cour d’assises, ce n’est plus à moi de porter cette culpabilité. » Après cette prise de conscience, j’ai pu me défaire de ce fardeau en décidant de le rendre au coupable.

Il est possible de rendre la culpabilité de façon symbolique en écrivant une lettre pour se libérer, sans l’envoyer, dans laquelle on note tout ce qu’on a sur le cœur. Par cet acte, je rends ce qui ne m’appartient pas.

Si quelqu’un vous fait un cadeau et que vous le refusez, à qui appartient le cadeau ? À la personne qui l’a offert. La culpabilité est ce cadeau empoisonné, je le refuse, il ne m’appartient plus. Cette prise de conscience et la décision de m’en défaire définitivement ont été des étapes fondamentales dans mon parcours de reconstruction. En me libérant de ce fardeau, j'ai abattu des barrières qui me limitaient.

La lettre de libération

Nous ne pouvons pas changer le passé, mais il est possible de se défaire de la charge émotionnelle qui lui est liée et qui est restée bloquée en nous. La garder en soi génère du stress, des angoisses et des troubles divers. Les émotions refoulées ressurgiront en troubles divers, d'où l'importance de se libérer.

La rédaction d'une lettre pour se dégager d'une charge émotionnelle est un exercice très puissant. On peut ainsi se libérer de toutes sortes d'émotions désagréables comme la colère, la culpabilité, la honte, la tristesse, la jalousie, etc. Cet exercice va vous aider à vous défaire de la culpabilité portée : écrivez pour déposer tout ce que vous ressentez afin de vous délester de ce qui vous encombre.

Je crois au pouvoir thérapeutique de l'écriture. Tout ce que l'on dépose sur le papier sort de soi, et ce qui sort de soi n'a plus à nous appartenir. Tout ce qui est écrit n'a plus besoin d'être ruminé. C'est un acte symbolique fort. C'est un moyen puissant de libération intérieure et de lâcher-prise.

ÉCRIVEZ VOTRE LETTRE DE LIBÉRATION

Isolez-vous dans un endroit calme. Prenez une feuille et un stylo pour écrire à la main. Le geste manuel compte aussi dans ce processus. Cela peut prendre la forme d'une lettre à la personne qui vous a blessé, ou d'une lettre à l'émotion elle-même, mais également d'une lettre pour chaque personne qui vous a envoyé de la culpabilité. Cette culpabilité est à restituer, elle ne vous appartient plus.

Écrivez tout ce que vous avez sur le cœur. Décrivez la situation, les émotions ressenties, vos ressentiments, tout ce qui vous pèse et dont vous ne voulez plus dans votre vie. Délestez-vous sur le papier. Écrivez sans vous censurer. Marquez sur la lettre tout ce que vous auriez aimé dire à cette personne, tout ce que vous lui reprochez, ce que vous auriez aimé entendre ou obtenir et ce dont vous avez besoin.

Après avoir écrit la lettre, je vous invite à la détruire de façon symbolique. Pliez la lettre, mettez-la dans une enveloppe, puis brûlez-la. Ressentez ce moment de libération intérieure, la charge émotionnelle qui s'en va en même temps que la lettre part en fumée.

Important : ne faites pas que lire ces lignes. Ne me croyez pas uniquement sur parole : **vivez-le et expérimentez-le**. Ayez une lecture active et mettez en application. Ce que je transmets dans ce livre est une expérience à vivre, non un savoir à accumuler. Commencez dès maintenant !

Exprimer et extérioriser sa colère

« LA PIRE DES COLÈRES, LA PLUS TERRIBLE,
EST CELLE QUE J'AI CONTRE MOI-MÊME QUAND JE N'OSE
ENTENDRE CE QUI A ÉTÉ BLESSÉ EN MOI.[29] »

Jacques Salomé

Les personnes qui ressentent de la culpabilité ont très souvent une colère au fond d'elles-mêmes qui a besoin d'être exprimée. La culpabilité étant une émotion mixte, le plus souvent un mélange de peur et de colère, il est important de pouvoir

29. Jacques Salomé, *Bonjour Tendresse. Une pensée-tendresse par jour*, Paris, Albin Michel, 1992.

extérioriser une colère refoulée que nous ne nous sommes pas autorisés à exprimer.

Une victime a le droit d'exprimer sa colère contre l'injustice de la situation, par rapport au traumatisme et ses conséquences sur sa vie, et contre l'agresseur. C'est une **colère légitime**. Elle représente une charge émotionnelle importante qui a été accumulée et bloquée : il est temps de s'en défaire et de libérer cette énergie.

Je partage ici quelques pistes sur les moyens d'extérioriser votre colère et de vous en libérer :

- Frapper dans un punching-ball ou dans des coussins.
- Extérioriser par l'écriture, qui est fortement libératrice.
- Pratiquer une forme d'art : musique, dessin, peinture, sculpture, danse, etc.
- Crier ou hurler sa colère. C'est pour moi l'une des façons les plus efficaces de l'extérioriser. Le cri est libérateur, il permet de décharger l'énergie de la colère qui a été emmagasinée et la propulser hors de soi pour l'éliminer. Par exemple : aller crier dans la nature, dans la forêt, hurler dans un oreiller ou dans une pièce insonorisée peut être très bénéfique.

VOS FAÇONS D'EXTÉRIORISER VOTRE COLÈRE

La liste proposée ci-dessus n'est pas exhaustive, n'hésitez pas à ajouter vos propres solutions pour libérer la colère qui est bloquée en vous.

. . . .

. . . .

. . . .

CHAPITRE 3

Accepter ce qui est

« Que la force me soit donnée de supporter ce qui ne peut être changé et le courage de changer ce qui peut l'être, mais aussi la sagesse de distinguer l'un de l'autre. »

Marc Aurèle

POURQUOI MOI ?

Je me suis longtemps posé cette question : « Pourquoi cela m'est arrivé, pourquoi moi et pas une autre ? » J'avais besoin comprendre les raisons. Ne trouvant pas la réponse, j'ai continué à me remettre en cause et tourné la question en tous sens.

C'était sans fin. « Est-ce parce que je l'ai mérité ? Ai-je fait quelque chose de mal et la vie me punit ainsi ? » Et je me suis remémoré tous les événements de ma vie où j'aurais pu faire quelque chose de répréhensible ou de punissable. « Ai-je été mauvaise dans ma vie ? Je ne vois pas. Peut-être était-ce dans une vie précédente ? Est-ce donc le karma ? »

Ce questionnement intérieur a duré des années. Je n'ai jamais eu de réponse à mes questions, tout simplement parce qu'il n'y en avait pas. Je ne peux pas trouver de raisons à un crime dont je suis la victime. En m'interrogeant ainsi, je ne faisais que raviver le passé et les souvenirs douloureux, et remuer plus profondément le couteau dans la plaie qui ne pouvait pas cicatriser.

Je suis également passée par une phase de plaintes et de lamentations. Comme je ne trouvais pas de réponses à mes questions, j'ai commencé à me plaindre intérieurement : « Pauvre de moi, ce qui m'est arrivé est terrible, personne ne peut me comprendre, je n'ai vraiment pas de chance, le sort s'acharne sur moi, qu'ai-je donc fait au ciel pour mériter cela ? J'ai un grand handicap par rapport aux autres, je ne pourrai pas être heureuse avec un tel passé. » J'étais bloquée en mode « victime et complaintes », comme si me lamenter pouvait changer quelque chose. Je n'ai tiré aucun bénéfice de cette rumination. Au contraire, elle était source de nuits blanches et de souffrances. Passive, je subissais ma vie. J'étais incapable de faire des choix ni de me mettre en action pour me défaire de ce passé. J'ai mis beaucoup de temps à sortir de ce cercle vicieux.

Des années plus tard, devenue adulte et mère, je m'interrogeais encore de temps en temps quand je n'avais pas le moral, quand j'avais des soucis personnels ou professionnels. Vingt ans de réflexion n'avaient pas permis de lâcher ma quête de compréhension ! Puisque je n'avais pas trouvé de réponse en moi, j'ai commencé à la chercher à l'extérieur. J'ai fini par interroger l'ami proche à qui je m'étais confiée vingt-et-un ans après les faits. Je lui ai posé cette question : « Mais pourquoi moi ? » Après un temps de réflexion, à mon grand étonnement, il a répondu : « Anya, c'est parce que tu es assez forte pour surmonter cette épreuve. » Je ne m'attendais pas à cette réponse.

J'attendais qu'il nourrisse mes lamentations. Ses paroles ont été un déclic. Sans doute avais-je besoin d'entendre ces mots précis, à ce moment de ma vie, pour prendre enfin conscience qu'il me fallait accepter ce qui était arrivé et lâcher prise sur ce questionnement intérieur. À partir de ce jour, j'ai cessé de me demander « pourquoi moi ? »

Si, comme moi, vous vous interrogez sur la raison pour laquelle cette épreuve vous est arrivée, je vous invite à renoncer à cette quête, à cesser de vous créer des souffrances inutiles. Il n'y a pas de réponse à cette question. Et même si c'était le cas, cela ne changera jamais votre passé. Toute l'énergie consacrée à la recherche de raisons peut être utilisée pour avancer dans votre reconstruction. L'acceptation est la clé essentielle à ce lâcher-prise.

FAIRE SON DEUIL

Avant d'aborder la notion d'acceptation, il me semble important de faire une parenthèse sur le deuil. Pour moi, toute résilience passe d'abord par un travail de deuil de l'ancienne vie, de la personne que l'on était. Il faut mourir pour mieux renaître. Il y a un avant et un après. Notre vie ne sera plus jamais la même. **Une part de soi va mourir, mais une nouvelle part va naître.** Tout comme après la perte d'un être cher, il y a un travail de deuil à faire pour laisser le passé derrière soi et se reconstruire.

Les cinq étapes du deuil

Le deuil est un processus de guérison et de reconstruction pour trouver le chemin du retour à la vie. Selon Elisabeth Kübler-Ross, psychiatre américaine d'origine suisse, le processus de deuil après la perte d'un être cher comporte cinq étapes[30]. À mon sens, ces étapes s'appliquent également aux traumatismes et notamment aux violences sexuelles.

Tout le monde ne passe pas par toutes ces étapes ni obligatoirement dans cet ordre précis, il peut y avoir des retours en arrière :

1. **Le déni** : « ce n'est pas possible », choc, sidération, incrédulité, refus de la réalité, très souvent dissociation de ses émotions.
2. **La colère** : « pourquoi moi ? », « ce n'est pas juste ». La personne se révolte, proteste, en veut à la vie. C'est dans cette phase qu'apparaît très souvent la culpabilité : on imagine que cela aurait pu ne pas arriver si on avait agi autrement.
3. **Le marchandage** : c'est la phase de négociation avec soi-même pour retarder l'inévitable et échapper à la douleur. On évite de regarder la triste réalité. On se reproche de ne pas avoir agi différemment, en se posant les questions « et si... », « si seulement... ». On nourrit l'illusion d'un possible retour à la situation d'avant. La culpabilité entretient souvent cette phase de marchandage.
4. **La dépression** : grande tristesse, abattement, remise en question.
5. **L'acceptation** : adhésion à la réalité.

30. Elisabeth Kübler-Ross & David Kessler, *Sur le chagrin et le deuil. Trouver un sens à sa peine à travers les cinq étapes du deuil*, JC Lattès, Paris, 2009.

J'ajouterais une sixième étape : **la résilience**. Le processus commence avec la reprise d'un nouveau développement après l'épreuve.

À quelle étape du processus vous situez-vous ?

. . . .

S'autoriser à pleurer

La tristesse est une réaction normale et fait partie du processus de deuil. Pour être surmontée, la douleur doit être extériorisée. La tristesse et les larmes que nous retenons ne disparaissent pas par magie, elles resteront présentes en nous. J'ai mis beaucoup d'années à m'autoriser à pleurer. En retenant ma tristesse et mes larmes, je pensais être forte et invulnérable. Il m'a fallu du temps pour comprendre qu'accepter cette tristesse fait partie du deuil.

Ne cherchez pas à fuir la tristesse ni à lutter contre elle. Ne lui résistez pas. Ne refoulez pas votre douleur. Elle est légitime. Si vous avez besoin de pleurer, même pendant des jours, laissez couler les larmes. Pleurer n'est pas un signe de faiblesse. Au contraire, exprimer ses émotions demande force et courage. Résister ne fait qu'accroître la douleur. C'est en s'abandonnant à la tristesse que l'on peut vivre pleinement son chagrin, que l'on découvre ses ressources intérieures et ses forces.

Nos larmes prouvent que nous sommes en vie et font partie de notre humanité. Elles sont libératrices et prennent part au processus de guérison. Elles permettent d'évacuer la souffrance intérieure vers l'extérieur. Les larmes nettoient de la tristesse et de la douleur, elles sont très utiles. Ne nous privons pas de ce moyen pour alléger nos souffrances et nous libérer. S'autoriser à pleurer est un cadeau que l'on se fait. On pleure pour soi. Personne ne peut le faire à notre place. Personne d'autre ne peut nettoyer notre maison intérieure.

Après cette phase de dépression, vous pouvez accéder à l'étape suivante : l'acceptation. C'est une étape essentielle après un traumatisme. Tout parcours de résilience commence par accepter ce qui est.

QU'EST-CE QUE L'ACCEPTATION ?

Accepter ce qui est ne signifie pas se résigner, ni nier les faits, ni les minimiser, ni les oublier. Accepter ne veut pas dire approuver ou aimer la situation ni l'avoir souhaitée. On préférerait que la situation soit différente. Accepter ne signifie pas non plus de rester passif face à cette épreuve, ni de devenir fataliste, ni que la vie nous échappe. Pour avancer, il est nécessaire d'accepter ce qui est arrivé, car cela fait partie de notre réalité, c'est un fait. L'acceptation n'est pas incompatible avec la recherche de solutions. Mais pour le moment, je prends conscience de la réalité telle qu'elle est et je l'accepte, car c'est la seule façon de pouvoir chercher des solutions le moment venu.

Cela signifie **accepter les choses que l'on ne peut pas changer et renoncer à toute résistance**. C'est cesser d'être en conflit intérieur et en réaction à ce qui est. Accepter, c'est mettre fin à la torture intérieure en cherchant à comprendre pourquoi. C'est accueillir cette part de son histoire et abandonner tout espoir d'un passé meilleur, c'est lâcher prise sur la possibilité de changer ce qui est arrivé. Accepter, c'est choisir la sérénité et la paix intérieure.

L'acceptation, c'est admettre que cette réalité est là, la reconnaître telle qu'elle est même si elle ne nous convient pas, accueillir l'idée que l'épreuve existe sous cette forme, même si elle nous blesse et que nous en souffrons. Comme elle est présente, nous devons apprendre à faire avec elle, c'est-à-dire avancer avec elle et non contre elle.

Accepter ce qui est ne nous protège pas de la souffrance, mais va en diminuer la durée. Nous ne nions pas la blessure. Au contraire, en l'accueillant telle qu'elle est, nous lui faisons une place, mais cela ne signifie pas que nous lui donnons toute la place dans notre vie !

Donner une place à la réalité permet de s'appuyer sur elle pour se mettre en action, réfléchir, chercher des solutions. C'est une étape vers le soin de nos blessures.

L'acceptation, c'est ouvrir un espace en nous où le changement sera possible. Car il est impossible de changer une situation que nous n'acceptons pas, comme il est impossible de partir d'un endroit où nous ne sommes jamais arrivés... Accepter ce qui est arrivé est la condition *sine qua non* pour pouvoir se reconstruire et reprendre le pouvoir sur sa vie. C'est la clé de la transformation et de la résilience.

NE PAS ACCEPTER, C'EST RÉSISTER AU CHANGEMENT

« Ceux qui n'apprennent rien des faits désagréables de leurs vies forcent la conscience cosmique à les reproduire autant de fois que nécessaire, pour apprendre ce qu'enseigne le drame de ce qui est arrivé. Ce que tu nies te soumet. Ce que tu acceptes te transforme. »

Carl Gustav Jung

Lorsque tout est accepté, il n'y a plus de résistance et la transformation devient possible. La résistance est source de souffrances, c'est choisir la difficulté et le combat. Il est impossible d'éliminer ce dont nous voulons nous défaire par la résistance, elle ne fait que l'implanter plus profond en nous. **Ce à quoi on résiste persiste.**

Résister, c'est nager à contre-courant dans une rivière ou essayer d'en inverser le sens : peine perdue. Quels que soient nos efforts, il est impossible de changer le sens du courant. **La résistance empêche d'entamer un processus de résilience.** Si on lutte, alors on lutte contre l'univers tout entier.

À partir du moment où j'ai enfin accepté ce qui m'était arrivé, j'ai cessé de lutter, j'ai lâché mes résistances et j'ai pu faire un grand bond dans mon parcours.

J'ai mis beaucoup de temps à accepter ce qui m'était arrivé. Je minimisais les faits, je me disais que ce n'était pas si grave puisque j'étais en vie. Il y avait pire que moi, je n'avais pas le droit de me plaindre puisque je n'étais pas morte. En minimisant la situation, mon passé me semblait plus supportable, mais ce n'était qu'un leurre. Puis une période est venue où j'ai voulu enterrer cette part de ma vie. J'étais persuadée qu'en n'y pensant plus, le temps ferait son œuvre et que ce passé s'effacerait un jour par magie, tel un chagrin d'amour.

Hélas, cela ne fonctionne pas ainsi. Essayer d'oublier, d'occulter ou encore d'attendre que le temps efface les traces est vain. J'ai essayé pendant vingt ans, ça ne marche pas et je ne connais personne pour qui ça a marché. Tôt ou tard, un passé qui n'a pas été soigné ressurgit. Et si l'on ne parvient pas à s'en libérer, le corps s'exprime à notre place.

Pendant longtemps, j'ai essayé de changer mon passé. J'ai rêvé d'une baguette magique qui efface toute cette épreuve ! J'ai rêvé d'une gomme magique pour effacer ce viol. Je n'arrivais pas à accepter cette partie de mon histoire. Je cherchais à contrôler ma vie et le fait que mon passé échappe à cette règle m'était intolérable.

Il est impossible d'avoir le contrôle sur des événements extérieurs que l'on subit. Les seules choses qui sont sous notre contrôle, c'est-à-dire qui dépendent de nous et sur lesquelles nous avons le pouvoir d'agir, sont la façon dont on réagit face à ces épreuves, nos pensées, nos choix et nos actions. C'est lorsque j'ai renoncé à vouloir contrôler ce qui ne dépendait pas de moi que j'ai pu lâcher prise. J'ai pu accepter sans condition ce qui m'était arrivé, ne plus minimiser les faits, ne plus tenter d'oublier ce qui faisait partie de mon histoire.

Si l'on ne parvient pas à cette phase d'acceptation, on reste bloqué dans la souffrance et on laisse le passé conditionner le reste de sa vie. Repasser en boucle le film des événements ne permet ni de le contrôler ni de le changer son histoire : c'est une illusion. En s'accrochant à son passé, en s'en nourrissant, on reste figé dans une situation ancienne et on passe à côté de sa vie. Rien ne pourra changer dans la vie si on résiste et si on n'accepte pas ce qui est. Il n'y a pas d'évolution possible sans acceptation.

MON NOUVEAU POINT DE DÉPART

Accepter ce qui ne peut être changé, c'est également accueillir et accepter sa souffrance. C'est pouvoir se dire que cela s'est produit, est arrivé dans notre vie. Même si c'est douloureux, même si on aurait voulu que les choses soient différentes, la réalité est celle-là. Je l'accepte, et grâce à cette étape, elle devient **mon point de départ pour avancer.**

Après cette phase d'acceptation peut commencer le travail de reconstruction : rassembler tous les morceaux, les nettoyer, les recoller, puis chercher de l'aide, se libérer du poids de son passé, refuser que l'avenir soit conditionné par ce qu'on a subi. Ce passé fera toujours partie de moi, je ne pourrais jamais l'effacer, mais je peux enfin m'accepter telle que je suis, entière et non plus par petits morceaux, dans ma globalité, avec mes forces et ma vulnérabilité.

L'acceptation de faits immuables est le premier pas vers le changement de sa vie.

ACCEPTER EST UNE DÉMARCHE DANS LE PRÉSENT

L'acceptation se fait toujours ici et maintenant. Pour accéder à la voie du changement, on ne peut agir que sur le présent. Il est impossible de changer ce qui nous est arrivé hier, il y a un mois, un an ou dix ans. En revanche, il est possible d'agir maintenant : **nous n'avons de prise que sur l'instant présent**. **Il n'y aura jamais de meilleur moment que maintenant.** Ce que l'on met en place aujourd'hui va conditionner notre vie de demain.

Vous aussi, ayez la force et le courage de changer ce qui est en votre pouvoir. Or, vous ne pouvez exercer ce pouvoir ni dans le passé ni dans le futur, mais aujourd'hui, dans le moment présent.

CHAPITRE 4

Sortir de la solitude

LA SENSATION DE SOLITUDE ET LA RÉALITÉ

Nous ne sommes pas seuls. Le croire est un leurre, cette pensée vient d'une perception partielle de la réalité. Il suffit d'enlever ses œillères pour élargir son champ de vision et découvrir que tout un horizon de possibilités s'offre à nous.

Vous pouvez penser que vous êtes seul, je l'ai moi-même ressenti à un moment de ma vie. Se sentir seul ne veut pas dire que nous le sommes. Faire le choix de rester seul ne signifie pas être seul. Une chose est sûre : il ne tient qu'à nous de briser cette solitude et de nous faire guider sur le chemin de notre reconstruction.

J'aurais gagné des années sur mon parcours si j'avais compris que ma perception était limitée par des œillères ! Dans mon monde, j'étais seule, mais dans la réalité, je ne l'étais pas. J'avais fait le choix de ne pas parler de ma blessure et de ne pas me faire aider, mais dès que j'ai commencé à libérer ma parole, je n'ai plus jamais été seule. Choisir d'être accompagnée m'a ouvert une porte vers la guérison et m'a aidée à cicatriser mes blessures.

Il est essentiel de ne pas s'isoler ni de garder ses souffrances pour soi. Même si la solitude est parfois utile, car elle permet l'introspection, dans ce type d'épreuves, il est toujours bénéfique d'être bien entouré, d'avoir des personnes sur qui compter.

NOUS AVONS LE CHOIX

Nous avons le choix de rester seul ou de s'entourer. Dans le second cas, nous pouvons choisir de nous confier à des proches, des amis ou des personnes en qui nous avons confiance, de joindre des services d'écoute téléphonique gratuits qui préservent l'anonymat, de contacter des associations, de participer à des groupes de parole, d'échanger dans des groupes d'entraide sur Internet.

Il est souvent bénéfique de se faire accompagner par un professionnel. Demander de l'aide n'est pas un signe de faiblesse. Au contraire, c'est un acte qui requiert beaucoup de courage, de force et d'humilité. C'est un choix personnel. J'ai expérimenté les deux options : pendant vingt ans, j'ai avancé dans la solitude, je m'y sentais isolée et incomprise. Puis, lorsque j'ai décidé de me faire accompagner, ma vie a été radicalement transformée.

Je ne veux pas affirmer qu'il est impossible d'avancer seul. Chaque parcours est unique. Mais la route sera sans doute plus longue, sinueuse et difficile. Personne ne pourra vous soutenir et vous motiver dans les moments de doutes, de peurs et de découragement.

Lorsqu'on est accompagné par une personne formée aux problématiques des violences sexuelles, il est possible de faire tomber des barrières, d'aller plus loin, plus vite, et de gagner des années précieuses.

CHOISIR SON ENTOURAGE POUR AVANCER

En plus d'être accompagné par des professionnels compétents, il est important de bien choisir son entourage.

« *Vous représentez la moyenne des cinq personnes que vous fréquentez le plus souvent* », nous dit Jim Rohn[31], coach en développement personnel. Je partage son point de vue. Les personnes que nous fréquentons le plus ont une influence sur qui nous sommes et qui nous devenons. Certaines personnes nous aident à nous dépasser et à évoluer. Elles diffusent des vibrations positives et nous nous sentons bien auprès d'elles. À l'inverse, d'autres nous empêchent de grandir, nous envoient du négatif, ou sont même des relations toxiques.

Il est essentiel de s'éloigner des personnes qui ne nous apportent pas de bénéfices :

- celles qui nous découragent, nous freinent, ne croient pas en nous ;
- celles qui nous font douter de nous, qui abaissent notre niveau de confiance en nous ;
- celles qui nous critiquent ou nous jugent ;
- celles qui nous renvoient leurs limites et leurs peurs ;
- celles qui nous vident de notre énergie ;
- les personnes toxiques et néfastes.

Évitons de les voir régulièrement. Nous avons besoin d'écoute, de soutien et d'encouragements, non de peurs, de doutes, de

31. Citation attribuée à Jim Rohn, dans le livre de Jack Canfield, *Le succès selon Jack*, p.259, « Un monde différent ».

dénigrements et d'énergies faibles. Je vous conseille de passer plus de temps avec les personnes qui vous inspirent et vous apportent des bénéfices :

- les personnes positives et bienveillantes, qui procurent du bien-être, qui rechargent nos batteries d'énergies positives ;
- les personnes ouvertes et tolérantes, qui écoutent sans juger ;
- celles qui sont là pour nous soutenir, nous aider, nous encourager à aller vers le meilleur de nous-mêmes, qui croient en nous, nous tirent vers le haut, nous encouragent sans cesse à nous dépasser ;
- celles qui nous montrent la voie : celles qui ont réussi, qui sont en avance sur nous, celles qui sortent de leur zone de confort, qui passent à l'action, qui savent dépasser les épreuves et les difficultés, celles qui sont sans cesse en train de croître sur leur chemin de développement personnel.

Elles nous servent de modèles. C'est auprès d'elles qu'il faut apprendre, s'inspirer, grandir et évoluer.

Si mon rêve est de faire l'ascension de l'Everest, je ne vais pas m'entourer de personnes qui ne m'en croient pas capable, qui me découragent, qui doutent de mes ressources. J'irai plutôt chercher des conseils auprès de mentors qui ont réussi ce défi, me renseigner pour le meilleur matériel, lire sur le sujet, prendre un coach pour me préparer physiquement et mentalement. Et je m'entourerai de personnes qui partagent le même rêve que moi pour trouver soutien et motivation. Il ne tient qu'à nous de nous créer l'environnement relationnel le plus favorable à notre croissance.

Pour l'anecdote, je n'ai pas gravi l'Everest, mais j'ai fait l'ascension du mont Fuji de nuit pour admirer le lever du soleil au sommet. Une ascension très éprouvante, mais j'ai réussi à aller au-delà de mes limites... Depuis ce jour, je sais que rien ne m'est impossible !

C'EST À VOUS !

Voici un exercice de réflexion sur les relations que vous entretenez avec votre entourage.

- Quelles sont les cinq personnes avec qui vous passez le plus de temps ?
- Quelles influences ont-elles sur votre vie ?
- Que vous apportent-elles de bénéfique ou de négatif ?
- Quelles sont leurs valeurs ? Les partagez-vous avec elles ?

Nom de la personne	**Les bénéfices**	**Le négatif**	**Ses valeurs**

Après avoir rempli ce tableau, de quoi prenez-vous conscience ?

. . . .

. . . .

. . . .

. . . .

SE LIBÉRER DES ÉNERGIES NÉGATIVES

Il est essentiel d'identifier les sources extérieures d'énergie négative qui génèrent du stress inutile dans nos vies.

Voici une liste non exhaustive des sources de stress d'origine extérieure. À vous de la compléter :

- les personnes qui se plaignent en permanence, qui ruminent tout ce qui ne va pas dans leur vie, qui absorbent beaucoup d'énergie, car elles ont un besoin d'être constamment rassurées ;
- celles qui ne nous contactent que pour demander des services, les amitiés à sens unique ;
- celles qui nous renvoient leurs propres peurs ;
- les relations toxiques, qui nous renvoient de la culpabilité, nous placent dans des situations de chantage affectif (par exemple : si tu m'aimais, tu l'aurais fait) ;
- le bruit et les nuisances sonores peuvent également être un facteur de stress ;
- les médias – presse, journaux télévisés, informations sur Internet – représentent une grande source de stress, car ils diffusent constamment des informations alarmantes, des catastrophes, des drames. Ils surfent sur la peur des gens.

La diète médiatique

L'une des meilleures décisions que j'ai prises pour me libérer de charges négatives et de stress extérieur a consisté à faire une diète médiatique. J'ai cessé de regarder la télévision et de lire les journaux pour ne plus me focaliser sur les malheurs quotidiens dans le monde. À nous de filtrer ce qui peut entrer dans notre esprit. Les informations des médias sont des graines d'énergie négative. À trop les écouter, nous arrosons ces graines de peur, elles finissent par germer et devenir nocives.

Pendant des années, j'ai regardé les journaux télévisés, c'était le bruit de fond du dîner. Il n'y a rien de pire pour se charger d'un stress dont nous pourrions nous passer. Personnellement, je ne tirais aucun avantage à entendre parler à longueur de journée de crises, de guerres, de crimes, de meurtres, de corruption, de destruction ou de malheurs. Cela ne me nourrissait pas du tout. Au contraire, cela me vidait de mon énergie vitale.

Les médias ne nous montrent qu'une partie de la réalité et se focalisent sur l'aspect négatif. Je ne nie pas que tout cela existe, mais la vie ne se résume pas aux malheurs, aux crimes et aux guerres. Il y a aussi de la joie, du bonheur, des moments de partage, d'échange, de bien-être, de plénitude, de sérénité que l'on ne nous montre pas assez.

Pendant une diète médiatique, je ne me suis jamais sentie coupée de la réalité. En revanche, comme j'ai gagné en liberté et en énergie ! En ne laissant plus le pouvoir aux médias de m'imposer leur point de vue, souvent négatif et centré sur la peur, j'ai gagné en bien-être, en confort de vie et en sérénité. Le gain est inestimable !

Ce sur quoi nous portons notre attention se développe. Aujourd'hui, au lieu de me focaliser sur tout ce qui ne va pas dans le monde, je me concentre sur les sources de joie et de bien-être dans ma vie, sur ce qui est positif. Je me suis nourrie intérieurement grâce aux livres, j'ai regardé des conférences inspirantes, écouté des podcasts, fait des formations.

TESTEZ LA DIÈTE MÉDIATIQUE

À votre tour, pendant 30 jours, faites un sevrage médiatique, puis dressez le bilan des bénéfices gagnés dans votre vie :

Bénéfice 1 : ....

Bénéfice 2 : ....

Bénéfice 3 : ....

Bénéfice 4 : ....

Bénéfice 5 : ....

SE FAIRE ACCOMPAGNER

Voici les formes d'accompagnement qui m'ont aidée sur le chemin de la résilience. Chaque parcours étant unique, à chacun de voir ce qui lui convient et d'aller à son rythme. Mon parcours ne saurait être un modèle unique.

Une psychothérapie

À l'âge de 38 ans, vingt-trois ans après le viol, j'ai fait un travail thérapeutique avec une psychothérapeute-psychanalyste. Cet accompagnement précieux a duré un an. En voici les grandes lignes et les bénéfices.

- J'ai travaillé à me libérer du sentiment de culpabilité qui était présent à différents plans de ma vie.
- J'ai aussi fait un travail sur mon enfant intérieur, qui m'a été très bénéfique, notamment grâce à des exercices de visualisation.
- J'ai appris à mieux me connaître, à identifier mes besoins, à poser mes limites, à me respecter, pour ne plus subir et pour que les schémas répétitifs ne se reproduisent plus.

Cette psychothérapie a été le point de départ d'une nouvelle vie. Je l'ai entamée au bon moment alors que j'étais dans une dynamique de changement, et elle s'est intégrée tout naturellement dans la continuité de mon parcours.

Un travail corporel

Une rééducation périnéale

Après des violences sexuelles, la rééducation périnéale peut être une aide précieuse dans un parcours de reconstruction. Elle peut être prise en charge par l'assurance maladie.

On pense que la rééducation périnéale est réservée aux femmes qui viennent d'accoucher ou qui ont des problèmes d'incontinence. Ce sont en effet des indications, mais ce ne sont pas les seules. La rééducation du périnée est bénéfique en cas de **vaginisme** et de **dyspareunie**, c'est-à-dire de douleurs lors des rapports sexuels.

Pour ma part, j'ai fait une rééducation chez une kinésithérapeute spécialisée dans le périnée pour soigner des soucis liés à ma cicatrice d'épisiotomie. Seize ans après mon accouchement, j'avais toujours des séquelles de cet acte. La rééducation périnéale peut également traiter les tensions vaginales liées aux violences sexuelles. Les séances m'ont aidée à assouplir cette zone, travailler sur ma cicatrice, éliminer des contractures générées par les violences sexuelles.

De l'ostéopathie gynécologique

J'ai découvert assez tard qu'il existait des spécialisations dans l'ostéopathie. Début 2020, j'ai fait une chute sévère sur le coccyx qui a réveillé des douleurs anciennes au niveau du périnée postérieur. Cette chute m'a fait revivre les souffrances subies après ma première chute sur le coccyx, trente ans auparavant, et la violence médicale qui a suivi.

J'ai ainsi fait un parcours de soins en ostéopathie gynécologique. Il s'avère que mon praticien faisait également de l'ostéopathie somato-émotionnelle.

Les violences subies dans l'enfance avaient laissé une empreinte dans mon corps. J'avais des blocages importants dans cette zone que je gardais inconsciemment contractée en permanence. J'ai pu faire le lien entre mon périnée qui n'arrivait pas à se relâcher, mes soucis de mâchoire contractée et de bruxisme (grincement nocturne des dents). Trente ans après le premier traumatisme, j'ai pu travailler sur cette mémoire corporelle, libérer des tensions et des charges émotionnelles bloquées dans le corps.

Des soins énergétiques

Depuis l'enfance, ma mère me soignait par la médecine traditionnelle chinoise. À la différence de la médecine occidentale, la médecine chinoise est une médecine holistique où le corps et l'esprit ne sont pas dissociés. Elle prend en compte les personnes dans leur globalité. Elle ne soigne pas juste un symptôme, mais recherche la cause du dérèglement, elle vise à rééquilibrer le yin et le yang pour fluidifier la circulation de l'énergie vitale. La démarche chinoise traditionnelle m'a toujours étonnée : autrefois, en Chine, il était d'usage de consulter le médecin pour rester en bonne santé. C'était un acte de prévention et non de soin. On payait le médecin uniquement quand on était en bonne santé. Quand on était malade, on ne lui devait rien.

En grandissant, j'avais délaissé la médecine chinoise pour la médecine occidentale. Je trouvais que les molécules chimiques agissaient plus vite. Mais si elles traitaient rapidement mes symptômes, elles n'en soignaient pas la cause profonde. Suite à des soucis gynécologiques récurrents, j'ai constaté les limites de cette médecine et je me suis tournée vers la médecine alternative qui a une vision plus holistique.

Lorsque mes règles se sont arrêtées sans raison médicale, mon gynécologue m'a demandé de patienter. Après six mois d'attente, je me suis tournée vers l'**acupuncture** pour rééquilibrer mes flux énergétiques. Dès le lendemain de la séance, mes règles sont revenues et, depuis cette date, je n'ai plus de problèmes de cycles.

Je me suis de plus en plus intéressée aux thérapies énergétiques. J'ai ensuite consulté différents praticiens en soins énergétiques et thérapies corporelles pour travailler sur la mémoire de mon corps. J'ai fait la découverte du **magnétisme** qui est aussi une thérapie énergétique. Un magnétiseur, appelé aussi « guérisseur », travaille sur les énergies pour rétablir l'harmonie, rééquilibrer le corps et l'esprit.

Je n'essaie pas de vous convaincre que cela marche pour tout le monde. Mais il me semble important de partager avec vous toutes les formes d'accompagnement qui m'ont aidée. Comme je suis cartésienne, j'étais la première à être sceptique. Mais après seulement une séance, au vu des résultats, j'ai dû admettre que cela fonctionnait sur moi et que j'étais réceptive à ce type de soins.

Les soins énergétiques m'ont été d'une grande aide pour rééquilibrer les énergies de mon corps, libérer les émotions bloquées et les souffrances associées. J'ai été impressionnée de découvrir tout ce que mon corps avait à dire et à libérer après toutes ces années.

Le coaching

Le coach est un guide qui accompagne son client dans le processus de changement pour qu'il aille vers le meilleur de lui-même, qu'il exploite ses ressources et développe son potentiel.

Le coaching est un accompagnement profond fait par un professionnel.

Le coaching agit dans le présent. Il ne répond pas à la question « pourquoi ? », mais à la question « comment ? », c'est-à-dire comment changer une situation présente qui ne convient pas pour tendre vers une situation idéale dans le futur. Travailler uniquement sur les causes d'un traumatisme, tel que des violences sexuelles, atteint vite ses limites. Travailler sur les moyens qui vont aider à sortir de l'état traumatique est bien plus constructif. L'accompagnement est établi sur mesure, orienté vers la recherche de solutions, inscrit dans le mouvement et l'action. Le client est pleinement actif du processus de changement.

Le coaching m'a été très bénéfique pour clarifier ma situation, définir mes objectifs et aller plus loin dans la connaissance de moi-même en travaillant notamment sur mes valeurs fondamentales, sur mes besoins, mes peurs et mes blocages, sur la levée de mes croyances limitantes, sur l'exploitation de mes ressources pour libérer mon potentiel.

Cette démarche m'a tellement passionnée que je me suis formée pour devenir coach de vie et je me suis spécialisée pour accompagner les personnes en résilience après des violences sexuelles.

N.B. La profession de coach n'étant pas réglementée, n'importe qui peut s'autoproclamer coach et exercer ce métier sans avoir à justifier d'une formation. Or, la pratique du coaching professionnel ne s'improvise pas et nécessite des compétences spécifiques. Il est donc important de vérifier le parcours de la personne et de choisir un coach qui a suivi une formation professionnelle diplômante, garantie d'un cadre et d'une déontologie pour assurer un travail de qualité.

Les thérapies brèves

L'hypnose

L'hypnose ericksonienne fait partie des thérapies brèves. Développée par Milton Erickson, psychiatre et psychologue américain, cette méthode vise à accéder à un état modifié de conscience, ou « transe hypnotique », afin d'accéder à l'inconscient, qui est un réservoir de ressources. Le but de l'hypnose est de permettre à la personne de puiser en elle les ressources nécessaires à la résolution de sa problématique.

L'hypnose accompagne le client dans sa démarche de changement. Elle permet de soulager la douleur, elle a une action efficace sur le stress, les angoisses, l'anxiété, l'insomnie et peut agir sur certaines dépendances et addictions, notamment vis-à-vis de la nourriture et du tabac.

Pour ma part, j'ai fait plusieurs séances d'hypnose qui m'ont apporté un apaisement intérieur, ont amélioré ma concentration, ont réduit le stress et m'ont aidé à retrouver un sommeil réparateur.

La PNL (programmation neurolinguistique)

La PNL fait partie des thérapies brèves. Elle a été fondée dans les années 1970, aux États-Unis, par John Grindler et Richard Bandler, qui ont analysé et modélisé la pratique de thérapeutes d'excellence. C'est une nouvelle manière d'utiliser son cerveau en fournissant le mode d'emploi de son fonctionnement. La PNL est une « rééducation du cerveau », mais également un outil de communication interpersonnelle.

Elle propose des techniques spécifiques pour nous accompagner efficacement sur la voie du changement, pour modifier nos croyances limitantes, développer nos ressources et exploiter pleinement notre potentiel.

Tout comme le coaching, la PNL est orientée vers le présent et la recherche de solutions. L'un des présupposés de la PNL est que chacun possède les ressources nécessaires à son propre changement.

Pour ma part, j'ai été bluffée par les résultats ! J'ai pu, grâce à un protocole appelé « changement d'histoire de vie », travailler sur un comportement répétitif qui me gênait. J'ai également guéri une blessure de ma petite enfance et modifié la croyance limitante de ne pas avoir de valeur. J'ai pu transformer mon histoire de vie et ma perception de l'événement traumatique que j'avais subi. Quel beau cadeau je me suis fait, ce jour-là !

Dans le cadre de psychotraumatismes tels que des violences sexuelles, la PNL offre des outils puissants et efficaces pour traiter les traumas et les troubles de stress post-traumatique, notamment grâce au protocole de la « double dissociation[32] ».

D'ailleurs, la PNL et l'hypnose sont deux disciplines conjointes, souvent utilisées de manière complémentaire. Elles ont en commun d'intervenir sur les mécanismes inconscients de l'individu et de permettre des modifications durables des structures de pensée et d'action.

L'hypnose et la PNL sont complémentaires de mon métier de coach, c'est pourquoi je me suis formée à ces deux disciplines qui ont transformé mes accompagnements.

Les types d'accompagnements sont nombreux dans un parcours de résilience. Reportez-vous au chapitre 1 pour trouver d'autres accompagnements possibles. Restez libre de choisir

---

32. Après plusieurs années de recherche, le Dr Jacques Guinard, psychiatre et praticien en PNL, a publié en 2020 la 1re étude réalisée en France sur l'efficacité de la double dissociation en PNL dans la revue scientifique *Journal international de Victimologie* : www.jidv.com/index.php/numero-en-cours/616-psychotherapie-du-trouble-de-stress-post-traumatique-par-double-dissociation-en-programmation-neuro-linguistique-hypnose-etude-sur-9-patients
Étude complète disponible sur : http://www.jidv.com/images/stories/joomlart/JIDVPDF/JIDV36-GUINARD.pdf

ceux qui vous conviennent et d'aller à votre rythme. Vous seul savez ce qui est le mieux pour vous à l'étape de reconstruction où vous vous situez.

PARLER POUR BRISER LE SILENCE ET SORTIR DE L'ISOLEMENT

Parler est bénéfique, ne serait-ce que pour briser le silence et sortir de la solitude. Mais la peur de libérer sa parole peut masquer les bénéfices de cette libération.

Je vous propose une liste non exhaustive de raisons de libérer sa parole et des bénéfices que cela procure. Cochez celles qui résonnent en vous. Puis complétez la liste avec vos propres motivations à parler et les bienfaits que vous en avez éprouvés.

☐ Parler va me soulager et alléger mon fardeau.

☐ Dire ce qui m'est arrivé va m'aider à surmonter la honte.

☐ Parler va me libérer du poids de la culpabilité.

☐ Je me sentirai moins seul si je parle.

☐ Je ne serai plus seul. Je vais découvrir que d'autres ont vécu la même chose que moi.

☐ Je vais cesser de suivre les règles de l'agresseur.

☐ En parlant, je pourrai dénoncer les faits.

☐ Je vais pouvoir dénoncer le coupable.

☐ Je vais obtenir du soutien et de l'aide.

☐ Parler va m'aider à sortir de la minimisation et du déni.

☐ Je vais obtenir la reconnaissance des actes subis en parlant.

☐ Les gens vont pouvoir mieux comprendre mon comportement et mes réactions.

☐ Je vais pouvoir me montrer tel que je suis, sans masque.

- ☐ Je vais me permettre de me reconnecter à mes émotions.
- ☐ En parlant, je ne serai plus obligé de refouler mes ressentis et mes émotions.
- ☐ Parler va me permettre de trouver des solutions auxquelles je n'avais pas pensé seul.
- ☐ Je vais mettre fin aux violences sexuelles que je continue de subir en brisant la loi du silence.
- ☐ Je vais pouvoir inverser enfin les rôles et rendre la culpabilité à l'agresseur.
- ☐ Je ne serai plus seul à porter ce secret.
- ☐ Je vais ressentir le soutien, la compassion, l'amour de mes proches et/ou de mes amis.
- ☐ Parler va me permettre d'accepter mon épreuve.
- ☐ Parler va permettre que l'on reconnaisse les conséquences des violences subies sur ma vie.
- ☐ Mes relations avec les autres seront facilitées, car je n'aurai plus besoin de me cacher.
- ☐ Ma famille et/ou mes amis pourront m'apporter leur aide.
- ☐ En parlant, je pourrai enfin avancer dans ma reconstruction.
- ☐ J'encouragerai d'autres victimes à parler en libérant ma parole.
- ☐ J'éviterai que d'autres personnes soient victimes du même agresseur si je parle.
- ☐ . . . .
- ☐ . . . .
- ☐ . . . .
- ☐ . . . .
- ☐ . . . .

CHAPITRE 5

Libérer son corps et sa parole

LA RELATION CŒUR, CORPS ET ESPRIT

Dans la culture occidentale, nous avons longtemps dissocié le corps et l'esprit. Le corps représente nos sensations physiques ou corporelles, l'esprit nos pensées, et le cœur nos émotions. Dissocier ces dimensions qui nous composent, c'est oublier que l'être humain est un tout : ces trois dimensions de notre être sont en interaction constante.

Le lien corps/esprit est encore sous-estimé, alors que nos pensées et nos émotions ont une influence directe sur notre corps et notre santé. Les dernières découvertes en neurosciences nous confirment que l'esprit a des capacités thérapeutiques incontestables : le cerveau a un pouvoir guérisseur sur le corps[33]. Il est scientifiquement prouvé que des activités

33. *Sciences et Avenir* n° 196, Hors-série, « Comment l'esprit guérit le corps, les dernières découvertes », janvier-février 2019.

comme la méditation et le yoga ont des effets sur le cerveau et sur le corps, et ce, jusque dans l'expression de nos gènes[34].

Nous avons besoin de réaligner ces trois dimensions pour notre équilibre intérieur. Grâce à une approche holistique, qui prend en compte l'individu dans sa globalité, nous pouvons retrouver une harmonie entre nos sensations (corps), nos émotions (cœur) et nos pensées (esprit).

Après un traumatisme, nous sommes tentés de réprimer notre chaos intérieur. Nous consacrons beaucoup d'énergie à refouler des émotions comme la colère et la rage qui constituent une énorme charge émotionnelle et restent ainsi verrouillées à l'intérieur. C'est un verrouillage de l'énergie qui n'est plus disponible pour la vie, d'où la nécessité de libérer cette énergie pour l'investir dans sa reconstruction.

Tout ce qui ne s'exprime pas s'imprime. Et tout ce qui est imprimé cherchera à s'exprimer. Notre corps exprimera tôt ou tard ce que nous refoulons, que ce soit notre parole ou nos émotions. Soigner un symptôme sans en chercher la cause profonde n'apportera qu'un soulagement temporaire. L'effet ne sera pas durable, le problème ressurgira sous la forme d'un symptôme différent. C'est un cercle vicieux. Soigner uniquement le corps et ses manifestations symptomatiques ne suffit pas.

SE RECONNECTER À SES SENSATIONS

Après des violences sexuelles, beaucoup de personnes sont dissociées de leurs sensations corporelles, ont du mal à mettre des mots pour décrire leurs ressentis ou sont dans l'incapacité d'exprimer leurs émotions. Elles ont généralement des difficultés à sentir ce qui se passe dans leur propre corps et

34. *Sciences et Avenir* n° 846, « Comment l'esprit guérit le corps », août 2017.

sont souvent bloquées dans leur mental. Il est fréquent que les personnes ayant subi un traumatisme ne perçoivent plus leurs émotions comme une alerte ou un signal, elles en sont déconnectées et les refoulent. Il n'est pas rare qu'elles compensent en se plongeant dans l'action. Elles sont souvent très actives, elles multiplient les activités pour ne pas se connecter à leurs sensations.

Pour ma part, j'étais tellement dans le mental que j'ai mis du temps à comprendre que j'étais complètement dissociée de mes ressentis. Quand on me demandait ce que je sentais dans mon corps, quelle émotion s'exprimait, j'avais du mal à répondre. Je commençais mes phrases par « je pense », « je réfléchis » au lieu de « je ressens ». Je ne savais pas que les émotions se ressentent physiquement. Je pensais et réfléchissais avant de ressentir, tout passait par le mental. J'ai pris conscience que j'avais toujours refoulé mes dimensions cœur et corps, pour me focaliser sur mes pensées. Déconnectée de mon corps, j'avais un seuil de tolérance aux douleurs assez élevée, les douleurs devenant chroniques avec le temps. Je m'y habituais, pensant que la souffrance était normale.

Il est essentiel de reprendre conscience de son propre corps, d'apprendre à se reconnecter à ses ressentis et à ses émotions au lieu de les refouler. Il est possible d'éduquer l'esprit à percevoir de nouveau des sensations, à retrouver une conscience émotionnelle et à renouer avec ses émotions. Faire ce travail de reconnexion permet d'harmoniser nos trois dimensions cœur/corps/esprit, d'être en cohérence avec elles.

LA MÉMOIRE DU CORPS : LE CORPS PARLE PAR LÀ OÙ IL A SOUFFERT

Le corps humain a une mémoire puissante et inaltérable. **Notre corps est un messager, il nous parle par là où il a souffert.**

À nous d'apprendre à décoder les messages qu'il nous envoie. Lorsque les mots ne peuvent venir par la parole, le corps se charge de créer des maux pour communiquer, c'est la **somatisation**. Et si on ne l'écoute pas, il parle de plus en plus fort, jusqu'à se révolter. C'est l'intelligence du corps humain.

Longtemps, j'ai ignoré les *maux* de mon corps, qui étaient en réalité des *mots* qu'il exprimait et que je ne savais pas entendre. C'était sa façon de communiquer avec moi et je ne savais pas écouter ses messages ni interpréter les signaux d'alerte et de détresse qu'il m'envoyait.

Il m'a fallu vingt ans pour commencer à l'écouter, c'est le même temps qu'il m'a fallu pour libérer ma parole. J'étais passée à côté de tous les signaux, ces maux divers et variés. Mon corps a ainsi somatisé et a communiqué pendant toutes ces années par l'endroit où il avait souffert. C'était son cri de révolte face à mon silence.

ÉCOUTER SON CORPS POUR SE LIBÉRER

Je veux partager avec vous les messages de mon corps. D'abord, les divers problèmes gynécologiques accumulés toutes ces années, sans en comprendre l'origine ni la signification : mycoses à répétition, infections urinaires, bartholinite (inflammation de la glande vestibulaire), infections vaginales diverses, hémorroïdes, fissures, douleurs, condylomes (verrues génitales) et une aménorrhée (arrêt des règles) qui a duré six mois. Ce dernier symptôme m'a fait réaliser que mes maux avaient un sens profond.

Jusque-là, je ne faisais que soigner des symptômes sans en rechercher l'origine. Mon corps en créait donc d'autres, et les manifestations s'aggravaient avec le temps. Les périodes d'accalmie étaient toujours temporaires, avant que mon corps ne parle de nouveau. Puisque je n'étais pas attentive à ses signaux, les symptômes se manifestaient de plus en plus violemment, jusqu'à ce que je prenne enfin conscience que l'origine de ces troubles était le traumatisme du viol et que mon corps créait toutes ces *maladies*, en raison de ce que j'avais du *mal à dire*.

Traiter les symptômes ne soigne pas la cause véritable, mais agit uniquement en surface. Sous la chair étaient cachées des blessures profondes qui ne cicatrisaient pas puisque je les ignorais. Tôt ou tard, les blessures ressortent, suppurent, s'infectent et s'étendent.

J'aurais pu m'épargner tant de consultations et de traitements médicaux si j'avais compris que mon corps en souffrance me parlait, sa mémoire étant intacte. En libérant ma parole et mes émotions, en traitant l'origine des maux et non les symptômes, j'ai mis fin aux troubles créés par mon corps. Si j'étais restée dans le silence, les symptômes auraient persisté et se seraient certainement aggravés.

Outre mes soucis gynécologiques, je souffrais de troubles du sommeil. Mes insomnies et mon hypervigilance nocturne étaient des signaux d'alerte. Depuis le viol, mon corps a gardé la mémoire du traumatisme et mon ouïe nocturne s'est surdéveloppée. J'ai mis longtemps à comprendre pourquoi j'avais le sommeil si léger, pourquoi le moindre bruit me réveillait en sursaut. Plus le temps passait, plus la liste des sons incommodants s'allongeait, suivie d'une sensibilité accrue aux vibrations, comme celles d'un téléphone sur vibreur.

Même en dormant, je n'arrivais pas à lâcher prise, mon corps était à l'affût du moindre bruit. Dans mon inconscient, dormir profondément était synonyme de danger ou de risque vital, alors mon corps restait sur le qui-vive. J'ai dormi, pendant toutes ces années, avec les muscles contractés, sans pouvoir relâcher les tensions. Puis j'ai commencé à observer l'heure de survenue des insomnies, les résultats étaient surprenants. Je me réveillais toujours aux alentours de 4 heures du matin. Cela ne pouvait pas être une coïncidence. J'ai eu l'intime conviction que c'était l'heure du crime. Mon corps ne pouvait pas se tromper, il possède sa propre horloge interne. En faisant le lien avec le viol et un travail de développement personnel, j'ai retrouvé peu à peu des cycles de sommeil normaux, et cela m'a changé la vie !

Un grand nombre de maladies et de troubles chroniques sont liés à notre psychisme, à une mémoire corporelle des traumatismes subis. Notre corps a cette faculté inouïe de s'exprimer là où il a souffert. Tôt ou tard, il somatise afin de se faire entendre. En écoutant ce qu'il avait à me dire, j'ai pu me libérer, corps et âme.

LA MÉMOIRE DE VOTRE CORPS

Je vous propose de faire un **scan corporel**, c'est-à-dire un balayage du corps en portant votre attention successivement sur chacune de ses parties, des pieds jusqu'à la tête.

Dressez la liste de vos maux physiques. Dans quelles zones se trouvent-ils ? Est-ce toujours aux mêmes endroits ? Depuis quand ? Quels liens pouvez-vous faire ?

Zone concernée	Maux	Date de début

LIBÉRER LA PAROLE

Votre voix compte, elle est essentielle. Tout chemin de reconstruction après des violences sexuelles passe par la libération de la parole.

J'ai constaté qu'il existe une somatisation liée à la parole bloquée. Mes angines et maux de gorge divers, qui avec le temps sont devenus des laryngites et des extinctions de voix, étaient certainement liés à ma parole non libérée. Les symptômes se répétaient d'année en année. Mon corps s'exprimait au niveau de la gorge. Comme ma parole était bloquée, les mots restaient coincés à cet endroit, et mon corps, en réaction, créait divers maux dans la sphère ORL.

Il n'y a pas une seule et unique façon de libérer sa parole. À chacune et chacun de trouver ce qui lui convient. C'est une étape difficile. On a besoin d'être en confiance avec la personne à qui on se confie et de se sentir en sécurité. S'il vous est difficile de trouver la bonne personne, il existe un moyen qui peut aider : faire partie d'une communauté de personnes qui ont vécu les mêmes épreuves.

LES GROUPES OU CERCLES DE PAROLE

La participation à un cercle de parole peut être très bénéfique dans un parcours de reconstruction après des violences sexuelles. Quand on parle de groupe de parole, on pense souvent au groupe le plus connu : les *Alcooliques anonymes*, présents dans le monde entier, et dont les bénéfices ne sont plus à prouver. Appartenir à une communauté de personnes qui ont traversé des épreuves similaires peut être très bénéfique dans un parcours de résilience. À mon sens, nous n'exploitons pas encore suffisamment la puissance du travail en groupe. En France, nous sommes plutôt en retard par rapport à certains pays où la culture des groupes est très forte, notamment dans les pays anglophones.

Depuis 2018, mon association *Les Résilientes*[35] propose des groupes de parole à Paris pour les femmes et les hommes. J'anime également des cercles de parole à distance en visioconférences[36] pour les personnes en province ou à l'étranger qui n'ont pas accès à des groupes dans leur ville. Grâce à la technologie, il n'y a plus de frontières. Tout le monde peut ainsi profiter des bénéfices inestimables du travail en groupe.

Il n'est pas rare que des personnes libèrent pour la première fois leur parole au sein d'un groupe, dans un cadre sécurisant et en toute confidentialité. L'écoute, la bienveillance, le non-jugement, le respect, la solidarité sont les valeurs fondamentales du groupe.

Un cercle de parole est un lieu d'échange, d'écoute et de partage de nos chemins de vie où un groupe entier regarde dans la même direction. C'est un lieu pour apprendre de l'expérience des autres, mais également sur soi-même.

À noter : le groupe de parole ne remplace pas un accompagnement individuel, parfois tout aussi nécessaire. Il est complémentaire d'un travail personnel.

LA LIBÉRATION PAR ÉCRIT

Lorsqu'il est difficile de parler, il est possible de libérer sa parole par écrit. L'écriture a aussi un pouvoir libérateur. Elle permet d'accéder au monde des émotions et à la voix du cœur. Écrire ses émotions est un outil puissant. Raconter par écrit les événements douloureux qu'on a subis aide à mettre de l'ordre

35. Pour en savoir plus : https://lesresilientes.com/
36. Pour en savoir plus sur les cercles de parole à distance : https://anyatsai.com/

dans son chaos intérieur et, par conséquent, à améliorer sa santé physique et mentale.

L'écriture a des vertus thérapeutiques incontestables. Elle permet un travail d'introspection, mais aide aussi à prendre conscience du refoulé, à reconnaître ce qui est arrivé, à mettre en lumière ses blessures. Nous ne pouvons changer que ce dont nous avons conscience et l'écriture est un excellent moyen d'apporter de la clarté.

Voici quelques pistes pour se libérer par écrit, à vous de compléter la liste :

- Écrire, dans un cahier ou un journal intime, son histoire, ses émotions, ses sentiments, sa météo intérieure, ce qui pèse sur soi. Et pourquoi ne pas écrire un livre si l'écriture est votre mode d'expression !
- Participer par écrit à des groupes de discussion, à des groupes privés de personnes ayant vécu les mêmes épreuves (notamment sur les réseaux sociaux) ou sur des sites de témoignages.
- Écrire une lettre à un proche à qui l'on veut se confier. Pour certaines personnes, il est plus aisé de le faire par écrit qu'oralement.
- Écrire des poèmes. Il suffit de peu de mots, choisis avec soin, pour exprimer ses états d'âme. J'ai moi-même utilisé la poésie pour extérioriser les émotions qui me submergeaient.

LA LIBÉRATION PAR L'ART

Il est également possible de libérer sa parole par la pratique d'une activité artistique : dessin, peinture, collage, sculpture, arts manuels, musique, théâtre, danse ou toute activité permettant de s'exprimer. L'art a une fonction de résilience, car il sublime le traumatisme en œuvre d'art.

Il existe des ateliers d'art créatif, d'art-thérapie, de danse-thérapie, d'expression corporelle, des ateliers théâtre ou de dramathérapie pour aider à se libérer.

Je connais des personnes qui se libèrent par la musique ou par le chant et écrivent les paroles des chansons qu'elles composent. D'autres font de leur histoire de magnifiques dessins ou des peintures. D'autres encore choisissent le théâtre comme mode d'expression, parfois même écrivent leur pièce et montent un spectacle.

Il y a tant de façons de libérer sa parole, à vous de les tester et de trouver celle qui résonne en vous !

MES FAÇONS DE LIBÉRER MA PAROLE

- ....
- ....
- ....
- ....
- ....

CHAPITRE 6

Se réconcilier avec ses émotions

L'IMPORTANCE DES ÉMOTIONS

Le mot émotion vient du latin *emovere*, qui signifie « mettre en mouvement ». Les émotions sont avant tout mouvement, elles font partie intégrante de notre vie et sont l'essence de notre être. Les émotions ressenties font que nous sommes vivants.

Nos pensées conditionnent nos émotions et les émotions agissent sur notre corps. Elles ne sont pas causées par les événements eux-mêmes, ce sont nos pensées et l'interprétation que nous faisons de l'événement qui déclenchent des émotions. « *Ce qui trouble les hommes, ce ne sont pas les choses, mais les opinions qu'ils en ont* », disait Épictète[37].

Des chercheurs finlandais ont récemment dressé une carte corporelle des émotions humaines qui fait le lien entre les

37. Épictète, *Manuel*, c. 125.

différentes émotions ressenties et les sensations physiques liées[38]. Leurs travaux confirment que chaque émotion active une zone du corps spécifique. Les principales émotions humaines (comme la colère, la peur, la joie, la tristesse, l'amour, la fierté, la honte, etc.) sont ressenties physiquement de la même manière pour tous, indépendamment de la culture d'origine.

Toute émotion a quelque chose à nous apprendre sur nous-mêmes et a donc une raison d'être. Même une émotion que l'on pense « négative » a quelque chose à nous dire. Nos émotions n'agissent pas contre nous. Elles sont nos alliées, à nous de savoir les accueillir et apprendre à les écouter.

Après des violences sexuelles, il est fréquent d'être dissocié de ses émotions ou de les refouler. J'ai été moi-même longtemps dans le mental, dissociée de mon corps et de mes émotions. Il m'était difficile de les identifier et de savoir où elles se manifestaient physiquement. Je les refoulais au fond de moi. Je ne les accueillais pas, je ne leur laissais pas d'espace pour exister. Accepter leur présence, les reconnaître est essentiel pour ensuite les laisser partir. J'étais si déconnectée de mes sensations physiques que je pensais que les émotions se formulaient avec la tête. Comme je restais trop dans la réflexion, il m'était impossible de descendre de ma tête vers mon corps et vers mon cœur. Parfois, des émotions vives venaient, et tel un raz de marée, j'étais submergée.

Il est nécessaire de discerner l'émotion de son expression. L'émotion n'est pas néfaste, elle est là pour nous donner une information. L'expression de l'émotion n'est pas l'émotion elle-même, c'est seulement la façon dont elle se manifeste, notamment dans le corps.

38. Source et résultats de l'étude disponible sur : https://www.pnas.org/content/111/2/646

Développer son intelligence émotionnelle

L'intelligence émotionnelle est la capacité à comprendre et à gérer ses émotions. C'est la conscience des émotions. Elle n'est pas innée, c'est une aptitude que l'on acquiert. Il est possible de la développer avec la pratique et cela apporte :

- une meilleure connaissance de ce qui se passe en soi ;
- une meilleure adaptation aux situations ;
- une aide pour affronter les difficultés et les pressions ;
- une aide à la gestion des conflits ;
- plus de facilité à créer des relations harmonieuses avec les autres.

Accueillir ses émotions

Il ne s'agit pas d'avoir un contrôle sur ses émotions, mais plutôt d'être dans l'accueil de celles-ci. Au mot « gérer », je préfère l'expression « accueillir ses émotions ».

Accueillir ses émotions, c'est leur permettre d'exister et non chercher à les refouler. Accueillir ne veut pas dire subir. C'est pouvoir les observer, écouter ce qu'elles ont à nous dire et à nous apprendre sur nous-mêmes.

Par exemple : si je ressens une émotion de tristesse, j'accueille l'émotion, je l'identifie et je reconnais la tristesse, j'accepte de la ressentir et de la vivre sans essayer de la changer. Je deviens **observateur** de l'émotion. Je ne l'empêche pas d'exister et je n'essaie pas de la refouler. Je prends le temps de ressentir cette émotion en moi, sans essayer de modifier mon ressenti. C'est être présent à soi et juste observer ce qui se passe.

L'acceptation de l'émotion et de sa présence est une étape essentielle. Ne pas l'accepter équivaut à nier son existence. Pour travailler sur une souffrance ou un problème et les surmonter, il est nécessaire d'accepter qu'ils existent. Le déni ne permet pas de se libérer des souffrances ni de résoudre un problème.

Mon conseil : faire preuve de bienveillance envers soi-même, ouvrir son cœur et apprendre à s'écouter. Au début, il peut être difficile de se mettre dans cette position au moment même où l'émotion surgit, mais on peut essayer plus tard quand le calme intérieur est revenu. Peu à peu, à force de pratique, j'ai pu prendre du recul de plus en plus tôt, puis le jour même du ressenti. Comme dans tout apprentissage, le temps et la persévérance sont nécessaires, mais cela en vaut la peine.

Laisser l'émotion s'en aller

Après ce travail de présence et d'observation, nous pouvons laisser l'émotion s'en aller. Il est crucial de libérer la charge émotionnelle et les tensions qui lui sont liées pour éviter de se créer des maux corporels. Comprendre ses émotions et les laisser s'exprimer libère de l'énergie et aide à trouver une solution aux problèmes.

Une émotion ne dure pas, elle est passagère, comme un nuage qui traverse le ciel. Lorsqu'elle dure, c'est que nous l'entretenons par des pensées négatives. Une émotion que l'on fait durer se transforme peu à peu en un sentiment durable. C'est le cas, par exemple, de la culpabilité qui s'installe dans le temps parce qu'on la nourrit de nos pensées et de nos ruminations. Le mental a une action sur les émotions. Il est donc possible d'agir sur notre ressenti en modifiant le sens de nos pensées. Nous pouvons ainsi être actifs et jouer un rôle sur la durée de nos émotions.

LES MESSAGES DE NOS ÉMOTIONS

Les émotions refoulées nous oppressent et sont source de souffrances. Elles ont besoin d'être libérées. Les émotions extériorisées vont guérir notre blessure émotionnelle.

Les émotions sont les boussoles de notre vie. Elles ont un message à transmettre et nous envoient des signaux, à nous d'apprendre à les décoder. Elles sont des indicateurs précieux qui nous informent de **l'état de satisfaction de nos besoins**.

Tout être humain a des besoins, physiologiques et psychiques. Un besoin est ressenti comme une nécessité. Satisfaire ses besoins est essentiel à la vie. Une émotion ressentie comme agréable (comme la joie) nous indique qu'un besoin est satisfait. Derrière chaque émotion ressentie de façon négative (la peur, la tristesse, la colère, etc.) se cache en réalité un **besoin non comblé**. C'est ce besoin non satisfait qui génère en nous ces émotions désagréables. Lorsque le besoin est satisfait, l'émotion désagréable disparaît.

Nous avons tous des besoins vitaux comme manger, boire, dormir. Lorsque ces besoins sont satisfaits, d'autres besoins, d'ordre psychologique, apparaissent, dont les plus courants sont les besoins d'amour, de respect, de sécurité, de reconnaissance, d'écoute, de liberté, de valorisation.

Les émotions de base et leurs besoins

Il est important de savoir identifier nos émotions. Les émotions de base, dites primaires ou fondamentales, sont les quatre suivantes :

- la peur,
- la colère,
- la tristesse,
- la joie.

Comme les couleurs primaires fusionnent pour créer une infinité de couleurs, les émotions primaires se combinent et servent de base à la création d'une palette très variée : les émotions secondaires ou mixtes. Par exemple, la honte, la culpabilité, la jalousie sont des combinaisons des émotions de base.

La peur est une émotion d'anticipation, elle est focalisée sur **l'avenir**. Elle nous informe d'un danger ou d'une menace. Cette émotion appelle un **besoin de protection** face au danger.

La colère est un signal d'alarme, une limite à ne pas franchir. Elle sert à défendre nos valeurs, notre territoire et notre intégrité. Elle est focalisée sur **le présent**. Cette émotion appelle un **besoin de changement** de la situation.

La tristesse nous informe que quelque chose est fini. C'est l'émotion de la perte, elle se focalise sur **le passé**. Elle marque une transition, elle permet de faire le deuil d'une situation ou d'une relation qui s'achève. La tristesse ouvre la porte à l'acceptation. L'émotion de tristesse appelle un **besoin de réconfort et de soutien**.

La joie nous informe de la satisfaction d'un désir ou d'un besoin. Elle est liée au **présent** ou au futur immédiat. Cette émotion appelle un **besoin de maintien et de partage**.

Les émotions peuvent être une source d'énergie très puissante et devenir des **moteurs** pour agir. Ainsi, la colère peut être vécue comme un frein si on ne voit pas le besoin qu'elle cache. Mais en comprenant qu'elle appelle un besoin de changement, la colère devient **l'énergie du passage à l'action** pour changer une situation qui ne nous convient pas.

Les émotions récurrentes sont généralement celles de notre enfant intérieur dont les besoins n'ont pas été satisfaits ni comblés. Nous avons tous un enfant intérieur en nous qui se manifeste à travers nos émotions.

EXPLORER SES BESOINS

Les besoins fondamentaux

Le psychologue Abraham Maslow répartit les besoins fondamentaux en cinq catégories, représentées sur cette pyramide :

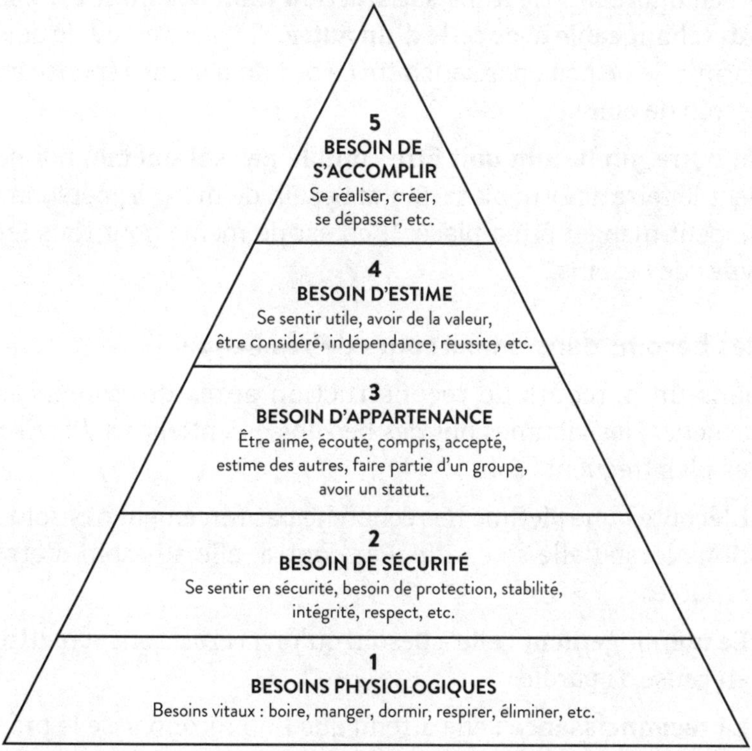

Nous devons d'abord satisfaire nos besoins physiologiques pour combler nos besoins de sécurité, ensuite les besoins d'appartenance, puis les besoins d'estime avant d'arriver au besoin d'accomplissement de soi.

Par exemple, la faim indique notre besoin de manger, et la sensation de satiété indique que ce besoin est comblé. Tout manquement à ces besoins vitaux mettrait notre vie en péril. C'est lorsque les besoins physiologiques ont été satisfaits qu'il est possible de combler les besoins de niveau supérieur (besoin de sécurité) et ainsi de suite.

Chaque besoin doit être pris en compte pour éviter de créer un déséquilibre intérieur. **La satisfaction d'un besoin n'est pas interchangeable avec celle d'un autre**. Si j'ai sommeil, je dois dormir, je ne peux pas satisfaire ce besoin par une réponse au besoin de boire.

En outre, **un besoin doit être comblé par soi-même,** nul ne peut le faire à notre place. Si j'ai besoin de manger, personne ne peut manger à ma place. Il en est de même pour tous les types de besoins.

Les besoins dans un parcours de résilience

Dans un parcours de reconstruction après des violences sexuelles, les victimes ont des besoins essentiels à satisfaire. Les plus fréquents sont :

- **L'écoute :** une victime ne recherche pas forcément des solutions lorsqu'elle se confie. Par contre, elle a besoin d'être écoutée.
- **Le non-jugement :** elle a besoin qu'on la croie sans remettre en cause sa parole.
- **La reconnaissance :** elle attend que l'on reconnaisse le préjudice qu'elle a subi et son statut de victime. C'est elle qui a subi les actes, elle n'est pas coupable.
- **Le respect :** elle a besoin d'être respectée, c'est une valeur fondamentale à reconquérir dans sa vie quand on a subi des violences, être respecté et se respecter soi-même.
- **La bienveillance :** celle des autres, mais également la bienveillance envers soi-même.

- **Le soutien :** il rejoint le besoin d'être accompagné. Il peut être apporté par l'entourage, des professionnels ou un groupe.
- **Le besoin d'appartenance :** il peut s'accomplir au sein d'une communauté de personnes ayant vécu des épreuves similaires, par exemple dans des cercles de parole, pour avancer avec la force d'un groupe qui regarde dans la même direction. Le pouvoir du collectif est très puissant dans une reconstruction.
- **Le besoin de sens** ou quête de sens : ce besoin fondamental arrive souvent après la satisfaction des autres besoins. Il apparaît généralement dans un parcours avancé de reconstruction.

Les besoins étant spécifiques à chacun, cette liste n'est pas exhaustive. Je vous invite à la compléter par vos besoins personnels.

C'EST À VOUS !

Dressez la liste des besoins qui vous seraient nécessaires dans votre parcours de résilience :

- ....
- ....
- ....
- ....
- ....
- ....
- ....

Répartissez-les dans ce tableau :

Mes besoins satisfaits	Mes besoins à honorer	Mes besoins non satisfaits ou négligés

Quel besoin souhaitez-vous satisfaire en premier ?

. . . .

Quel serait le premier pas pour y parvenir ?

. . . .

COMBLER SES BESOINS

Personne ne peut combler nos besoins vitaux à notre place. Il en est de même pour nos besoins psychologiques. L'erreur souvent commise est d'attendre que des personnes extérieures viennent combler nos besoins alors que nous sommes les seuls à pouvoir le faire. C'est à nous de nous donner ce qui nous manque. Par exemple, un besoin d'amour cache généralement un manque d'amour de soi.

Derrière nos besoins se cachent souvent des blessures du passé, des blessures profondes de l'enfance, non soignées. Si une émotion revient régulièrement ou si un besoin domine, cela signifie qu'il doit être comblé en priorité.

Les émotions que nous réprimons, ou dont les besoins restent insatisfaits, ne disparaîtront jamais par magie. Elles seront parfois enfouies durant de nombreuses années et pourront ressurgir sous forme de somatisation : maux, maladies et symptômes. Notre corps les exprimera à sa manière.

En recherchant le besoin caché derrière chaque émotion désagréable, nous concentrons notre attention sur ce dont nous avons besoin, au lieu de nous focaliser sur le ressenti négatif. Il est plus facile de chercher à combler un besoin non satisfait que de supprimer une émotion ressentie comme négative.

Les émotions sont des indicateurs précieux, car elles nous informent si nos besoins sont satisfaits ou non. Il n'y a donc pas de bonne ou de mauvaise émotion, puisque chaque émotion porte un message. À la notion d'émotion positive ou négative, je préfère le terme d'**émotion agréable ou désagréable**. Certaines émotions peuvent être désagréables et si nous avions le choix, nous préférerions ne pas les ressentir. Mais toutes les émotions ont une utilité et une fonction. Plus nous parvenons à les identifier, comme les besoins qu'elles appellent, plus nous nous réconcilierons avec elles. En faisant ce travail, nous apprenons à **faire de nos émotions nos alliées.**

Le cadran émotionnel

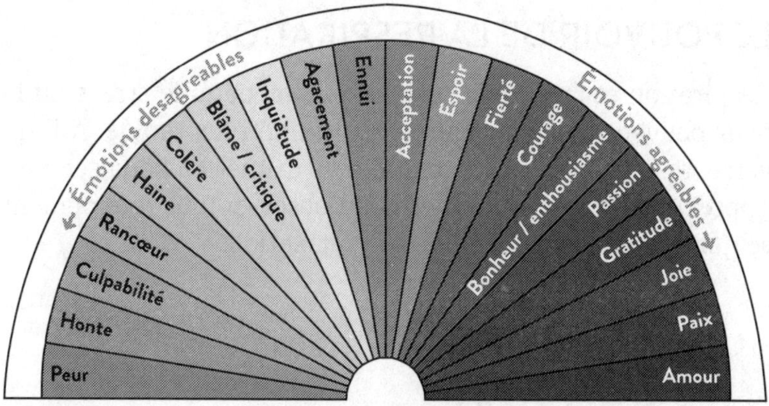

C'EST À VOUS !

Je vous propose un exercice de prise de conscience de vos émotions. Notez toutes les émotions ressenties dans les prochains jours, en distinguant chaque fois la situation qui en est le déclencheur, l'émotion ressentie et le besoin non satisfait qu'elle cache.

Exemple : la mauvaise note obtenue à mon examen provoque en moi une émotion d'énervement et de frustration, mon besoin, à ce moment-là, est de la bienveillance.

Date	**Situation**	**Émotion**	**Besoin**

LE POUVOIR DE LA RESPIRATION

Respiration et émotions sont liées. L'anxiété, le stress ou la peur peuvent provoquer une respiration plus rapide. À l'inverse, respirer plus lentement aide au calme et à l'apaisement. Apprendre à bien respirer permet d'observer plus sereinement ce qui se passe en soi et aide à la relaxation.

Voici un exercice de respiration en trois temps :

- inspirez lentement et profondément sur 4 secondes en gonflant le ventre ;
- bloquez votre respiration pendant 4 secondes (apnée) ;
- puis expirez sur 8 secondes en creusant le ventre ;
- enchaînez plusieurs cycles de respiration sur ce modèle.

Variante : inspiration sur 4 secondes, expiration sur 8 secondes, puis apnée sur 4 secondes. Je vous encourage à tester et à trouver ce qui vous convient le mieux.

Vous pouvez adapter ce modèle : par exemple, commencer par 3 secondes d'inspiration et 6 secondes d'expiration (durée de l'expiration deux fois plus longue que la durée de l'inspiration), puis augmenter peu à peu le temps.

Pour vous aider, vous pouvez compter mentalement pendant l'exercice et mettre la main sur l'abdomen pour sentir l'effet de la respiration avec le ventre qui gonfle et se dégonfle. Le fait de visualiser un ballon qui gonfle pendant l'inspiration et se dégonfle pendant l'expiration peut être une aide pour débuter.

Cet exercice de respiration est un **outil antistress puissant**. Il permet d'abaisser le rythme cardiaque dans des moments de stress et d'anxiété ou lorsqu'une émotion vive surgit. C'est un outil disponible n'importe où et n'importe quand, sans avoir besoin de source extérieure.

L'EFT

L'EFT (*Emotional Freedom Techniques* ou Techniques de libération émotionnelle) est une technique de libération psycho-énergétique créée par Gary Craig dans les années 1990. Elle consiste à tapoter du bout des doigts, dans un ordre précis, les points d'entrée des méridiens de la médecine traditionnelle chinoise[39] en répétant une affirmation positive en rapport avec le problème à traiter. Exemple : « Même si j'ai... (nom de l'émotion ou du problème), je m'aime et je m'accepte tel que je suis. »

C'est une variante émotionnelle de l'acupuncture, mais qui se pratique sans aiguille. L'EFT aide à la relaxation, à la gestion du stress et de l'anxiété, à la libération des émotions désagréables et peut également agir sur les peurs et les phobies. L'EFT est une pratique psychocorporelle holistique qui fait la relation entre le corps et l'esprit. Elle part du principe que les émotions ressenties comme négatives sont liées à un blocage énergétique dans le corps. Les tapotements sur les méridiens permettent de libérer la charge émotionnelle bloquée et de rétablir la circulation énergétique dans le corps.

Les avantages de l'EFT sont l'autonomie et la facilité d'utilisation. Après avoir appris la technique, on peut la pratiquer seul et elle ne nécessite pas d'équipement. Il existe des livres et des vidéos pour apprendre la technique chez soi. Pour les charges émotionnelles importantes ou liées à un choc traumatique, il est préférable de se faire accompagner par des professionnels ayant été formés à la technique d'EFT thérapeutique[40].

OBSERVEZ VOTRE MÉTÉO INTÉRIEURE

Un excellent exercice de connaissance de soi, pour se connecter à son état émotionnel, est de se demander régulièrement quelle est sa météo intérieure. Je le donne souvent avant de débuter un cercle de parole ou un coaching.

---

39. Les méridiens, en médecine traditionnelle chinoise, sont des canaux du corps humain, interconnectés, par lesquels circule l'énergie vitale du corps, appelé le *Qi*.
40. Pour la liste des praticiens EFT, voir le site : https://ecole-eft-france.fr/

Établir sa météo intérieure est très bénéfique pour se connecter à ses ressentis, ses émotions et ses sensations corporelles. Plus vous pratiquerez cet exercice et plus il vous sera facile de vous connecter à votre état émotionnel, d'identifier vos émotions et de pouvoir les traduire en mots.

Déconnectez-vous un moment de vos activités. Prenez ce temps pour vous et faites quelques cycles de respiration. Soyez l'observateur de votre météo intérieure, en toute bienveillance envers vous-même, sans vous juger. Soyez simplement dans l'accueil de vos sensations, de votre émotion, laissez-leur l'espace pour s'exprimer.

Quelle est votre météo intérieure en ce moment même, ici et maintenant ?

. . . .

Que ressentez-vous ? Quelles sensations avez-vous ?

. . . .

Est-ce agréable, désagréable, neutre ?

. . . .

Où cela se manifeste-t-il dans votre corps ?

. . . .

De quelle(s) émotion(s) s'agit-il ?

. . . .

Faites ce point chaque jour, si possible plusieurs fois par jour, à différents moments de la journée. Vous pouvez consigner vos réponses dans un carnet dédié.

SOIGNER SES BLESSURES ÉMOTIONNELLES

Les cinq blessures de l'âme

De nombreuses souffrances proviennent de blessures du passé non guéries. Nous portons en chacun de nous ces blessures de l'âme, qui ont pour origine un événement que nous avons vécu comme une violence, souvent dans l'enfance. Ces blessures sont présentes de façon latente en nous et peuvent se réactiver. Certaines prédominent, il y en a souvent une qui est plus présente que les autres.

Les cinq blessures de l'âme sont :

- l'abandon,
- le rejet,
- l'injustice,
- la trahison,
- l'humiliation.

Si nous ne soignons pas nos blessures passées, de nouvelles blessures (imputées aux autres ou à soi-même) viendront réactiver nos plaies anciennes non cicatrisées qui pourront « s'infecter » et « infecter » nos relations. Les situations pourront se répéter et raviver les blessures.

Une souffrance provoquée par une situation n'est souvent qu'une blessure ancienne non cicatrisée qui ressurgit et entre en résonance avec elle. Ces souffrances sont des réminiscences des blessures de l'âme. La réactivation d'une ou de plusieurs blessures peut provoquer en nous de vives émotions, appelées à revenir tant que la blessure d'origine n'est pas guérie.

Les remèdes aux blessures

La bonne nouvelle : il y a un remède pour chaque blessure, que l'on peut s'appliquer à soi-même. Voici des pistes de guérison pour chacune des blessures.

L'**abandon** est une **blessure d'amour**. Pour la guérir, il faut travailler sur l'amour de soi, apprendre à s'aimer (voir chapitre 16).

Le **rejet** est une **blessure d'acceptation**. Le masque utilisé par la personne blessée est celui de la fuite. Pour travailler sur cette blessure, on peut faire l'état des lieux de ce que l'on n'accepte pas chez soi. Choisissez un élément de cette liste et commencez par travailler sur celui-ci.

L'**injustice** est une **blessure d'équilibre**, c'est-à-dire de paix intérieure, de sérénité, qui est menacée. Le travail visera à retrouver la paix et son équilibre intérieur.

La **trahison** est une **blessure de confiance**. C'est une perte de confiance, en l'autre, et surtout en soi-même. Le travail consiste à reprendre confiance en soi, à se fier à ses intuitions, à retrouver sa capacité de discernement.

L'**humiliation** est une **blessure de valeur, d'estime de soi**. La personne est touchée dans sa dignité. L'émotion associée à cette blessure est la honte. Pour guérir de cette blessure, on travaille sur l'estime de soi, on réapprend à se donner de la valeur.

Soigner une blessure après l'autre

Si nous avons plusieurs blessures, il est préférable d'en soigner une à la fois. Il est nécessaire d'identifier la blessure qui domine pour la traiter en priorité. Une fois le travail achevé sur cette première blessure, on peut envisager de travailler sur une autre, et ainsi de suite.

Ma blessure dominante :

. . . .

Depuis quand est-elle présente ?

. . . .

L'événement déclencheur :

. . . .

Mes autres blessures :

. . . .

La blessure que je choisis de soigner :

. . . .

Le remède à appliquer :

. . . .

Mon premier pas vers sa guérison :

. . . .

CHAPITRE 7

Le pardon pour se libérer

« Le pardon ne change pas le passé, mais il élargit l'avenir.[41] »

Paul Boese

Le chemin du pardon ne peut être envisagé que lorsque les blessures ont cicatrisé. Tant que les actes de violence ou les comportements abusifs continuent, il est impossible d'envisager le pardon.

Le pardon est un **processus**. C'est un choix personnel, aucune autre personne ne peut le faire à notre place. Le pardon n'est

41. Citation originale : "*Forgiveness does not change the past, but it does enlarge the future*", Paul Boese. Source : https://www.barnesandnoble.com/w/forgiveness-does-not-change-the-past-but-it-does-enlarge-the-future-paul-boese-optimizedself-notebooks/1129676799

pas une obligation et mon livre n'est pas une injonction à pardonner. C'est un choix qui vous appartient. Et, quel qu'il soit, je le respecte totalement. Je ne sais pas ce qui est le mieux pour vous, vous seul le savez. Mon intention est de partager avec vous la perception de cet acte symbolique qui a transformé ma vie et m'a libérée.

Le pardon est un **chemin de réconciliation intérieure** : il défait le passé pour construire l'avenir.

PEUT-ON TOUT PARDONNER ?

Si on m'avait posé cette question il y a quelques années, j'aurais répondu « non, il y a des crimes impardonnables et le viol en fait partie ». Mais aujourd'hui, j'ai avancé sur le chemin de la résilience et ma perception du pardon est différente. Après un long travail sur moi, après avoir échangé avec d'autres, ma réponse a évolué. À la question « peut-on tout pardonner ? », je dirais que je ne peux pas répondre à votre place. C'est un choix personnel.

À la question « *peut-on tout guérir, quelle que soit la profondeur de sa blessure ?* », je pense que oui, il est possible de cicatriser toute blessure, quelle qu'en soit sa nature.

Pardonner n'est pas facile. J'ai mis vingt ans pour y parvenir et j'avais pensé ne pas en être capable. Mais c'était une étape nécessaire à ma guérison pour atteindre la paix intérieure. **Pardonner m'a rendue libre.**

Je pense que les choses ne sont jamais figées. Tout comme nous, elles peuvent évoluer. Ce qui semble impossible un jour ne l'est pas pour toujours.

QUE SIGNIFIE PARDONNER ?

Chacun a sa propre signification du mot « pardon ». Elle est subjective et il n'existe pas de définition universelle. Voici la mienne.

Ce que le pardon n'est pas

Pardonner ne signifie pas oublier. Au contraire, il faut se souvenir de la blessure pour pardonner.

Pardonner ne veut pas dire se résigner. Au contraire, c'est choisir de s'affranchir du passé pour aller de l'avant, c'est donc tout l'inverse de la résignation.

Pardonner ne signifie pas non plus approuver les faits, ni les nier ou les minimiser, ni excuser les actes commis, ni les cautionner. Ce point est essentiel : **pardonner n'est pas excuser.** Ce n'est donc pas innocenter l'auteur des actes.

Pour moi, pardonner et excuser sont deux mots distincts. Excuser veut dire ne plus retenir de charges contre quelqu'un. Pardonner, c'est cesser de lui en vouloir, de le haïr. Le pardon ne décharge pas la personne qui a commis une faute de la responsabilité de ses actes. On peut donc pardonner sans excuser.

Le pardon n'est ni la clémence, ni la réconciliation, ni la compréhension. Pardonner n'implique pas non plus de reprendre une relation avec la personne qui nous a blessés, ce choix nous appartient.

Les faits restent les faits, un crime reste un crime. Je n'ai jamais approuvé ni validé les actes en pardonnant. Pardonner n'exige pas de renoncer à faire valoir ses droits en ayant recours à la justice si besoin.

Ce que le pardon signifie

Pardonner signifie pour moi lâcher prise sur un passé que je ne pourrai jamais changer, abandonner tout espoir d'un passé meilleur. C'est ne plus être enchaîné au passé pour pouvoir enfin vivre le présent.

Pardonner, c'est cesser d'attendre quelque chose de la personne qui m'a blessée, un repentir qui ne viendra sans doute jamais. J'ai rêvé tant de fois que le criminel me demande pardon. Il y a peu de chances que cela se produise. Je ne peux pas mettre ma vie en suspens en attendant qu'il me demande pardon pour pouvoir enfin m'autoriser à vivre ! Je ne veux pas que mon bonheur dépende d'un événement qui n'aura certainement jamais lieu. Je refuse de placer mes attentes dans une situation illusoire.

Une victime peut choisir de pardonner et de laisser le passé derrière elle. **Le pardon permet de sortir du statut de victime et de reprendre sa puissance personnelle**, en se libérant de l'illusion qu'une autre personne a le pouvoir sur notre vie. Personne n'a ce pouvoir en dehors de nous-mêmes.

Pardonner signifie que je ne veux plus que la haine, la colère, la rancœur, le ressentiment, le désir de vengeance soient les émotions qui dirigent mon cœur et ma vie. Telles des chaînes invisibles, ces poisons émotionnels me gardent liée au passé et à la personne qui m'a blessée. Pardonner, c'est cesser de nourrir ces sentiments pour retrouver ma liberté intérieure.

Le pardon permet la cicatrisation. **Pardonner, c'est appliquer un baume de guérison pour cicatriser les blessures du cœur.** C'est un moyen de transformer l'épreuve et de transcender sa blessure.

Le pardon n'est pas un acte humiliant, c'est un acte d'**humilité**.

Le pardon n'est pas un sacrifice, au contraire, c'est agir dans son intérêt personnel. Dans le mot pardon, j'entends « par le don ». C'est un don à soi-même, un cadeau que l'on se fait pour se libérer. **Le pardon est un acte de liberté intérieure et d'amour de soi.** C'est faire la paix avec soi-même.

MON CHEMIN VERS LE PARDON

Haine, colère et désir de vengeance

J'ai vécu pendant longtemps avec ces sentiments de colère et de haine envers les hommes, la soif de vengeance asséchant mon cœur. Je ne voyais que le mal qu'on m'avait fait et que j'avais envie de rendre. Je mettais souvent les hommes dans le même panier, du côté du violeur, ou parfois pire, je les considérais comme des violeurs potentiels. J'avais tellement de rage en moi. Il suffisait qu'un homme me parle pour que je me braque et me renferme dans ma carapace de violence et de haine. On me disait froide ou c'est l'impression que je donnais. C'était une armure pour me protéger.

Ma vision était bien entendu erronée, étroite, si limitée, mais la haine l'emportait sur la raison. Non, tous les hommes ne sont pas ainsi, heureusement ! Il m'a fallu du temps pour en prendre conscience. Comme le dit si justement Gandhi : « *Vous ne devez pas perdre espoir en l'humanité. L'humanité est un océan : même si quelques gouttes sont souillées, l'océan ne le devient pas.* »

J'avais parfois un tel désir de vengeance en moi que j'avais envie de faire souffrir autant que j'avais souffert. J'ai eu des pensées violentes. Si on m'avait donné une arme et placé mon violeur à terre, à genoux devant moi, j'aurais sans doute été capable de l'abattre, sans pitié, pour me venger et me faire justice. Pour qu'il souffre à son tour et que justice me soit enfin rendue... J'avoue avoir eu d'innombrables fois ces pensées. Cela me soulageait un instant de penser que le malheur d'un homme pourrait me rendre heureuse.

Il y a plusieurs années, j'ai demandé à ma mère de me donner le nom du cambrioleur qu'ils avaient réussi à identifier. Il était probable qu'il soit également le violeur. Elle m'a demandé pour quelle raison je voulais remuer ce passé tant d'années après, pourquoi je voulais l'identité de cet homme.

« Pour me venger », lui avais-je répondu.

« Mais pour te venger de quoi ?

Pour me venger de ce qu'il m'a fait quand j'étais enfant. Je ne peux pas oublier même après toutes ces années. Il est temps qu'il paie pour ses crimes.

Mais qu'est-ce qu'il t'a fait ?

Des choses qu'on ne fait pas à des enfants, des choses graves et impardonnables. »

En un éclair, elle a compris. Elle a eu la confirmation de ce qu'elle avait toujours pressenti. Toute cette souffrance enfouie en moi est remontée à la surface. Elle m'a crue et elle a partagé ma douleur. Le fait qu'elle connaisse la vérité m'a libérée. Elle ne m'a pas donné le nom ce jour-là, je n'en ressentais plus le besoin. Nous n'en avons plus reparlé.

À cette époque, j'étais dans mes droits pour porter plainte, il n'y avait pas encore prescription. En parlant de « vengeance », j'avais envie d'aller jusqu'au bout, de terminer ce que je n'avais pas été capable de faire à 15 ans, cet acte inachevé : le dénoncer, me battre, me confronter à lui et faire tomber un à un tous ses complices. J'ai eu ce courage-là, il y a quelques années, mais peu de temps après, le désir de vengeance m'est finalement passé.

Le refus de me venger

Lorsque j'ai continué à libérer ma parole, un ami a appris par quelqu'un d'autre ce qui m'était arrivé. Mon histoire l'avait touché et révolté. Il m'a demandé si le violeur était toujours en vie. J'ai acquiescé. Il m'a alors demandé de lui donner le nom et le prénom de cet homme. Il souhaitait me rendre justice avec l'aide de ses amis, me venger et faire payer son crime à cet homme. Des années auparavant, lorsque mon cœur était encore rempli de colère et de haine, j'aurais sans doute pu accepter sa proposition, je n'étais pas encore sur la voie du pardon.

Sa proposition partait en réalité d'une intention positive. Il imaginait la violence de l'acte ainsi que ma souffrance. Il pensait pouvoir m'alléger de ce fardeau et me rendre une justice dont je n'avais pu bénéficier. Je l'ai remercié de sa compassion. Je lui ai expliqué que j'avais fait le choix de pardonner pour me libérer et que j'étais désormais en paix avec mon passé. J'ai décliné son offre.

Même si les actes subis étaient d'une violence innommable, je ne peux pas changer mon passé en renvoyant de la violence. On ne lave pas un crime en commettant un autre crime. J'ai refusé de rentrer dans un cycle sans fin de violence. Je ne peux pas combattre la violence par la violence. En réagissant ainsi, je ne ferai que contribuer à l'alimenter et la faire grandir.

La guérison vient de soi

Une blessure ne peut pas guérir en infligeant une blessure à autrui. J'ai pris conscience que ce n'est pas la personne qui m'a blessée qui va me guérir, car **la guérison vient toujours de soi.**

Il m'a fallu vingt ans pour réaliser que mon bonheur ne peut pas dépendre du malheur d'un homme : il ne dépend que de moi. Oui, cet homme mérite d'être puni de ses actes, mais je n'ai pas besoin de le voir souffrir. Je n'ai pas besoin de le savoir malheureux, touché par une maladie incurable, derrière les barreaux ou mort, pour commencer à penser à moi, pour m'autoriser à être heureuse et vivre la vie que je mérite. Son malheur ne me rendra jamais heureuse.

Aucune personne ni circonstance extérieure ne peut être la source de mon bonheur et de ma paix intérieure. Il fallait que je cherche en moi.

De la colère vers le chemin du pardon

Oui, j'ai connu le ressentiment, la rancœur, le cœur rempli de haine envers les hommes, durci par la soif de vengeance, et j'ai assez donné. J'ai mis du temps à réaliser que toute cette colère enfouie était en fait de la colère envers moi-même. Je me faisais du mal, ne pensant pas mériter autre chose que souffrance et peine. Parce que je ne m'aimais pas suffisamment.

J'ai fait un énorme travail personnel pour arriver à cette prise de conscience. C'est ainsi que j'ai choisi de pardonner pour pouvoir me libérer de toute cette rancœur, de cette colère que je retournais contre moi-même pour me faire souffrir, comme une autopunition.

Mon ego a résisté très fort au pardon. Un ego tellement blessé qui se définissait comme victime, qui attendait la vengeance, que l'autre souffre comme il m'avait fait souffrir pour pouvoir me réparer et guérir. J'ai résisté de toutes mes forces pour ne pas laisser mon ego avoir le dernier mot.

Mon cœur, lui, me disait tout autre chose : il souhaitait rétablir l'équilibre qui me manquait, la sérénité, la paix intérieure et l'harmonie dans ma vie. J'ai fait ce que je n'avais jamais fait avant : faire taire la voix de mon ego pour écouter celle de mon cœur.

Je ne peux pas combattre la haine en renvoyant de la haine ni me défaire du désir de vengeance en cherchant à me venger. On ne soigne pas le mal par le même mal, mais par le remède opposé. Alors pour guérir la haine en moi, j'ai choisi **l'amour**. Pour soigner le désir de vengeance, j'ai choisi **le pardon**. C'est ainsi que la métamorphose s'est opérée dans ma vie.

Si je ne change pas et si je ne pardonne pas, je reste avec la colère, la haine et la soif de vengeance, c'est comme si j'offrais à cet homme le reste de ma vie... Ne pas pardonner, c'était me condamner jusqu'à la fin de mes jours. Est-ce ce que je souhaite ? Est-ce que ma vie vaut la peine d'être ainsi sacrifiée pour lui ? La réponse est NON. Il aurait gagné et il est hors de question que je lui fasse cadeau de ma vie, de toutes ces belles années qui me restent à vivre.

J'ai lâché prise sur ce passé. Je n'ai pas besoin que le violeur souffre, qu'il soit puni ou de savoir qu'il regrette peut-être. Il sera puni d'une façon ou d'une autre. Je crois au karma et à la loi de l'attraction. On récolte ce que l'on sème. En commettant ce crime, il s'est déjà puni lui-même... Et je n'ai nul besoin d'en être témoin. J'ai bien trop à faire à vivre pleinement ma nouvelle vie pour m'en soucier.

LE POUVOIR DU PARDON

Pardonner, c'est abandonner tout espoir d'un passé meilleur. Le pardon ouvre à la voie du cœur, il permet de transformer une énergie de destruction en une **énergie de création et de transformation**. Le pardon remplace l'énergie de la colère, de la rancœur, de la vengeance et de la haine, ces poisons qui se diffusent dans notre corps et nous tuent à petit feu, par une énergie d'amour, de sérénité et de paix intérieure.

Pardonner, c'est ouvrir grand son cœur à un univers infini où tout est possible, un espace bien plus grand que celui qui a été créé par l'épreuve traumatique. C'est ouvrir son champ des possibles, ses horizons, c'est ouvrir son avenir. C'est là toute la puissance du pardon.

SE PARDONNER POUR SE LIBÉRER

Il m'a été nécessaire de passer par tous ces sentiments délétères, car ils font partie du processus. Ces années étaient difficiles, j'étais seule face à moi-même, avec mes peurs et mes émotions, mais je ne regrette rien. Il me fallait vivre cette révolte intérieure pour trouver le chemin du pardon.

En choisissant de pardonner, je ne suis plus victime de mon passé. J'ai inversé les rôles et je suis redevenue la créatrice et l'héroïne de ma vie.

Au-delà du pardon à mon violeur, c'est un pardon à moi-même que je me suis offert. **Pardonner, c'est surtout se pardonner et faire la paix avec soi-même.**

On ne choisit pas de pardonner pour l'autre, mais **pour soi-même**. Le pardon est en ce sens un acte d'amour envers soi. Après avoir lâché prise et pardonné, en acceptant de renoncer à la vengeance et pour que ce poison ne me tue à petit feu, je me suis pardonnée de m'être oubliée, d'avoir abandonné ma petite fille intérieure que j'ai finalement retrouvée. En me pardonnant, je m'accepte telle que je suis aujourd'hui et je me donne le droit d'avoir été celle que j'ai été dans le passé. Je m'accepte inconditionnellement.

À partir de ce jour, j'ai pu, tel un phœnix, renaître de mes cendres. Je me suis autorisée à vivre cette seconde vie et à réaliser mes rêves.

Pardonner est un acte fortement symbolique. **Pardonner est un acte de libération et de délivrance, c'est cesser de vivre le passé au présent.** En pardonnant, je n'ai pas oublié ni approuvé les actes commis. Mais en me libérant de ce passé, de cette énergie de destruction, de colère et de haine, je me suis découverte : une femme unique, courageuse et forte, riche de ressources inexploitées et d'un potentiel infini.

Le pardon est un processus intérieur pour se libérer des poisons émotionnels, des chaînes qui nous retiennent dans notre prison intérieure. Le pardon est la clé pour s'en libérer.

Je mérite la paix et la sérénité, et ces cadeaux sont au bout du pardon. La paix intérieure est le but que je poursuis, pas la vengeance ni la haine. Telle une « **douche du cœur** », le pardon permet de se nettoyer et de se libérer.

Cette magnifique citation de Lewis B. Smedes résume toute ma pensée en une phrase : **« Pardonner, c'est rendre sa liberté à un prisonnier. Et se rendre compte que le prisonnier, c'était vous.[42] »**

PRATIQUER LE PARDON

La lettre de pardon

Je vous propose un exercice de libération : écrire une lettre de pardon avec les mots que l'on aurait aimé entendre ou lire de la personne qui nous a fait du mal. Cette lettre a un pouvoir réparateur, elle va vous aider à libérer votre énergie de colère, de rancœur et de haine pour avancer sur votre chemin de reconstruction. Écrivez-la à la main, elle en sera plus bénéfique.

Cet exercice m'est venu après avoir lu le livre bouleversant d'Eve Ensler, *Pardon*[43]. Elle écrit la lettre qu'elle aurait aimé recevoir de son père qui l'avait violée dans son enfance, mais qui est mort sans lui avoir demandé pardon.

À votre tour de prendre la plume. Isolez-vous quelques heures et prenez ce temps pour vous libérer intérieurement.

---

42. Lewis B. Smedes, *Forgive and Forget: Healing the Hurts We Don't Deserve*, HarperOne, San Francisco, 1984. Citation originale : "To forgive is to set a prisoner free and discover that the prisoner was you."
43. Eve Ensler, *Pardon*, Denoël, Paris, 2020.

SE LIBÉRER PAR LE PARDON

Pour répondre aux problématiques des clients que j'accompagne, j'ai créé cet exercice de libération. Le but est de se libérer de ses ruminations intérieures pour aller vers l'apaisement. C'est un merveilleux outil que j'utilise en coaching.

Étape 1 : Listez ci-dessous tout ce que vous ruminez, tout ce que vous ressassez en boucle, les choses dont vous portez encore le poids de la culpabilité, tout ce dont vous aimeriez vous libérer.

Exemples :

- Je m'en veux de l'avoir fait entrer dans ma vie.
- Je m'en veux de lui avoir fait confiance.
- Je n'aurais pas dû aller à cet endroit.
- Je m'en veux de ne pas avoir pu réagir.

Votre liste :

- ....
- ....
- ....
- ....
- ....

Étape 2 : Transformez chacune de ces phrases, en débutant par : « Je me pardonne de... » et en finissant la liste par la phrase : « En me pardonnant, je me libère. »

Exemples :

- **Je me pardonne** de l'avoir fait entrer dans ma vie.
- **Je me pardonne** de lui avoir fait confiance.
- **Je me pardonne** d'être allée à cet endroit.

- **Je me pardonne** de ne pas avoir pu réagir.
- **Et en me pardonnant, je me libère.**

C'est à vous !

- ....
- ....
- ....
- ....
- ....
- **Et en me pardonnant, je me libère.**

....

Étape 3 : Debout face à un miroir, respirez profondément, puis répétez pour vous-même chacune de ces phrases, à voix haute, en vous regardant droit dans les yeux.

Ressentez l'apaisement et la libération que cela vous apporte. Si des émotions ou des larmes surgissent, accueillez-les.

Il est possible que vous sentiez des résistances à vous dire ces nouvelles phrases, ou qu'elles sonnent « faux » pour vous. C'est tout à fait normal, l'ego résiste car ce sont des affirmations inhabituelles pour lui.

Mon conseil : il est important de répéter cet exercice de libération pendant les 30 prochains jours, tel un rituel. Relisez à voix haute quotidiennement ces phrases transformées en vous regardant dans le miroir, en pleine conscience. La constance est essentielle, elle apporte des résultats durables, car la répétition crée des nouvelles connexions neuronales. Plus vous pratiquerez, plus les bénéfices se feront présents.

J'ai accompagnée en coaching une jeune femme qui souffrait depuis 7 ans d'insomnies suite au viol subi. Je lui ai fait pratiquer cet exercice en séance ensemble. Puis je lui ai demandé de le répéter tous les jours jusqu'à notre prochain rendez-vous. Elle mit en place cette nouvelle habitude. Lors de la séance suivante, elle m'a informée que ses problèmes d'insomnies avaient disparus !

À votre tour, expérimentez et constatez les résultats.

Se pardonner soi-même

Pour finir, je vous propose un exercice complémentaire sur le pardon à soi-même.

Devant un miroir, dites ces phrases à voix haute, pour vous-même, en vous regardant dans les yeux :

- Je te demande pardon de m'être oublié.
- Je te demande pardon de m'être jugé.
- Je te demande pardon de m'en être voulu.
- Je te demande pardon d'avoir cessé de m'aimer.
- Je te demande pardon d'avoir fermé mon cœur.

Vous pouvez compléter ces phrases ou créer les vôtres. Inspirez-vous de celles que je vous ai données si nécessaire :

- ....
- ....
- ....
- ....
- ....

Tout comme l'exercice précédent, je vous encourage à le pratiquer quotidiennement pendant 30 jours pour en tirer tous les bénéfices.

PARTIE II

RETROUVER SON POUVOIR

« ON PEUT TOUT RETIRER À L'HOMME SAUF UNE CHOSE : LA DERNIÈRE DES LIBERTÉS HUMAINES – LE CHOIX DE L'ATTITUDE PERSONNELLE QU'IL PRENDRA FACE À UN ENSEMBLE DE CIRCONSTANCES – AFIN DE DÉCIDER DE SON PROPRE CHEMIN.[44] »

Viktor Frankl

44. Viktor E. Frankl, *Découvrir un sens à sa vie avec la logothérapie*, J'ai Lu, Paris, 2013.

CHAPITRE 8

La responsabilité de sa propre vie

« Vous n'êtes peut-être pas responsables
d'être par terre,
mais vous êtes responsables de vous relever. »

Jesse Jackson

Ce n'est pas ce qui nous arrive qui détermine notre vie, mais comment on y réagit. Face à une épreuve, nous avons le choix de la subir, ou d'agir pour changer les choses et reprendre les commandes de sa vie.

N'attendez pas que quelqu'un vous relève si vous êtes à terre. Vous êtes la seule personne à pouvoir vous relever quand vous tombez, à faire vos propres choix, à assumer la responsabilité de votre vie, car personne d'autre que vous ne vit à votre place.

« *Vous êtes maître de votre vie et qu'importe votre prison, vous en avez les clés* », dit le Dalaï-Lama. Nous sommes le seul maître de notre destinée. La vie nous offre chaque jour des choix à faire. Nous sommes les seuls et uniques responsables des choix que nous faisons, ou que nous ne faisons pas. Ne rien faire est aussi un choix. Personne n'est épargné par les épreuves de la vie. On ne choisit pas ses épreuves, mais une chose est sûre : on choisit le sens qu'on leur donne et la direction qu'on donne à sa vie.

Assumer l'entière responsabilité de sa vie permet de sortir du mode victime pour ne plus subir sa vie ni les événements extérieurs : telle est la clé de voûte de la résilience.

JE REFUSE DE SUBIR

Je suis longtemps restée victime. Plus je subissais, moins je réagissais, plus ces situations se reproduisaient. Je me taisais, incapable de m'affirmer, pensant que ma parole et mes ressentis n'avaient pas de valeur.

Je croyais normal de subir et de se taire. J'avais un seuil de tolérance anormalement élevé. Chaque fois que je subissais une situation, je me disais que c'était moins grave que le viol. Ayant survécu au viol, je pouvais tout encaisser. Penser de cette façon était une erreur. Dans la comparaison, tout était obligatoirement moins horrible que le viol. Comme aucune situation n'était équivalente en degré de gravité, j'acceptais tout. Je restais dans une attitude de victimisation difficile à défaire.

Résignée, je pensais que c'était la fatalité. Je n'étais pas actrice de ma vie, mais victime silencieuse. Au lieu de me remettre en question, je préférais me plaindre et accuser les autres de mon malheur. Je ruminais intérieurement, en mettant à fond ma radio mentale. Il est en effet plus facile de reporter la faute sur autrui ou sur la malchance plutôt que de réaliser qu'on est responsable de sa vie et adopter une démarche de changement personnel.

Ma conviction profonde est que les situations se reproduisent jusqu'à ce que nous en prenions conscience. Cette prise de conscience et le refus de continuer à subir ces schémas répétitifs nous conduisent sur le chemin du changement.

Un jour, j'en ai eu assez de subir les événements et d'être passive. J'ai appris à poser mes limites, à pouvoir dire « stop » et « non ». Des mots simples, que l'on apprend enfant, mais qui étaient pour moi difficiles à dire.

J'ai refusé de ne pas me respecter. En m'affirmant, en mettant des limites, les choses ont commencé à se transformer. Je suis sortie du mode victime pour me réapproprier ma vie. En refusant de subir, j'ai commencé à me respecter, et c'est en me respectant que les autres ont fait de même. Le cercle vicieux s'est transformé en cercle vertueux.

OSER DIRE « NON » POUR S'AFFIRMER

On n'ose pas refuser à cause de craintes diverses : la peur de ne plus être aimé, la peur du rejet, de l'abandon, du jugement des autres, d'être traité d'égoïste. Et dire « oui » lorsque l'on pense « non », c'est subir, s'oublier, passer au second plan. Il est essentiel d'apprendre à refuser, même si c'est difficile. C'est une étape essentielle vers **l'affirmation de soi**.

Oser dire « non », au lieu d'accepter à contrecœur, c'est :

- se respecter, c'est une marque d'amour de soi ;
- fixer des limites et préserver son espace personnel, exprimer ses besoins, ses désirs, ses priorités, respecter ses valeurs,

c'est se donner la priorité au lieu de faire passer les besoins des autres avant les siens ;

- s'affirmer et reprendre le pouvoir sur sa vie, vers la liberté d'être et de faire ses propres choix. C'est pouvoir choisir et non plus subir les choix des autres ;
- rester fidèle à soi-même ;
- apprendre à se dire « oui » et à s'écouter enfin.

Toute personne qui formule une demande accepte le risque que son interlocuteur puisse répondre défavorablement, c'est un droit élémentaire. Si elle n'est pas prête à prendre ce risque, mieux vaut s'abstenir de faire des demandes !

Répondre « non » à une demande, ce n'est pas dire « non » à une personne. Nous rejetons la demande parce que nous ne souhaitons pas ou ne pouvons pas la satisfaire, mais nous ne rejetons pas la personne elle-même. Ce n'est donc pas un acte contre elle. Cette prise de conscience m'a permis de franchir un pas, de percevoir les choses sous un nouvel angle. Elle m'a aidée à pouvoir refuser une demande sans culpabiliser d'avoir fait passer mes besoins en premier.

LA RESPONSABILITÉ

Qu'est-ce que la responsabilité ?

« Responsable » signifie être capable de répondre. Le mot n'est pas à prendre au sens d'avoir causé une situation, mais, ici, d'être apte à y répondre et à agir. La responsabilité est donc la capacité à répondre à un événement, à une circonstance, à une situation.

Quand je suis responsable, je fais des choix conscients et je suis conscient de mes choix comme de mes non-choix.

De quoi suis-je responsable ?

Je suis responsable (soit capable de répondre) de :

- ce que je fais : mes actions, mes actes,
- ce que je pense : mes pensées,
- ce que je dis : mes paroles,
- ce que je ressens : mes émotions et mes sentiments.

La responsabilité est liée à la **liberté de choix**. Je suis responsable de ma propre vie, de mes choix, de mes pensées, émotions et actions.

L'autre est 100 % responsable de ses propres actes, paroles, pensées et émotions. Ce qui signifie que je ne suis aucunement responsable de ce que font, pensent, disent ou ressentent les autres.

Il est important de prendre conscience des responsabilités qui nous incombent et de celles qui ne nous reviennent pas. Pour être libre, il est essentiel d'assumer uniquement nos propres responsabilités et de refuser d'assumer les responsabilités liées aux actions, pensées, paroles et émotions des autres pour ne pas tomber dans le cercle vicieux de la culpabilité. Nous avons déjà suffisamment à faire avec nos propres responsabilités !

Responsable ne veut pas dire coupable

Responsabilité ne signifie pas culpabilité. On peut être responsable sans être coupable.

Une victime n'est pas coupable. Ce n'est pas à la victime qui a subi un préjudice que revient la responsabilité des actes commis.

Nous ne sommes responsables ni des actes commis par autrui ni des pensées et des émotions des autres. Nous ne pouvons pas deviner leurs pensées ni anticiper leurs actions. Personne n'a ce pouvoir. Il n'est donc pas possible d'être responsable d'actions qui ne dépendent pas de nous et dont nous n'avons pas le contrôle. L'unique responsable, comme l'unique coupable, est la personne qui a commis les actes.

Victime ou responsable ?

Nous sommes face à un choix : continuer à subir et rester en position de victime, ou choisir d'agir pour devenir acteur de sa propre vie en devenant responsable.

La personne victime

Voici les principales caractéristiques d'une victime.

- Elle subit une situation. Elle se sent victime des circonstances.
- Elle a tendance à l'apitoiement sur son sort, la complainte, la résignation, la soumission, la passivité, le fatalisme, l'inaction.
- Elle ne se remet pas en question.
- Elle éprouve un sentiment d'impuissance.
- Elle a une attitude fermée, elle est pessimiste, elle entretient des pensées négatives.
- Elle cherche des excuses pour justifier sa passivité, elle a une tendance à la fuite.
- Elle pense que c'est trop difficile, même impossible, de s'en sortir.
- Elle se focalise sur les problèmes, sur ce qui ne marche pas, au lieu de chercher des solutions.
- Elle rend les autres responsables de sa souffrance, la cause de ses problèmes est à l'extérieur.
- Elle reste dans sa zone de confort.

La personne responsable

Voici ses principales caractéristiques.

- Elle assume la responsabilité de sa vie.
- Elle cherche des moyens et des solutions pour changer les situations.
- Elle est active et choisit d'avancer malgré les difficultés.
- Elle entretient des pensées positives, elle refuse de s'apitoyer sur elle-même.
- Elle accepte de se remettre en question.
- Elle pense que c'est possible.
- Elle cherche à apprendre, à évoluer, à « grandir ».
- Elle demande de l'aide si besoin.
- Elle sort de sa zone de confort pour aller vers une zone d'apprentissage.

Attention, je ne porte pas de jugement sur les attitudes de victime ou de responsable. Nous passons tous par ces étapes. Soyons bienveillants envers nous-mêmes. Selon les moments de la vie et les situations, nous pouvons être un mélange de ces deux attitudes. **Mais seule l'attitude de responsabilité permet de progresser et de se transformer.**

NOTRE LIBRE ARBITRE

Il existe un lien étroit entre liberté et responsabilité : là où il y a une décision à prendre (donc la liberté de choisir), il y a toujours une responsabilité. La vie permet, à chaque instant, de faire des choix, personne ne peut les faire à notre place et nous en sommes responsables. Notre vie actuelle est le résultat des décisions que nous avons prises dans le passé, et nos choix dans le présent vont déterminer les résultats dans le futur.

Nous ne sommes pas responsables de ce qui nous advient, mais de ce nous en faisons. Nous avons le choix d'avancer, tout comme le choix de stagner, de ne rien faire et de nous laisser emporter par notre épreuve. L'une des décisions les plus importantes de notre vie est de choisir entre se considérer comme victime ou comme responsable de sa vie. Ce choix nous appartient. **Notre plus grande liberté est de pouvoir choisir, à chaque instant, la façon dont nous réagissons aux événements de la vie.**

La façon dont nous interprétons les événements relève de notre libre arbitre. Chacun de nous a sa propre grille de lecture. Chacun de nous crée donc sa propre réalité qui dépend de **l'interprétation** que nous faisons de l'événement. Aucune épreuve n'a de sens en soi, c'est notre interprétation qui lui en donne un. La bonne nouvelle, c'est que nous pouvons choisir à tout moment de changer la façon de regarder si l'interprétation ne nous satisfait plus.

Un livre m'a particulièrement inspirée en ce sens. Dans *Découvrir un sens à sa vie*, Viktor Frankl témoigne de ses années de captivité dans les camps de concentration et des conditions terribles auxquelles il a survécu. Il raconte ce qui l'a aidé à surmonter cette épreuve : « *Il y a toujours des choix à faire. Chaque jour, chaque heure, donne l'occasion de prendre une décision, une décision qui détermine si vous vous soumettez ou non à ces pouvoirs qui menacent de vous priver de votre propre liberté intérieure ; ce qui détermine si vous deviendrez ou non un jouet des circonstances, renonçant à la liberté et à la dignité pour devenir le personnage typique du détenu résigné.*[45] »

Son texte est une magnifique leçon de vie et de résilience. Face à l'adversité, nous avons toujours le choix. Viktor Frankl émet l'idée que les prisonniers qui ont survécu étaient ceux

45. Viktor E. Frankl, *op. cit.*

qui avaient trouvé un sens à leur épreuve, à leurs souffrances et à leur vie. Il a été libéré après plusieurs années de captivité dans les camps où il a perdu toute sa famille. Il a consacré sa vie à transmettre sa découverte et il a fondé la logothérapie, une psychothérapie fondée sur le sens de la vie.

À chaque instant, nous sommes libres de choisir qui nous voulons devenir, nous façonnons notre vie. Il ne tient qu'à nous de réécrire notre histoire, nous pouvons à tout moment faire le choix de devenir le héros de notre vie, d'en choisir la direction et le sens.

ASSUMER L'ENTIÈRE RESPONSABILITÉ DE SA VIE

Dans les cas de violences sexuelles, nous ne sommes pas responsables des actes subis, mais nous sommes responsables de ce que nous en faisons ensuite. C'est là que réside notre pouvoir.

En refusant d'assumer l'entière responsabilité de sa propre vie, on en fait porter le poids sur des facteurs, des circonstances ou des personnes extérieures à soi. On accuse l'extérieur d'être responsable de notre souffrance et de nos problèmes, on déplace son pouvoir dans les mains d'autrui. On reste prisonnier, en perdant la capacité d'agir sur sa vie.

En prenant la décision de ne plus se considérer comme victime, en assumant pleinement la responsabilité de sa vie, de ses pensées, ses actions et ses émotions, on récupère sa puissance personnelle en redevenant le pilote et le créateur de sa vie.

Favorisons les choix qui nous sont bénéfiques, qui nous procurent des émotions positives et agréables. Pour reprendre peu à peu le pouvoir sur notre vie, commençons à choisir et cessons de subir. Disons « Je choisis » au lieu de « Je dois » ou « Il faut que ». Être dans une dynamique de choix change beaucoup de choses !

ÊTRE VICTIME N'EST PAS UNE FIN EN SOI

Avant tout, distinguons le statut de victime et la position de victime, ce sont deux états différents, même s'il arrive souvent qu'ils se cumulent.

Le **statut de victime** résulte de la conséquence des actes subis et dont nous ne sommes pas responsables. C'est un état que l'on nous reconnaît et qui nous est octroyé puisque nous avons subi un préjudice. Il peut nous donner des droits.

La **position de victime** est le comportement personnel que l'on adopte, l'attitude que l'on a face à une situation : plaintes, apitoiement sur soi, résignation, passivité, abdication, inaction, sentiment d'impuissance, etc.

Le statut de victime

Être victime un jour ne signifie pas être victime toujours. Sortir de ce statut permet de regagner son pouvoir personnel. « Je ne suis plus une victime. Je l'ai été à un moment de ma vie, mais je ne voulais pas le rester jusqu'à la fin de mes jours. » Le statut de victime n'est pas une fin en soi.

Se sentir victime est une réaction normale et une étape nécessaire. Dans le cas de violences, cet état est **légitime**, il fait partie du processus de reconstruction, il est nécessaire à la reconnaissance du préjudice subi, mais ce n'est pas un statut que nous avons envie d'endosser à vie. C'est juste une étape qu'on peut choisir de dépasser.

Lorsque j'ai porté plainte, malgré la prescription, j'avais un besoin de reconnaissance par la société de ce statut de victime. J'ai eu également la reconnaissance de ce statut chaque fois que je racontais mon histoire. Par chance, personne n'a mis ma parole en doute. J'ai eu besoin, dans un premier temps, de m'approprier ce statut, mais **le mot « victime » est réducteur et limitant.**

La position de victime

Le statut de victime nous donne le droit d'aller mal. Les gens et la société s'attendent à ce qu'on adopte des comportements de victime : se lamenter sur son sort, se résigner, déprimer, rester passive, éprouver de la rancœur, des ressentiments, de la colère, et manifester un désir de vengeance. On n'attend pas d'une victime qu'elle soit heureuse, qu'elle s'en sorte et se reconstruise, car l'état de victime est à l'opposé du bonheur.

De fait, ce statut peut procurer des bénéfices – l'attention des gens, la compassion, la reconnaissance, l'autorisation à rester inactif –, mais ils sont temporaires et limités. En outre, **adopter ces comportements nous place en position de victime.** Rester dans cette position, c'est aussi se tenir dans sa zone de confort : même si souffrance, tristesse, résignation et rumination font mal, cette douleur chronique nous maintient en terrain connu et nous réconforte.

Pour ma part, même si j'étais heureuse d'avoir des marques d'attention, de l'écoute et de la reconnaissance, je ne voulais surtout pas susciter la pitié des gens ni que l'on pense : « La pauvre, elle n'a pas de chance, sa vie est gâchée, elle ne pourra plus être heureuse. » Avoir ces pensées sur les victimes, c'est sous-estimer leur capacité de résilience !

LE DANGER DE L'IDENTITÉ DE VICTIME

Le danger de rester enfermé dans ce statut est qu'il devienne identitaire. **Les épreuves ne nous constituent pas et ne nous**

définissent pas. Ce sont des événements douloureux de notre vie, mais ce n'est pas notre vie entière.

Le cercle de la victimisation peut durer longtemps. En s'y maintenant, on perd le pouvoir sur sa vie. En faisant de ce statut de victime une identité, on se laisse définir par un traumatisme, mais on court aussi le danger de s'ancrer dans la souffrance en entretenant son souvenir. L'étiquette de victime freine toute évolution et contraint à la passivité. Elle inhibe la responsabilisation.

On est victime dans son parcours à un moment, mais cela doit rester une étape **temporaire**. Une victime a le droit de laisser le passé derrière elle et de se défaire de cette étiquette pour avancer.

JE NE SUIS PLUS VICTIME, JE SUIS RÉSILIENTE

À la place du mot « victime », je choisis celui de **« résiliente »**. Il est plus approprié et porteur d'espoir. Dans le mot « résiliente », j'entends les mots « renaissance, force, courage, reconstruction, transformation, sublimation ». Je ne suis donc pas à plaindre, mais au contraire digne d'admiration pour ma force, ma persévérance et mon courage.

Dans le processus de résilience, la personne fait un travail pour s'en sortir et elle ne le doit qu'à elle-même, c'est elle qui fait ce chemin. La résilience naît au cœur de l'individu, elle ne vient pas de l'extérieur ni des autres, elle est intérieure. La personne résiliente est à la source de sa reconstruction, elle a le potentiel et les ressources en elle pour rebondir après son épreuve. Elle est active dans le processus et détient le pouvoir sur sa vie.

LA FIN DES EXCUSES ET DES PRÉTEXTES

« LES GAGNANTS TROUVENT DES MOYENS,
LES PERDANTS DES EXCUSES. »

Franklin D. Roosevelt

L'excusite

Pendant longtemps, j'ai inventé des excuses. J'étais atteinte, comme beaucoup, de la « maladie de l'excusite » ou l'art de trouver des excuses. Quand j'ai lu ce mot « Excusite » pour la première fois, il m'a fait rire, mais j'ai dû avouer que j'en avais les symptômes. Je fuyais en refusant d'assumer ma part de responsabilité.

« Je n'ai pas le temps ! » était l'une de mes excuses préférées. J'avais pourtant le temps pour des futilités, surfer sur mes réseaux sociaux et jouer sur mon téléphone. En travaillant sur moi, j'ai pris conscience que c'était une fausse excuse. Il aurait été plus juste que je dise : *« Ce n'est pas ma priorité. »*

En cherchant des prétextes, des excuses ou des justifications à nos comportements, nous nous comportons en victimes. Avec cette mauvaise habitude de chercher un coupable, en rejetant la faute et les torts sur autrui ou sur une situation, en blâmant et en critiquant l'extérieur, nous lui attribuons la responsabilité de notre mal-être et de nos malheurs. C'est à cause du travail, de mon patron, de mon compagnon, de mes enfants, du mauvais temps, de la maladie, des grèves, de la crise, du gouvernement, des manifestations, des autres... C'est sans fin. Et ce n'est pas en désignant un bouc émissaire que nous pourrons changer la situation.

Tant que nous sommes atteints de l'excusite et que nous n'en avons pas conscience, nous restons dans le déni. Pour changer ce qui ne nous convient pas, il est nécessaire d'identifier ce comportement, de se remettre en question et d'assumer sa part de responsabilité.

Le danger de l'excusite, c'est de donner à quelqu'un (ou à une situation) un pouvoir sur notre vie au lieu d'en assumer l'entière responsabilité. En trouvant des prétextes et des excuses, nous justifions notre inaction en endossant le rôle de la victime passive : « Je suis victime, je ne suis pas responsable. Ce n'est donc pas de ma faute. Comme je ne suis pas responsable, je ne peux rien faire pour changer cela, je subis et je reste passif. » C'est une façon de fuir et de se mentir à soi-même, car il est plus facile d'attribuer la faute aux autres que d'admettre que nous sommes seul responsable de nos choix et de notre vie.

Prendre conscience de la responsabilité de sa vie

« Les bateaux ne coulent pas à cause de l'eau autour d'eux.
Les bateaux coulent à cause de l'eau qui rentre à l'intérieur. Ne laissez pas les événements qui surviennent autour de vous pénétrer votre esprit et vous faire couler. »

Anonyme

Si j'ai un rendez-vous important, à moi de prendre mes précautions et de mettre suffisamment tôt mon réveil pour arriver à l'heure. Ce n'est pas la faute du réveil si je ne l'ai pas entendu, ni la faute de mes enfants qui m'ont retardée, ni la faute d'un ami qui m'a appelée en chemin, ni la faute du métro que j'ai raté, ni la faute des grèves ! Même si c'est difficile à admettre, la responsabilité me revient.

La cause n'est pas à chercher à l'extérieur, mais toujours en soi. Nous sommes les seuls responsables de nos ressentis et de notre perception des événements. Personne d'autre ne tient la télécommande de notre vie. Prendre conscience que nous sommes acteurs de notre vie et libres de nos décisions permet de sortir d'un statut passif de victime à un rôle actif et nous fait devenir maître de notre destin.

Souvent, on espère que notre situation pourra changer si les autres changent. Mais les autres ne changeront pas pour nous, ni même par amour. Les gens changent uniquement s'ils en ont envie, jamais pour une autre raison. Nous n'allons donc pas attendre indéfiniment un changement qui n'aura sans doute jamais lieu et reporter notre vie à plus tard !

Si nous persistons à subir notre vie, nous courrons le risque d'attirer des persécuteurs et des bourreaux qui nous feront revivre en boucle les mêmes situations, jusqu'à ce que nous prenions conscience de notre part de responsabilité.

Être responsable, c'est reprendre le pouvoir sur sa vie. Reprenons notre vie en main pour réécrire l'histoire dont nous sommes le héros et non la victime. C'est à nous de nous changer si nous voulons que les choses changent autour de nous. Notre monde extérieur sera toujours le reflet de notre monde intérieur. Pour agir sur sa vie, il faut commencer par changer son monde intérieur.

DEVENIR SON PROPRE GUÉRISSEUR

« Personne ne peut nous sauver, à part nous-même.
Personne ne peut et personne ne le fera
pour nous.
Nous devons nous-mêmes marcher
dans notre propre voie. »

Bouddha

Il n'est possible d'agir que sur soi. Pour transformer sa vie, il faut commencer par se changer soi-même. La guérison ne viendra pas de l'extérieur, personne ne peut vous guérir à votre place. La guérison vient d'abord de soi, chacun est responsable de sa propre guérison. Nous avons tous en chacun de nous le pouvoir de guérir toute blessure de l'âme.

Personne ne peut vous sauver non plus. Aucun thérapeute, ni coach, ni gourou ne peut vous guérir. Personne n'a ce pouvoir. Les gens peuvent vous accompagner sur le parcours de votre autoguérison, avec votre accord, mais c'est à vous de faire le travail et d'avancer sur le chemin. **C'est vous qui vous guérissez vous-mêmes de l'intérieur.**

Devenez votre propre guérisseur. Vous seul avez le pouvoir de métamorphoser votre vie.

C'EST À VOUS !

Que dites-vous quand vous vous comportez en victime ? Et que dites-vous quand vous avez une attitude responsable ?

Mes excuses / En mode victime passive	**J'assume mes responsabilités / En mode acteur de ma vie**

CHAPITRE 9

Nous ne sommes pas nos épreuves

« L'IMPORTANT N'EST PAS CE QU'ON FAIT DE NOUS, MAIS CE QUE NOUS FAISONS NOUS-MÊME DE CE QU'ON A FAIT DE NOUS.[46] »

Jean-Paul Sartre

Nous ne pouvons pas changer le passé. Mais nous pouvons changer la perception que nous en avons et modifier l'interprétation du traumatisme pour nous libérer de son influence dans notre présent. Cela permettra de changer notre état émotionnel lié à ce souvenir et de nous libérer des souffrances associées.

Changer son angle de perception signifie voir le passé avec un nouvel œil : non plus sous ses aspects négatifs, mais avec ses

46. Jean-Paul Sartre, *Saint-Genet, comédien et martyr*, Paris, Gallimard, 1952.

apprentissages, au regard de la personne qu'il nous a permis de devenir. Nos épreuves les plus difficiles sont des facteurs d'évolution et de croissance. Chaque cicatrice nous apprend quelque chose, nous fait progresser et nous dépasser.

Rester prisonnier de son passé signifie le laisser diriger notre vie. C'est comme conduire une voiture en regardant uniquement dans le rétroviseur, sans regarder la route devant soi. Difficile, dans ces conditions, de savoir où aller et d'éviter l'accident ! Laissons le passé là où il est. Tout comme un bateau qui avance sur l'eau laisse un sillage derrière lui, le passé est ce sillage : une trainée d'écume à laisser derrière soi.

Tout événement, aussi douloureux soit-il, renferme en lui le germe de la croissance. Qu'il devienne votre point de départ vers une nouvelle vie ! Vous avez survécu à toutes vos épreuves. Peu importe l'épreuve, ses difficultés, les souffrances endurées, vous êtes vivant.

Vous avez été blessé. Vos blessures sont encore vives et attendent d'être cicatrisées. Vous avez peur d'être à nouveau blessé et de souffrir. Vous êtes à terre et craignez de ne pas vous relever. Vous doutez de vos capacités et vous manquez de confiance en la vie et en vous-même. Je sais tout cela pour l'avoir vécu moi-même. C'est parce que j'ai mes propres blessures que je suis capable de reconnaître les vôtres. C'est parce que j'ai pu guérir que je sais que vous en êtes capable. Vous avez en vous ce potentiel.

Vous n'êtes ni votre blessure ni la souffrance qui lui est liée. Le chapitre le plus important de votre vie n'est pas votre épreuve, c'est **l'après-épreuve** : ce que vous mettez en place, comment vous guérissez votre blessure et la sublimez, le sens que vous lui en donnez. **C'est ce parcours initiatique, ce chemin de transmutation et d'alchimie où vous transformez le plomb en or qui est le chapitre le plus riche et le plus inspirant de votre histoire.**

Comme la chenille se métamorphose en papillon, vous êtes appelé à vous transformer en la meilleure version de vous-même et à renaître à la vie. Savez-vous comment s'opère la métamorphose de la chenille ? Elle passe par une phase de décomposition, puis de recomposition. La chenille se décompose dans son cocon, et ses cellules se reconstruisent à partir de cette « bouillie décomposée » de chenille pour former un nouvel être : le papillon. Telle la chenille, après une phase de destruction, vous vous reconstruirez à partir de vos morceaux brisés pour donner naissance à une nouvelle version de vous. Le moment venu, vous sortirez du cocon, symbole de votre passé, et vous le laisserez derrière vous. Il est nécessaire de vous en libérer, comme le papillon, puis de déployer vos ailes magnifiques pour vous envoler. Une nouvelle vie vous attend en dehors du cocon.

UNE ÉPREUVE NE NOUS DÉFINIT PAS ET NE CONDITIONNE PAS LE RESTE DE NOTRE VIE

« Si je ne peux changer une situation, je peux en transformer le sens.[47] »

Jacques Salomé

Nous avons tous des épreuves à surmonter. Chacun d'entre nous en rencontre tout au long de son existence, violences, sexuelles ou non, maladie, handicap, séparation ou divorce, perte des êtres chers, burn-out, dépression, attentat, guerre…

47. Jacques Salomé, *Bonjour Tendresse*, *op. cit.*

Nos épreuves et nos fragilités ne sont pas notre destinée. Aussi traumatique que soit l'épreuve, elle ne constitue pas notre identité et ne conditionne pas le reste de notre vie. Elle ne représente qu'un chapitre et ne détermine à l'avance ni notre présent ni notre avenir. Toute notre vie ne se résume pas au traumatisme subi. Nous sommes infiniment plus riches que cela.

Une épreuve laisse une empreinte, une cicatrice. Elle nous forge ou nous emporte. Mais nous ne sommes pas nos épreuves. Le viol subi dans mon enfance représente juste un chapitre de ma vie, mais il ne me définit pas. Je ne serai pas celle que je suis aujourd'hui si je n'avais pas eu à surmonter cette épreuve. Je suis fière de celle que je suis devenue et de tout ce chemin parcouru. Chaque pas en valait la peine et avait son importance. Je ne regrette rien. S'il fallait que j'apprenne toutes ces leçons de vie pour les transmettre dans ce livre, alors rien de ce que j'ai vécu n'a été en vain et tout prend son sens.

Après toute épreuve traumatique, il y a un avant et un après. Mais l'après peut être tellement mieux ! Ce chemin de résilience est possible, vous avez en vous les ressources nécessaires.

Le livre de notre vie

Chaque vie humaine est unique. Je vais la symboliser par un livre. Nous sommes tous le héros du roman de notre vie. L'épreuve du viol représente quelques pages du livre. Il forme un chapitre, mais ne représente pas le livre entier.

Avez-vous déjà lu un livre qui ne contenait qu'un seul chapitre, celui de l'épreuve ? Avez-vous déjà lu un roman où le héros connaît un bonheur perpétuel sans traverser de difficultés ? Moi, non. Dans tout roman, un héros traverse des épreuves. Nous poursuivons la lecture pour connaître la suite de l'histoire, découvrir comment il fait pour surmonter ses épreuves, comment il réussit à avancer et ce qu'il met en place pour rebondir malgré les difficultés. C'est tout ce parcours que nous souhaitons lire.

Dans le roman de votre vie, avez-vous envie de relire continuellement la même page, celle du drame, ou de lire en boucle le même chapitre et entretenir ainsi la mémoire du traumatisme ? Non. Par contre, ce chapitre sera toujours présent dans ce livre, il fait partie intégrante de l'histoire et ne peut être effacé.

Comme tout le monde, j'ai subi plusieurs épreuves dans ma vie, et celle du viol était la plus difficile. Mais ce chapitre de ma vie est désormais clos, j'ai tourné la page. Un jour, j'ai fait le choix de ne pas rester une victime et d'avancer. J'ai eu envie de connaître la suite de mon histoire.

Il y a une bonne nouvelle : dans le roman dont vous êtes le héros, la suite de l'histoire n'est pas écrite d'avance. Les pages restantes sont vierges et c'est vous qui écrivez la suite. **Le présent et le futur vous appartiennent.**

Tout ce qui est écrit avant ne peut être modifié. Même avec la meilleure volonté du monde, il est impossible de changer le passé. Nul n'a ce pouvoir. En revanche, je peux changer mon présent, aujourd'hui, et mon avenir, demain. Je suis l'artiste de ma vie, à la fois l'auteure, la réalisatrice, la productrice, mais surtout l'actrice, celle qui tient le rôle principal !

Je suis heureuse aujourd'hui. Cette renaissance est possible parce que j'ai pris conscience que cette épreuve fait partie de moi et je l'accepte. Cette cicatrice reste en moi, mais elle ne me définit pas. Je suis infiniment plus riche que ça : j'ai des passions, des rêves et des projets. J'ai envie de réaliser de grandes choses.

SE RÉAPPROPRIER SON HISTOIRE

« La vie est comme un livre.
Ne saute aucun chapitre
et continue de tourner les pages.
Tôt ou tard, tu comprendras pourquoi
chaque chapitre était nécessaire. »

Bernard Werber

Votre épreuve est initiatique

Depuis l'adolescence, j'adore les romans d'apprentissage, encore appelés romans initiatiques ou d'initiation. Le lecteur y suit le héros de sa jeunesse, le long de ses années d'apprentissage, jusqu'à sa maturité. Le héros évolue, apprend, se forme par des expériences, progresse et mûrit grâce aux épreuves qu'il surmonte.

Notre vie est un roman d'apprentissage dont nous sommes le héros. **Nos épreuves de vie sont initiatiques**, elles nous amènent à nous dépasser pour aller vers le meilleur de nous-mêmes. Ne faisons pas de notre épreuve une prison où nous nous enfermons. Les difficultés sont des étapes nécessaires vers le succès. **Il n'existe pas de réussite sans obstacles. Ils font partie du chemin.**

Chaque épreuve porte en elle le germe du changement, car elle nous ouvre à des possibilités nouvelles, elle nous conduit vers des parts de nous que nous ne serions certainement pas allés explorer. Nous pouvons, à travers les difficultés, vivre des expériences profondément transformatrices. Elles sont une occasion d'apprendre, d'évoluer et renferment en elles de grandes leçons de vie.

Nous sommes en permanence en train d'écrire et de recréer notre histoire. Pour la changer, commençons une nouvelle page qui n'existe pas encore. Nous avons cette incroyable faculté de tout recommencer, de tout surmonter et de tout reconstruire. Notre histoire nous appartient, à nous de nous la réapproprier, d'en devenir le scénariste. Nous pouvons réécrire notre histoire à chaque instant, laisser mourir le passé derrière soi et tourner la page pour écrire la suite du roman. Chaque jour, nous avons l'occasion de choisir la personne que nous voulons devenir. C'est ce voyage du héros que je vous invite à écrire et à vivre.

Vous n'êtes pas brisé, vous êtes en devenir : vous vous recréez à chaque instant.

Le danger de l'histoire unique

Dans sa magnifique conférence TED[48], Chimamanda Ngozi Adichie[49] explique le danger de l'histoire unique qui crée des stéréotypes incomplets et diffuse des croyances limitantes.

J'ai moi-même cru pendant longtemps aux histoires uniques, inculquées par mes lectures, mon éducation et la société. J'ai entretenu cette idée, souvent de façon inconsciente. Je faisais de mon épreuve traumatique une histoire unique dont j'avais du mal à me défaire et je l'entretenais en revenant sans cesse à ce qui m'était arrivé.

Voici un exemple d'histoire unique sur les violences sexuelles que beaucoup d'entre nous continuent de croire, à tort. Dans l'imaginaire collectif, un viol a lieu en pleine nuit dans une ruelle sombre et déserte, il est commis par un inconnu armé qui agit sous le coup de ses pulsions. La victime est une jeune femme qui est là au mauvais endroit et au mauvais moment. Les viols sortant de ce schéma sont difficilement crédibles

48. TED : *Technology, Entertainment and Design* [Technologie, Divertissement et Design]
49. *"The danger of a single story"* [Le danger d'une histoire unique], conférence TED, 2009. Disponible sur : https://www.ted.com/talks/chimamanda_ngozi_adichie_the_danger_of_a_single_story

pour beaucoup puisque c'est l'unique représentation qu'ils en ont ou qui leur a été transmise par des récits, la littérature, le cinéma, les médias, la société, etc.

Mais la réalité est tout autre : statistiquement, très peu de viols entrent dans les critères de l'imaginaire collectif. Dans la grande majorité des cas, le violeur est connu de la victime et fait partie de son entourage. Nous sommes à mille lieues d'une histoire unique.

Voici une autre histoire unique à laquelle j'ai cru pendant longtemps, elle concerne le stéréotype de la victime de violences sexuelles. Dans cette histoire, la victime est condamnée à être victime et malheureuse le reste de ses jours. Elle ne peut plus être heureuse après le drame, ne pourra jamais s'en remettre et attire la pitié des autres. Ses proches et la société entière attendent d'elle un comportement de victime, passive, résignée, dévastée, dépressive. Cette étiquette devient son identité.

Beaucoup partagent encore cette croyance limitante. Elle est totalement fausse et je suis fière de faire mentir ce stéréotype. Nous ne sommes pas condamnés et nous ne sommes pas limités. Les histoires uniques sont des prisons. Libérons-nous des stéréotypes.

Votre histoire n'est jamais écrite à l'avance, elle ne suit pas un chemin prédéterminé. Il ne tient qu'à vous d'en changer le scénario. Ne restez pas prisonniers de l'histoire que vous vous racontez sur vous-mêmes. Vous avez la clé de votre prison. Utilisez-la pour vous en libérer et réécrivez votre histoire.

LE POUVOIR DE L'ÉCRITURE

L'écriture est thérapeutique et elle a un pouvoir libérateur incontestable. Elle est une technique de libération émotionnelle et permet de se reconnecter à son cœur et à son être.

Écrire est un acte d'autoguérison et possède un pouvoir de transformation. L'écriture permet de guérir de son passé, de construire le présent et de créer son avenir. Réécrire son histoire est un merveilleux outil de résilience. L'écriture permet de remanier ses traumatismes et de les transcender.

L'écriture a une valeur symbolique et permet la libération de ses souffrances. Il y a trois façons de se libérer : par la parole, par les actes et par l'écriture. Écrire ne nous met pas en position frontale avec la personne qui nous a blessés, comme ce serait le cas au cours d'une confrontation ou d'un procès. Elle est aussi un moyen de libération lorsqu'il nous est difficile de parler.

Écrire permet de mettre de l'ordre dans son chaos intérieur, de faire un travail d'acceptation de ce qui est arrivé, de reconnaissance de ses souffrances et de reconnexion à ses émotions. Écrire permet le lâcher-prise et la libération intérieure.

L'écriture permet encore de reprendre le pouvoir sur sa vie : chacun d'entre nous peut écrire l'histoire dont il est le héros. Parce que rien n'est figé ni écrit à l'avance, nous avons le pouvoir d'orienter notre vie. Le passé ne peut être changé, mais le présent nous appartient, à nous de l'écrire, rien n'est prédéterminé. Le futur résultera des choix que nous faisons et des actions que nous mettons en place dans le présent.

Je vous invite à écrire le roman de votre vie. C'est le chemin que j'ai choisi et l'écriture a eu, pour moi, un effet transformateur. Lorsque j'ai commencé à écrire mon histoire, à mettre des mots sur ce qui m'est arrivé, j'ai cessé de ruminer le passé. Puisque c'était écrit, je n'avais plus besoin de le ressasser, car ce qui est inscrit ne s'efface plus. J'ai pu enfin éteindre ma radio mentale. Quelle libération !

L'écriture a été une thérapie précieuse pour moi. De mon journal de guérison à mon blog, elle m'a menée jusqu'à l'écriture du livre que vous tenez entre les mains, quelle aventure !

DES EXERCICES D'ÉCRITURE LIBÉRATRICE

Mes conseils

- L'écriture est un exercice d'introspection et de connexion à soi. Trouvez un endroit calme où vous ne serez pas dérangé.
- Il est important de se donner la permission d'écrire. Accordez-vous ce droit !
- Avant de commencer, prenez le temps de méditer ou de faire des cycles de respiration pour vous reconnecter à vous-même.
- Écrivez à la main, l'exercice sera plus puissant. Le geste a un rôle dans l'acte de libération.
- Écrivez pour vous, sans critiques ni jugements. Peu importe le style, la grammaire, la structure ou l'orthographe.
- Connectez-vous à vos cinq sens et notez par écrit vos sensations, vos ressentis, si cela appelle des odeurs, des formes, des couleurs, des sons particuliers, des goûts, etc.
- Lancez-vous et écrivez sans retenue ni censure, tout ce qui vous vient, ce qui veut s'écrire, tout ce qui veut sortir et s'exprimer. En extériorisant tout cela, on s'affranchit peu à peu de ses souffrances et on se libère de l'événement traumatique.

INVENTEZ UN ACROSTICHE

Pour commencer ce travail d'écriture, je vous propose de faire l'acrostiche de votre prénom et de votre nom. Un acrostiche est un poème dont les initiales de chaque vers, lues verticalement, composent un mot. Écrivez votre prénom verticalement et inscrivez, pour chaque lettre, un mot qui vous caractérise positivement. Cela peut être une qualité que vous voyez en vous (ou que les autres voient), une de vos valeurs ou un mot qui résonne fortement en vous. Continuez, si vous le souhaitez, avec l'acrostiche de votre nom de famille.

À titre d'exemple, voici l'acrostiche de mon prénom et de mon nom :

A comme Amour

N comme Naturelle

Y comme Yin & Yang

A comme Authentique

T comme Transformation

S comme Sensibilité

A comme Alchimiste

I comme Inspirante

Après avoir rédigé votre acrostiche, relisez-le et imprégnez-vous de chaque mot.

Que ressentez-vous ?

. . . .

. . . .

. . . .

. . . .

RÉDIGEZ L'HISTOIRE DONT VOUS ÊTES LE HÉROS

« C'EST VOTRE ROUTE ET SEULEMENT LA VÔTRE.
D'AUTRES PEUVENT S'Y JOINDRE
ET MARCHER AVEC VOUS, MAIS PERSONNE NE PEUT
MARCHER POUR VOUS. »

Rûmi

Continuons avec un autre exercice d'écriture pour vous réapproprier votre histoire. Je vous propose d'écrire l'histoire dont vous êtes le héros, avec vos propres mots.

Il peut être difficile de commencer à écrire et de trouver les premiers mots devant une page blanche. Parfois, beaucoup de choses viennent à l'esprit et on ne sait pas par où commencer. Cet exercice est un long moment d'écriture, n'hésitez pas à le faire en plusieurs étapes. Il n'est pas obligatoire d'écrire d'une traite.

Un conseil que je peux donner est de commencer à marquer les sous-parties de votre histoire, comme si vous mettiez un titre pour résumer les étapes importantes. Avoir un fil conducteur est généralement une aide précieuse, c'est le cas par exemple quand on écrit un livre. Cela apporte de la clarté et une direction à suivre. Il suffit ensuite de développer chaque sous-partie, le tout à votre propre rythme. Vous pouvez par exemple écrire une sous-partie, laisser reposer quelques jours, puis reprendre la suite quand vous vous sentez prêt à continuer.

Si des pensées récurrentes se présentent, écrivez toutes les pensées qui tournent en boucle, il est temps de soulager votre esprit, de le libérer. Couchez sur le papier ce qui vous perturbe, vos émotions et vos ressentis.

On peut avoir une peur de revivre l'événement traumatique ou de retourner dans le passé. Si c'est le cas, ne vous forcez pas si vous sentez que c'est encore trop tôt. Revenez dans ce cas au moment présent et commencez à écrire l'histoire à partir d'aujourd'hui. Écrivez ce qui veut bien s'écrire à l'étape où vous êtes.

Puis continuez en écrivant l'histoire où vous avez le premier rôle : celui du héros. Mettez en avant les qualités que vous avez développées, les ressources que vous avez dû mettre en place face à l'épreuve, les apprentissages que vous avez faits sur votre chemin, les leçons de vie que vous avez tirées de cette épreuve.

ÉCRIVEZ UNE LETTRE À VOTRE ENFANT INTÉRIEUR

La lettre symbolique écrite à son enfant intérieur est un exercice puissant et réparateur. Dans cette lettre, écrivez ce que vous aimeriez dire à votre enfant intérieur, tout ce que votre cœur vous dicte, ce que votre enfant intérieur a besoin d'entendre.

Voici quelques propositions pour vous guider. Vous pouvez vous en inspirer ou écrire les vôtres :

- L'émotion des retrouvailles : *« Je suis si heureuse de t'avoir retrouvée ! Dans le passé, je t'ai laissée seule, je t'ai délaissée, je t'ai négligée. J'en suis sincèrement désolée. Excuse-moi de t'avoir oubliée si longtemps. »*
- Reconnaître les souffrances de son enfant intérieur, lui dire à quel point il a été courageux et fort, qu'il a fait de son mieux, qu'on est fier de lui : *« Je sais que tu as beaucoup souffert. Tu as été si courageuse. Je suis tellement fière de toi. »*
- Le consoler, le rassurer : *« Je suis désormais là pour toi. Maintenant que je t'ai retrouvée, tu ne seras plus jamais seule. Tu peux compter sur moi. Je vais prendre soin de toi. »*
- Lui dire qu'on l'aime et qu'on reviendra le voir : *« Je t'aime infiniment. Je sais où te trouver maintenant. Je reviendrai, je te le promets. »*

CHAPITRE 10

Se recentrer sur le moment présent

« AUJOURD'HUI EST LE PLUS BEAU JOUR DE NOTRE VIE,
CAR HIER N'EXISTE PLUS
ET DEMAIN NE SE LÈVERA PEUT-ÊTRE JAMAIS.
LE PASSÉ NOUS ÉTOUFFE DANS LES REGRETS
ET LES REMORDS, LE FUTUR NOUS BERCE D'ILLUSIONS.
APPRÉCIONS LE SOLEIL QUI SE LÈVE,
RÉJOUISSONS-NOUS DE LE VOIR SE COUCHER.
ARRÊTONS DE DIRE « IL EST TROP TÔT »
OU « IL EST TROP TARD », LE BONHEUR EST LÀ,
IL EST L'INSTANT PRÉSENT. »

Bruno Combes[50]

50. Bruno Combes, *Seulement si tu en as envie…*, Michel Lafon, Neuilly-sur-Seine, 2016, chapitre 13, « L'instant présent ».

Nous passons souvent à côté d'une chose essentielle, l'instant présent. Parfois, nous avons un train d'avance et nous nous projetons dans un futur hypothétique : on espère, on se projette, on anticipe, on vit dans l'attente, on s'inquiète, on s'impatiente quand cela ne va pas assez vite. Anticiper le futur est source d'angoisse, d'inquiétude, même d'anxiété. Parfois, au contraire, nous restons bloqués dans le passé : on rumine, on ressasse, on a des regrets en pensant que c'était mieux avant. En étant dans l'instant d'avant, nous oublions qu'il est impossible de changer ce qui est arrivé. La meilleure chose pour avancer est de laisser le passé là où il doit être : derrière soi.

C'est fréquemment le cas après avoir subi des violences sexuelles : on reste trop souvent bloqué dans le passé avec des ruminations qui entretiennent la mémoire du traumatisme ou on s'inquiète de l'avenir alors qu'il n'est pas encore là.

Le présent est le seul moment qui existe. C'est le seul où vous avez le pouvoir d'agir, de guérir vos blessures, de vous transformer et de créer la vie de vos rêves. Tout ce qui est n'existe qu'ici et maintenant, dans cet instant présent qui est celui de tous les possibles.

L'IMPERMANENCE DES CHOSES

« Tout est changement, non plus pour ne plus être, mais pour devenir ce qui n'est pas encore.[51] »

Épictète

---

51. Citation d'Épictète, apparaissant dans le livre de Marc Aurèle, *Pensées pour moi-même*, Livre XI pensée XXXV, Flammarion, Paris, 1964.

« Il n'y a que deux certitudes dans nos vies : la première, c'est que nous allons mourir. La seconde, c'est que, pour le moment, à cet instant, nous sommes en vie », dit très justement Christophe André[52].

La vie elle-même est impermanente, nous sommes ici pour une durée limitée. Après notre départ, la vie continuera. Rien ne dure ni ne demeure, tout passe. Cela vaut pour tout, pour les moments douloureux comme pour les instants de bonheur.

Le fleuve de la vie : la vie est mouvement

Dans *Le sens du bonheur*, le philosophe et sage indien Krishnamurti partage cette belle métaphore de la vie :

« *Je ne sais pas si vous avez remarqué au cours de vos promenades cette mare longue et étroite en bordure du fleuve. [...] elle regorge d'écume, car elle n'est pas connectée à la vie du fleuve, et il n'y a pas de poissons dans ses eaux stagnantes, alors que celles du fleuve, profondes, pleines de vie et d'énergie, s'écoulent à un rythme rapide. Ne pensez-vous pas que les êtres humains sont à cette image ? Ils se creusent une petite mare à l'écart du courant rapide de la vie, et dans cette petite mare ils stagnent et meurent, et c'est cette stagnation, cette déchéance qu'on appelle l'existence. [...] nous voulons tous un état de permanence ; nous voudrions que certains désirs durent toujours, que les plaisirs soient sans fin. Nous creusons un petit trou [...] puis nous mourons là, laissant échapper la vie – cette vie qui, elle, est impermanente, perpétuellement changeante, qui coule à si vive allure, qui a des profondeurs immenses et une vitalité, une beauté si extraordinaires*[53]. »

---

52. Christophe André, *Je médite, jour après jour. Petit Manuel pour vivre en pleine conscience*, L'iconoclaste, Paris, 2015.
53. Jiddu Krishnamurti, *Le Sens du Bonheur*, chapitre 17, « Le fleuve de la vie », Éditions Stock, Paris, 2006. Traduit de l'anglais par Colette Joyeux.

La loi universelle de l'impermanence

Rien n'est permanent, à part le changement. Tout dans l'univers est soumis à cette loi de l'impermanence : tout a un début et une fin. La vie est mouvante et changeante. Tel un fleuve, elle est en continuel mouvement. La nature en est le parfait exemple, elle est en perpétuelle croissance et tout ce qui est statique meurt. Lorsqu'une plante n'est pas en croissance, elle commence à mourir.

Il en est de même pour l'être humain : nous sommes là pour croître. Si nous cessons d'apprendre et d'évoluer, nous commençons à stagner : c'est une avancée vers la mort.

Tout se transforme sans cesse, rien n'est figé, rien ne demeure. Aucune situation ni émotion ne dure éternellement. Elles ne s'installent que si nous nous y accrochons et si nous alimentons leur souvenir.

En refusant de lâcher le passé, nous lui donnons du pouvoir sur notre présent. En entretenant son souvenir douloureux, en le renforçant par nos pensées, nous restons attachés au passé, comme agrippés à la branche morte d'un arbre.

L'origine des souffrances

Il y a deux causes de souffrances : la souffrance passée, qui continue à vivre en nous, et celle que nous créons dans le présent par nos pensées.

Les souffrances du présent sont liées à la résistance et à la non-acceptation, en entretenant l'illusion que nous aurions pu changer le passé, en imaginant qu'il aurait pu être différent. Lorsque nous sommes insatisfaits de notre passé, nous essayons de le modifier par la pensée en le ressassant continuellement. Ce passé est ainsi sans cesse projeté dans le présent, au lieu d'être laissé où il doit être : derrière soi.

Nos souffrances actuelles ne sont pas causées par l'événement traumatique lui-même, mais par l'entretien de leur souvenir douloureux. Nous ravivons la blessure qui ne peut pas cicatriser tant que nous la nourrissons dans le présent, en revivant le traumatisme et les émotions associées.

Si nous ne pouvons agir sur le passé, nous pouvons en modifier la perception et revoir notre attitude à son égard. L'épreuve est derrière vous. C'est l'ego, c'est-à-dire le « faux soi » qui agit quand on s'identifie à ses pensées, qui s'accroche à cette blessure en la projetant constamment dans le présent, en la faisant revivre mentalement. L'ego résiste et ne veut rien lâcher. Il alimente les souffrances, au lieu d'accepter ce qui est. En résistant, nous choisissons de rester prisonniers du passé, nous ne sommes pas libres.

Ce à quoi nous résistons persiste. **Seul ce dont nous prenons conscience peut disparaître.**

Tant que nous ne sommes pas libérés de notre passé, nous endossons à la fois le rôle de la victime et celui du bourreau. Nous devenons notre propre bourreau en créant des souffrances dans le présent.

Vous avez fait le mieux possible à chaque moment de votre vie, avec les éléments qui vous étaient donnés et le niveau de conscience que vous aviez. Apprenez maintenant à faire preuve de bienveillance envers vous-même, à vous pardonner pour retrouver la paix intérieure.

Conte de la bague et du roi : cela passera aussi

La légende raconte qu'un jour, le roi demanda aux sages de sa cour de lui fabriquer un anneau spécial. « J'ai acheté l'un des plus beaux diamants du monde, je veux cacher dans l'anneau un message qui puisse servir dans les moments de désespoir. Cela sera mon héritage. Ce doit être une phrase courte, que je placerai sous le diamant de la bague. »

Les sages réfléchirent longtemps, mais en vain : s'ils pouvaient écrire des essais, ils n'étaient pas capables d'écrire un message court, ne contenant pas plus de deux ou trois mots, qui puisse aider dans les moments difficiles…

La mère du roi était morte prématurément et le roi avait été élevé par un vieux serviteur qui avait pris soin de lui. Ce serviteur était donc traité comme un membre de la famille. Le roi, qui éprouvait un grand respect pour le vieil homme, décida d'aller le consulter.

Le vieil homme dit : « Je ne suis ni sage, ni instruit, ni académique, mais je connais un message. On me l'a transmis petit et cela m'a beaucoup aidé durant ma vie au palais. »

Le vieil homme écrivit quelque chose sur un morceau de papier, le plia et le tendit au roi. « Mais ne le lisez pas. Gardez-le caché dans l'anneau et ne l'ouvrez que lorsqu'il n'y aura pas d'autre choix. »

Des années plus tard, il y eut une invasion du royaume et le roi perdit la bataille. Il s'enfuit sur son cheval, mais ses ennemis le suivirent. Il était seul et les ennemis étaient nombreux. Il atteignit l'endroit où la route se terminait : il n'y avait pas d'issue. Devant lui, un abîme donnant sur une vallée profonde. La chute serait fatale. Il ne pouvait pas revenir en arrière : les ennemis arrivaient. Il pouvait entendre le bruit de leurs chevaux. Il n'y avait pas moyen de sortir.

C'est à ce moment qu'il se souvint de la bague. Il l'ouvrit, sortit le morceau de papier et lut le message court, mais précieux : « Cela passera aussi. »

Lorsqu'il lut le message, il sentit un grand silence l'envelopper. Les ennemis qui le poursuivaient s'étaient peut-être perdus dans la forêt ou bien ils étaient partis dans la mauvaise direction. Quoi qu'il en soit, on n'entendait plus les chevaux.

Le roi fut reconnaissant envers le serviteur : ces mots étaient merveilleux ! Il plia le morceau de papier et le remit sous le diamant.

Il rassembla son armée et reconquit son royaume.

Il revint au palais avec un sentiment de triomphe, on lui organisa une grande fête avec chants et danses, il se sentait fier de lui.

Le vieux domestique se tenait à côté de lui et lui dit : « Ce moment aussi est approprié, regardez à nouveau le message. »

« Mais je viens de gagner, les gens célèbrent mon retour, je ne suis pas désespéré, je ne suis pas dans une impasse. »

Et le vieux serviteur répondit : « Écoutez-moi, ce message est utile lorsque vous êtes battu, mais également lorsque vous gagnez. »

Le roi ouvrit la bague et lut le message : « Cela passera aussi. »

De nouveau, il ressentit la même chose, un silence qui l'emplit, bien qu'il fût dans une foule qui célébrait et dansait. Sa fierté et son ego avaient disparu. Le roi avait compris le message. Il était éclairé.

Puis le vieil homme dit : « Vous souvenez-vous de tout ce qui vous est arrivé ? Rien ni aucune émotion n'est fixe, il y a le jour et la nuit, il y a des moments de bonheur et des moments de tristesse, acceptez-les comme une part naturelle des choses parce qu'elles font partie de la vie. »

Légende perse, auteur inconnu

LE MOMENT PRÉSENT

Le moment présent est l'instant sacré, celui de tous les possibles. Notre futur se prépare dès le présent, à nous de le créer. **Chaque instant peut être un nouveau commencement.**

Le moment présent est un abri. Y prendre refuge n'est pas une fuite de la réalité. Au contraire, face à l'adversité et les difficultés, l'instant présent est le meilleur choix pour se mettre en sécurité.

Le problème n'est pas encore réglé, mais ce refuge permet d'y voir plus clair sur sa situation, il laisse l'espace nécessaire pour observer ce qui se passe et réfléchir sereinement aux solutions, une fois la tempête passée.

LE POUVOIR DE LA MÉDITATION

Méditer est un excellent moyen de s'ancrer dans le moment présent.

La méditation procure de nombreux bénéfices :

- elle abaisse le niveau de stress et d'anxiété ;
- elle aide à atténuer les douleurs ;
- elle favorise un meilleur sommeil ;
- elle harmonise l'humeur ;
- elle a des effets bénéfiques sur la concentration ;
- elle permet d'éteindre notre radio mentale, la petite voix dans notre tête, pour faire le silence en soi ;
- elle aide à vivre en pleine conscience le moment présent.

Elle répond au besoin d'être présent à soi-même ainsi qu'au monde qui nous entoure. Elle permet de relier nos trois dimensions, cœur-corps-esprit.

La méditation aide au travail d'acceptation et au lâcher-prise. En refusant d'accepter ce qui est, en restant dans le déni, on ne fait qu'augmenter ses souffrances intérieures. La méditation permet de reconnaître et d'accueillir ses pensées, ses émotions et ses sensations, sans toutefois s'identifier à elles.

De même qu'une pensée peut nous traverser l'esprit, nous ne sommes pas cette pensée et nous ne nous identifions pas à elle. Chaque pensée qui nous traverse est tel un nuage dans le ciel. Nous sommes le ciel bleu infini, les nuages nous traversent, nous les observons et les laissons passer sans nous y attacher. En faisant ce travail de reconnaissance et d'accueil, nous pouvons accepter que nos émotions, nos pensées, nos sensations soient là et les laisser s'en aller comme les nuages dans le ciel.

Ma méditation favorite

Il existe de nombreux livres sur la pratique de la méditation, des applications et des vidéos gratuites. De quoi trouver son bonheur !

Voici ma méditation préférée, qui ne requiert ni application ni accompagnement : la méditation alignée sur les battements du cœur.

Sentir mon cœur battre me permet de rester pleinement présente. Avec la respiration, je peux abaisser le rythme cardiaque, si nécessaire, en inspirant et en expirant plus longuement. Si une pensée surgit et que mon esprit s'évade, il me suffit de l'observer, puis de ramener mon esprit en me reconnectant aux battements de mon cœur. S'il vous est difficile, au début, de sentir vos battements cardiaques, vous pouvez poser une main sur votre cœur ou prendre votre pouls.

Avec la pratique, on parvient à ressentir les battements dans d'autres parties du corps. Ainsi, je peux ressentir les pulsations dans les mains si je guide ma conscience vers elles, comme si j'avais un cœur battant dans chaque main.

En m'alignant sur la pulsation de mon cœur, en me laissant guider par cette musique intérieure, je ressens l'énergie de vie circulant et vibrant dans mon corps. Cette méditation aide au lâcher-prise et à l'apaisement. Après quelques minutes, je me sens sereine et ancrée dans le présent.

À votre tour, testez différentes méditations pour trouver celle qui vous convient !

LA MÉTHODE 5-4-3-2-1

Développée par Ellen Hendriksen, psychologue clinicienne au Centre des troubles de l'anxiété de l'université de Boston, cette méthode simple sollicite nos cinq sens (vue, ouïe, toucher, odorat, goût) à la manière d'un exercice de pleine conscience.

Très utile en cas de stress ou d'angoisse, elle permet de déplacer son attention pour revenir à l'instant présent afin de retrouver le calme intérieur.

Suivez ces différentes étapes :

- **La vue :** regardez autour de vous et identifiez **cinq** choses dans votre environnement.
- **L'ouïe :** identifiez ensuite **quatre** choses que vous pouvez entendre (comme le tic-tac de l'horloge, le bruit d'une voiture qui passe, le ventre qui gargouille, les oiseaux qui chantent, etc.).
- **Le toucher :** identifiez **trois** choses que vous pouvez sentir par le toucher (comme le contact du dossier de la chaise dans votre dos, vos pieds dans vos chaussures ou sur le sol, vos mains sur vos cuisses, etc.).
- **L'odorat :** identifiez **deux** choses que vous pouvez sentir par le nez (parfum, odeur).
- **Le goût :** identifiez enfin **une** chose que vous pouvez « goûter » (par exemple, le goût de l'intérieur de votre bouche, la perception d'une gorgée d'eau, etc.).

Focaliser son attention sur chacun de nos cinq sens permet de revenir à l'instant présent et de s'y ancrer. Le fait d'identifier et de compter les objets, les sons, les sensations permet d'interrompre le flot des pensées en détournant notre attention des idées négatives.

Cette méthode est un moyen simple, rapide et efficace pour calmer l'anxiété et revenir à un état plus apaisé.

CHAPITRE 11

Reprendre le pouvoir sur sa vie

CRÉER SA PROPRE RÉALITÉ

> « Ne vous contentez pas des histoires
> de ceux qui vous ont précédé.
> Allez de l'avant et construisez
> votre propre histoire. »
>
> Rûmi

La réalité des autres n'est pas notre réalité

Chacun de nous a sa propre réalité, différente de celle de son entourage. Personne ne détient une vérité universelle et absolue qui soit valable pour tous. Ce que je vous transmets dans ce livre repose sur ma perception et ma réalité. Je partage avec vous tout ce que j'ai mis en place pour ma renaissance. Je n'ai pas la prétention de vous dire que je sais ce qui est le mieux pour vous : vous seul le savez.

En revanche, tout ce que j'ai écrit, je l'ai testé avant de vous dire que cela fonctionnait pour moi. Je vous encourage à essayer vous-même pour vous faire votre opinion. Je vous invite à remplacer les expressions « *Oui, mais...* » ou « *Cela ne marchera pas* » de votre vocabulaire par « Je vais essayer ». Mettez en application, persévérez et voyez les résultats par vous-même et non pas à travers le prisme des autres. Expérimentez pour avoir votre opinion et créer votre réalité.

Cultiver l'humilité

Dans le processus de changement dans lequel vous vous engagez, il est important de faire preuve d'humilité et d'accepter de vous remettre en question. Personne n'a la science infuse. Il est erroné de penser déjà tout connaître. Si nous n'avons plus rien à apprendre et qu'il n'y a aucune évolution possible, alors que faisons-nous sur terre ?

Ce que l'on sait à un moment de notre vie peut évoluer. On a bien cru que la Terre était plate, avant de découvrir, des siècles plus tard, qu'elle était ronde ! Cette vérité que l'on croyait absolue était juste une vérité à un moment donné de l'Histoire. Tout bouge, rien n'est gravé dans le marbre. Nous sommes en apprentissage permanent, chaque jour est une nouvelle occasion d'apprendre, de grandir et d'évoluer.

Je me souviendrai toujours des mots de ma psychothérapeute quand j'ai commencé ma thérapie : « Anya, votre évolution est vraiment très rapide, car j'ai remarqué une chose, vous ne répondez jamais *oui mais, ce n'est pas possible, je ne crois pas, cela ne marche pas.* Au lieu de cela, vous écoutez et vous essayez.

C'est ce qui fait toute la différence. » Ma thérapie a duré un an. Le fait de cultiver l'humilité et de me mettre en action a très certainement aidé.

L'HISTOIRE DE LA COURSE ANNUELLE

Voici ma version d'une histoire inspirante qui m'a été racontée.

Une fois par an, une course est organisée dans un village. Les meilleurs coureurs du monde viennent pour y participer et faire leurs preuves. L'épreuve est réputée particulièrement difficile. L'objectif est d'arriver au sommet d'une vieille tour, en haut de la montagne sacrée. Un jour, les habitants du village se rassemblèrent pour voir les participants et les encourager.

Des milliers de sportifs avaient répondu à l'appel, alignés sur la ligne de départ. 3, 2, 1... feu, partez ! Et la course commença.

Après plusieurs heures, au vu de la difficulté de l'épreuve, les spectateurs commencèrent à douter. Ils ne croyaient pas possible que quelqu'un puisse atteindre le sommet de la montagne sacrée, et encore moins la cime de la tour. En effet, personne n'avait jamais réussi à grimper en haut de la tour. Les encouragements de départ firent très rapidement place à ces phrases : « Impossible ! Personne n'a jamais réussi ! Ils n'y arriveront jamais ! »

« Ce n'est pas humain, c'est impossible, car sinon cela aurait déjà été fait ! »

« Ils vont mourir avant d'y arriver, c'est tellement dangereux d'escalader la tour. »

Les participants commencèrent à se décourager les uns après les autres... Tous, sauf quelques-uns qui, courageusement, poursuivaient leur ascension. Les spectateurs se mirent à crier de plus belle : « Personne ne peut y arriver, regardez, ils ont presque tous abandonné ! Ils feraient mieux de faire de même s'ils tiennent à rester en vie. »

Les derniers coureurs s'avouèrent vaincus, ce n'était, en effet, pas possible. Tous sauf un qui continuait de grimper envers et contre tout, malgré tous les cris le dissuadant de continuer : « Reviens vite, il est encore temps de sauver ta peau ! »

Seul au sommet de la montagne, et au prix d'un effort surhumain, sous les yeux ahuris des autres, il atteignit finalement la cime de la tour. Stupéfait par cet exploit, tout le monde voulut savoir comment cela était possible. Comment avait-il pu réussir là où tous avaient échoué ? Quel était donc son secret ?

Lorsqu'il revint, ils s'approchèrent pour le lui demander. Il ne répondit pas. On lui posa de nouveau la question, et on découvrit que le gagnant de la course était... ***sourd*** *!*

TOUT EST POSSIBLE

« ILS NE SAVAIENT PAS QUE C'ÉTAIT IMPOSSIBLE, ALORS ILS L'ONT FAIT. »

Mark Twain[54]

Ce qui est impossible pour les autres ne l'est pas obligatoirement pour soi. Des personnes jugent parfois nos projets impossibles et nous découragent. Nos proches et amis, même bien intentionnés, partagent ainsi leurs peurs, leurs doutes, leurs croyances et leurs limites. Ce sont les leurs et non les nôtres. Ils renvoient parfois leurs propres échecs, en pensant que vous ne pouvez pas accomplir ce qu'eux-mêmes n'ont pas été capables de faire. Bloqués dans leur vision et leur zone de confort, ils font de leur perception une réalité absolue. D'autres

54. Citation attribuée à Samuel Langhorne Clemens, dit Mark Twain, *"They didn't know it was impossible, so they did it"*.

préféreraient que vous ne réussissiez pas là où ils ont échoué, car votre réussite remettrait en cause tout leur système de croyances.

Il est fondamental de vous entourer de personnes qui croient en vous, qui vous poussent à vous réaliser, celles qui voient votre potentiel et non leurs propres limites. C'est pourquoi il est bénéfique de se faire accompagner par des spécialistes, de s'entourer de personnes qui ont réussi à avancer et à se reconstruire malgré l'adversité. C'est auprès d'elles qu'il faut apprendre et trouver l'inspiration.

L'ÉTAT D'ESPRIT FAIT TOUTE LA DIFFÉRENCE

« Que vous pensiez être capable
ou ne pas être capable,
dans les deux cas, vous avez raison. »

Henry Ford[55]

Nous voyons le monde tel que nous sommes et tel que nous le pensons. Nos croyances deviennent nos certitudes, et nos certitudes deviennent notre réalité. Nos pensées influent sur nos actions. Ce que vous pensez, vous le créez, car les pensées finissent par devenir des actions. Et ce que vous créez, vous le devenez.

En travaillant sur soi, en modifiant ses pensées, ses croyances limitantes et son état d'esprit, il est possible de changer sa trajectoire et de transformer sa vie.

55. Citation attribuée à Henry Ford.

Il y a deux formes d'état d'esprit :

- Celui des apprenants, ceux qui continuent d'apprendre : ils ont un **état d'esprit de croissance et de développement**.
- Celui des non-apprenants : ils ont un **état d'esprit fixe**.

Avoir un état d'esprit fixe limite l'accomplissement, car cela nous maintient dans une sorte de stagnation, avec l'idée que nous n'avons plus rien à apprendre. L'état d'esprit fait toute la différence dans un parcours de résilience. Si vous pensez échouer, c'est certainement ce qui arrivera, vous aurez en effet peu de chances de réussir. Si vous pensez en négatif, c'est ce que vous allez attirer dans votre vie. Le monde est un miroir et renvoie le reflet de ce que nous sommes. **Notre monde extérieur est toujours le reflet de notre monde intérieur.**

Nous sommes libres de choisir nos pensées à chaque instant. Nos actions résultent de nos pensées et de nos croyances. N'y restons pas fidèles si elles ne sont pas bénéfiques. Notre système n'est pas figé, il est amené à évoluer. Libre à nous de le remplacer par de nouvelles croyances plus adaptées à notre évolution.

Une personne qui a un état d'esprit de croissance sait qu'elle peut toujours apprendre et s'améliorer. Elle cultive une qualité fondamentale, **l'humilité** : elle ne connaît pas tout et accepte de se remettre en question, d'apprendre pour progresser. Elle sait qu'elle peut tout transformer.

S'il n'est pas possible de changer les événements, nous pouvons en modifier la perception. En changeant de regard, on ne laisse pas les événements diriger sa vie. L'être humain est capable de s'adapter à son environnement et à tout ce qui lui arrive. Il a une incroyable faculté de résilience. Il peut transformer chacune de ses épreuves en tremplin, en opportunité pour s'élever et croître. Rien jusqu'à ce jour ne vous a anéanti. Vous avez survécu, vous vous êtes renforcé et vous avez grandi.

INVESTIR EN SOI-MÊME

« Le meilleur investissement que vous pouvez faire,
c'est d'investir en vous-même.
Plus vous apprenez, plus vous gagnez. »

Warren Buffet[56]

Investir en vous est sans conteste le meilleur placement que vous puissiez faire : c'est celui qui vous offrira les meilleurs intérêts. Vous le méritez !

Nous dépensons beaucoup d'argent dans des achats matériels. Nous accumulons les possessions en pensant que cela nous rendra plus heureux au lieu d'investir dans notre développement personnel. Ceux qui réussissent ont tous fait le même placement gagnant : investir pour apprendre, se développer, évoluer vers la meilleure version d'eux-mêmes.

Beaucoup hésitent à faire ce choix, car ils craignent de prendre un risque. En effet, miser sur sa croissance personnelle n'offre pas des résultats palpables. Si je dépense de l'argent pour un objet ou un repas au restaurant, l'investissement est mesurable, car je vois ce que j'ai en échange : le plaisir et le résultat sont immédiats.

Par contre, quand nous investissons dans une formation, une thérapie, du coaching, des ateliers ou des conférences, nous ne voyons pas le gain tout de suite, il n'est pas mesurable. Nous avons peur de ne pas récupérer notre placement. La plupart des gens ne voient que le budget dépensé. Mais tout est une question de perception. En ce qui me concerne, j'ai choisi de

56. Disponible sur : https://news.yahoo.com/warren-buffett-shares-keys-success-134329028.html

porter mon attention sur tout ce que je pouvais gagner en bien-être et en apprentissages.

Lorsque j'ai fait ma thérapie, mon bilan de compétences, mes formations de coaching et de thérapies brèves, cela m'a coûté en temps, en argent et en énergie. J'aurais pu faire d'autres choix avec cet argent comme partir en vacances ou m'acheter des biens matériels pour améliorer mon confort de vie. Mais je n'ai jamais regretté d'avoir misé sur moi. J'ai tant gagné ! Chaque euro investi en valait la peine, et si ces choix étaient à refaire, je n'hésiterais pas une seconde. Si j'avais pu revenir en arrière, j'aurais fait ces choix plus tôt dans ma vie, car investir en moi a eu des résultats au-delà de tout ce que j'imaginais...

Un investissement sur soi est un enrichissement qui permet d'évoluer. C'est la clé du succès. C'est le plus beau cadeau que l'on puisse s'offrir.

TOUT COMMENCE ICI

Vous êtes exactement là où vous devez être. J'ai, moi aussi, été à l'étape où vous êtes aujourd'hui. Je suis passée par les mêmes phases de doutes, de peurs, de difficultés, de découragement avec parfois l'envie de tout abandonner.

C'est parce que j'ai été au même stade que vous qu'il m'est possible d'apprécier tout le chemin que vous pouvez parcourir. Je vois vos ressources et votre potentiel. Croyez en vous !

Tout commence ici, à l'endroit et à l'étape où vous êtes. **Démarrez à partir de là.** Peu importe où vous vous trouvez dans votre parcours, vous êtes là où vous devez être. Le reste du chemin s'ouvre à vous. Tout est possible, tout est à créer.

PARTIE III
SE CHOISIR

« Si tu cherches encore cette personne
qui va changer ta vie,
regarde-toi dans le miroir. »

Roman Price

CHAPITRE 12

Explorer ses peurs et ses désirs

« Trouvez ce dont une personne a le plus peur et vous saurez de quoi sera faite sa prochaine étape de croissance. »

Carl Gustav Jung

SE LIBÉRER DE SES PEURS

Nous avons tous des peurs. Et après des violences sexuelles, la liste des peurs s'allonge. Travailler sur ses peurs est nécessaire pour pouvoir s'en libérer.

Avant de me passionner pour le développement personnel et de devenir coach de vie, j'ai été longtemps bloquée par mes peurs.

Elles étaient nombreuses et me limitaient dans différentes sphères de la vie. Je les laissais m'emprisonner et je subissais ma vie au lieu de la vivre pleinement.

Elles provenaient de deux sources différentes :

- **mes propres peurs**, de source intérieure ;
- **les peurs de source extérieure** suscitées par mes proches, mes amis ou celles de ma communauté.

Les peurs des autres ne sont pas les miennes

Lorsque j'ai choisi de reprendre mes études pour devenir coach, on projetait sur moi des peurs, des doutes, des croyances et on portait des jugements. Je m'interrogeais pour savoir si c'était le bon choix et si je n'agissais pas par égoïsme. Cela augmentait mon niveau de culpabilité. J'avais choisi de sortir de ma zone de confort et du modèle imposé et ce n'était pas ce que l'on attendait de moi.

Ces peurs et ces limites que l'on me renvoyait ne m'appartenaient pas. Je n'avais pas à les faire miennes. Ce que les autres ne font pas ou ne sont pas capables de faire n'a pas d'impact sur moi et ne signifie pas que je ne peux pas réussir. Ils projettent parfois sur nous leurs propres doutes, car nous osons sortir de notre zone de confort et réaliser quelque chose qu'eux-mêmes n'ont jamais eu le courage de faire. Et cela peut déranger.

C'est un fardeau bien trop lourd d'assumer d'autres peurs que les siennes. J'ai décidé de m'en passer et je m'en porte mieux. Nous n'avons pas le contrôle sur les pensées, les émotions, les croyances et les peurs des autres. En prendre conscience m'a permis d'ouvrir les yeux sur ce qui dépendait de moi et de le distinguer de ce dont je n'avais pas le contrôle, soit tout ce qui est extérieur à moi. C'est ainsi que j'ai pu lâcher prise sur les peurs et les croyances des autres. Quelle libération ! Allégée de ce fardeau, j'ai pu faire mes choix en toute liberté, guidée par mon cœur, mes désirs et mes intuitions.

Ne laissez pas les peurs et les croyances limitantes des autres vous limiter ni vous dire ce qui est possible ou non pour vous.

Les peurs de source intérieure

Si je n'ai pas de pouvoir sur les peurs d'autrui, j'ai en revanche la possibilité d'apprivoiser les miennes. C'est sur elles seules que je peux agir. La première étape pour m'en libérer a été de savoir les identifier. C'est ainsi que j'ai commencé à en faire une liste. Écrites noir sur blanc, elles me semblaient moins puissantes !

L'une des premières peurs limitantes que j'ai osé affronter était très ancienne : la peur de l'eau, liée à un traumatisme de l'enfance. À l'âge de six ans, j'avais failli me noyer. Arrivée à l'âge adulte, je ne savais toujours pas nager, impossible pour moi de mettre la tête sous l'eau ni mon visage sous la douche. Au contact de l'eau sur le visage, j'avais l'impression de suffoquer et de revivre la noyade. Il m'a fallu plus de vingt ans pour affronter cette peur. Derrière elle se cachait le désir puissant d'apprendre à nager. À presque trente ans, je me suis inscrite à des cours spécifiques pour adultes ayant peur de l'eau. Cela m'a fait un bien fou de découvrir que je n'étais pas seule. Être parmi des personnes qui partageaient la même angoisse, avoir des maîtres-nageurs bienveillants dans l'eau à mes côtés et découvrir que mon corps pouvait flotter m'a permis, enfin, d'apprendre à nager : une grande victoire !

Ma peur la plus profonde

Ma peur la plus profonde, qui avait bloqué et limité ma vie, était liée au fait de ne pouvoir libérer ma parole quant au viol. Avec le temps, cette peur complexe était accompagnée de multiples autres craintes :

- La peur de ne pas être crue après vingt ans de silence ;
- La peur d'être jugée ;
- La peur de l'abandon et de me retrouver seule ;
- La peur du rejet et que l'on ne m'accepte pas telle que je suis, avec mon passé ;
- La peur de revivre le viol en racontant mon histoire ;
- La peur de la réaction des gens ou de leur pitié ;
- La peur que cette épreuve me définisse et que les gens me voient réduite au traumatisme ;
- La peur de ne pas pouvoir avancer et de rester bloquée dans la vie ;
- La peur de ne pas avoir de valeur ;
- La peur de montrer ma vulnérabilité ;
- La peur de moi-même, avec mes parts d'ombre et mes failles.

Ces peurs sont très fréquentes chez les personnes qui ont subi des violences sexuelles.

Derrière ma peur de parler se cachait un désir : celui de me libérer enfin. Ce désir était puissant, mais la peur était plus forte que tout.

En 2015, j'ai commencé ce travail sur la libération de ma parole en me confiant à un ami. Cela m'a fait un bien fou, puis j'ai continué à en parler à mes proches, mes amis, mon frère, mes parents, puis à mes propres enfants. Libérer ma parole a eu un tel effet sur moi que j'ai pu enfin porter plainte vingt-trois ans après les faits, malgré la prescription.

Après avoir libéré ma parole et affronté toutes ces peurs liées les unes aux autres, j'ai pu donner du sens à mon épreuve : ouvrir un blog, fonder une association, encourager d'autres personnes à libérer leur parole, accompagner des gens en reconstruction, donner des conférences et écrire un livre.

Jamais je n'aurais imaginé que faire face à ma plus grande peur allait métamorphoser à ce point ma vie.

DERRIÈRE TOUTE PEUR SE CACHE UN DÉSIR

« Que vos choix reflètent vos espoirs et non vos peurs. »

Nelson Mandela

Derrière toute peur se cache un désir puissant, profond, parfois secret, mais toujours inassouvi, qui ne demande qu'à se faire reconnaître.

Trouver le désir caché

Nos peurs nous empêchent d'avancer et nous limitent. Elles nous contraignent à la stagnation dans nos vies, à la résistance au changement, au statu quo.

Il vaut mieux reconnaître ses désirs et les exprimer que se laisser paralyser par ses peurs. Mes peurs étaient nombreuses, dont certaines profondément ancrées en moi, et pendant longtemps, elles ont barré mon chemin et dressé des limites que je pensais infranchissables. Mais un jour, j'en ai eu assez que la peur soit l'émotion qui guide ma vie, choisisse à ma place, me limite dans mes possibilités. Je ne voulais plus faire des choix par défaut à cause de la peur, mais des choix par désir.

Affronter mes peurs, trouver le désir qu'elles cachaient et répondre à ce désir a changé ma perception des choses. Derrière la peur de parler se cachait le désir de faire entendre ma voix (et ma voix compte !) pour me libérer de mon passé traumatique.

Faire de ses peurs un moteur

Nous pouvons faire de nos peurs un moteur. Pour cela, il faut trouver une motivation, une « carotte ». Comprendre le désir caché derrière chacune d'elles peut devenir une motivation suffisante pour se libérer.

S'appuyer sur le désir, au lieu de la peur, est bien plus puissant. Il est plus facile de chercher à satisfaire un désir que d'affronter une peur. En regardant au-delà de nos peurs et en identifiant le désir inassouvi qu'elles masquent, la magie s'opère : fini l'inertie, la transformation a lieu. Ce ne sont plus nos peurs qui guideront notre vie, mais nos espoirs, nos désirs et nos rêves.

Le premier pas est fondateur

« LA SEULE CHOSE DONT NOUS DEVONS AVOIR PEUR EST LA PEUR ELLE-MÊME. »

Franklin D. Roosevelt[57]

Travailler sur ses peurs conduit au changement personnel. Quand nous les affrontons, elles perdent tout leur pouvoir.

La plupart des gens ont peur du changement, de l'inconnu, de perdre leurs repères. Ils voient le changement comme une perte. Ils préfèrent le statu quo, ne pas sortir de leur zone de confort, où ils sont dans un espace rassurant. Ils préfèrent ne pas prendre de risques. Je faisais partie de ces gens-là avant de comprendre que **le changement est source de gain** et non

57. Franklin D. Roosevelt, *Discours d'inauguration à la présidence américaine*, 1933.

une perte. Cette perception change tout. La vie de nos rêves se situe en dehors de notre zone de confort, dans notre **zone d'apprentissage**.

Pour se libérer des peurs, le premier pas est toujours difficile. Un grand objectif peut paraître inatteignable, il suffit de le découper en morceaux pour le rendre accessible. Après ce travail de découpage en plus petits objectifs, chercher la première étape peut aider à sauter le pas.

Ainsi, pour soigner ma peur de l'eau, le premier pas a consisté à regarder les sites qui proposaient des cours pour adultes souffrant de cette même peur. Un autre pas a été de prendre mon téléphone et de les appeler ou de leur envoyer un mail pour demander des renseignements.

Une fois le premier pas posé, les autres s'enchaînent, tout naturellement. Puis, pas à pas, étape après étape, on apprend à se libérer de ses peurs et à s'engager sur le chemin de sa liberté.

C'EST À VOUS !

Listez, dans ce tableau, vos peurs de source intérieure, leur date d'apparition, le désir caché derrière chacune d'elles et les premiers pas qu'il vous serait possible de faire.

Peurs de source intérieure	Dates de début	Désirs cachés	Premiers petits pas vers ces désirs

Travaillez sur une peur à la fois, choisissez celle dont vous souhaitez vous libérer en premier.

La peur sur laquelle je souhaite travailler :

. . . .

Le désir caché derrière cette peur :

. . . .

Mon premier petit pas :

. . . .

Date de ce premier pas :

. . . .

CHAPITRE 13

Apprivoiser son ombre

« Ce n'est pas en regardant la lumière
qu'on devient lumineux,
mais en plongeant dans son obscurité. »

Carl Gustav Jung

NOUS SOMMES TOUS OMBRES ET LUMIÈRES

Notre part d'ombre

L'ombre représente la part de nous que nous refoulons, cachons ou rejetons, qui nous gêne ou que nous ne souhaitons pas voir. C'est la part mal-aimée de soi, celle que nous assumons avec difficulté. Nous avons tous en nous une part d'ombre.

Dans mon ombre, il peut y avoir différentes parties de moi, comme mes défauts, mes erreurs et échecs, mes penchants inavouables, mes désirs refoulés, mes blessures, mes imperfections, mes faiblesses, mes frustrations, mes émotions refoulées, tout ce qui me dérange ou me fait honte. Ce sont des parties de moi que je repousse dans mon inconscient.

Le prêtre et psychologue Jean Monbourquette la définit ainsi : « *L'ombre, c'est tout ce que nous avons refoulé dans notre inconscient par crainte d'être rejetés par les personnes qui ont joué un rôle déterminant dans notre éducation. Pour leur plaire, nous avons relégué des portions de nous-mêmes aux oubliettes de l'inconscient. Nous avons dû refouler tout ce qui pouvait paraître déviant, honteux ou répréhensible. Par besoin de reconnaissance, nous nous sommes conformés aux exigences, aux règles et aux lois de notre milieu.* [58] »

Notre part de lumière

À l'inverse, la lumière est la part de nous que nous dévoilons, que nous assumons, que nous exploitons. Ce sont nos dons, talents, qualités, capacités, compétences que nous possédons, que nous choisissons d'explorer, la part de nous que nous faisons rayonner.

L'ombre lumineuse, un trésor inexploité

Dans l'ombre, nous retrouvons également une ombre blanche ou « ombre lumineuse ». Pour Jean Monbourquette, « *l'ombre blanche vient soit du manque de développement, soit du refoulement d'une tendance vertueuse et spirituelle*[59]. »

C'est notre part de lumière non exploitée ni explorée, notre potentiel enfoui. Il s'agit des compétences, capacités, qualités,

---

58. Jean Monbourquette, *Apprivoiser son ombre. Le Côté mal aimé de soi*, Éditions Points, collection « Points Vivre », Paris, 1997.
59. Jean Monbourquette, *Ibid.*

dons et talents que nous avons en nous, mais que nous n'avons jamais développés, souvent par peur du jugement des autres, par crainte du rejet ou de l'abandon, par exemple.

« L'or gît dans l'obscurité », dit très poétiquement Jung. N'ignorons pas nos parts d'ombre, mettons-les en lumière pour les transformer. Des trésors se cachent en elle, il suffit de les ramener à la lumière pour révéler tout leur éclat. Ces dons et talents ne demandent qu'à être retrouvés et exploités.

À la fois ombre et lumière

Penser que l'ombre est le « mauvais » et la lumière le « bon » est une vision réductrice. Nous ne sommes pas uniquement tout blanc ou tout noir. Au contraire, nous sommes composés d'une infinité de nuances et de couleurs.

Nous voyons souvent notre ombre comme un ennemi à combattre. Mais c'est en apprivoisant sa part d'ombre et en apprenant à la connaître qu'il est possible d'en faire une alliée, une amie. Apprivoiser son ombre, c'est apprendre à aimer « l'ennemi » qui est en soi au lieu de le combattre.

Il ne peut exister d'ombre sans lumière ni de lumière sans ombre. Pour chaque part d'ombre, il existe toujours une part de lumière équivalente. Nous sommes tous composés d'ombre et de lumière : ces deux parts coexistent en nous.

En nous, cohabitent également toutes les qualités et tous les traits de caractère ainsi que leurs opposés, cela fait partie de notre humanité. Chaque part de nous a un cadeau à nous offrir, même les aspects que nous jugeons négatifs. Chaque aspect caché a la capacité d'enrichir notre vie.

Debbie Ford le dit très justement : « *Nous possédons en nous-même tous les traits de caractère et leurs contraires, toutes les impulsions et tous les sentiments humains. Il nous faut aller à la découverte, prendre possession et faire l'intégration de tous les éléments divergents qui nous composent, le bien comme le mal, la lumière comme l'ombre, la force comme la faiblesse, le vice comme la vertu. Si vous croyez que vous êtes faible, il vous faut alors chercher du côté opposé et trouver votre force. Si c'est la peur qui vous gouverne, vous devez aller à la recherche du courage qui gît à l'intérieur de vous-même. Si vous êtes une victime, vous devez découvrir le bourreau en vous. Ce n'est pas avant que nous puissions pleinement accueillir l'obscurité que nous pouvons accueillir la lumière.*[60] »

La légende des deux loups

« *En chacun de nous, il y a un combat intérieur entre deux loups. Le premier loup est ténébreux. Il est la colère, l'envie, le chagrin, le regret, l'avidité, l'arrogance, l'apitoiement sur soi-même, la culpabilité, le ressentiment, l'infériorité, la supériorité, les mensonges, la fausse fierté et l'ego.*

Le second loup est lumineux. Il est la joie, la paix, l'amour, l'espoir, la sérénité, l'humilité, la gentillesse, la bienveillance, l'empathie, la générosité, la vérité et la compassion.

Celui qui gagne sera celui que nous nourrissons.

Seulement, si nous choisissons de ne nourrir que le loup blanc, le loup noir se cachera dans l'obscurité, attendant un signe de distraction ou de faiblesse pour attaquer et ainsi avoir l'attention qu'il désire. Il sera toujours en colère et combattra toujours le loup blanc. Mais si je m'occupe de lui, s'il est heureux et que le loup blanc est heureux également, nous gagnons tous. Le loup noir a beaucoup de qualités comme la ténacité, le courage, l'intrépidité, la volonté et l'esprit stratégique. Ce dont nous avons parfois besoin et ce dont le loup blanc manque. Tandis que le loup

---

60. Debbie Ford, *La part d'ombre du chercheur de lumière. Recouvrez votre pouvoir, votre créativité, votre éclat et vos rêves*, J'ai Lu, Paris, 2010. Trad. de l'anglais par Christian Feuillette.

blanc a la compassion, la bienveillance, la force et la capacité de reconnaître ce qui est dans le meilleur intérêt de tous.

Le loup blanc a besoin du loup noir à ses côtés. N'en nourrir qu'un affamerait l'autre et ils deviendraient incontrôlables. En les nourrissant et en prenant soin d'eux, ils nous servent et ne feraient jamais quelque chose qui ne sert pas une cause supérieure, noble, et vivante. En les nourrissant tous les deux, il n'y a plus de lutte intérieure pour leur donner de l'attention. Et lorsqu'il n'y a plus de conflit intérieur, nous pouvons écouter les voix d'une connaissance plus profonde qui nous guident vers le bon choix en toutes circonstances. La paix intérieure est une mission dans nos vies. Un homme ou une femme en paix intérieure possède tout. Un homme ou une femme en conflit intérieur ne possède rien.

La manière dont nous choisissons d'interagir avec les forces opposées en nous détermine nos vies. Choisissez d'en nourrir un plutôt que l'autre, ou guidez-les, tous les deux. »

D'après un conte traditionnel cherokee, auteur inconnu

Redevenir unifié

« NOUS N'ATTEINDRONS JAMAIS À NOTRE TOTALITÉ
SI NOUS N'ENDOSSONS PAS
LES OBSCURITÉS QUI SONT EN NOUS.[61] »

Carl Gustav Jung

Le travail consiste à rechercher son ombre lumineuse, les parties cachées de soi, ce qui ne nous plaît pas ou nous dérange en nous-mêmes, non pour s'en débarrasser, mais pour en exploiter le positif et le réintégrer.

61. Carl Gustav Jung, *L'homme à la découverte de son âme. Structure et fonctionnement de l'inconscient*, Albin Michel, Paris, 1987 (publication originale, 1933).

Nos parts d'ombre ne sont pas là pour être supprimées, mais pour être apprivoisées. Prenons conscience qu'elles existent et font partie de nous tout comme notre part de lumière. En les accueillant, nous leur permettons de coexister avec les autres parts de nous en leur donnant leur juste place, tout comme le loup blanc et le loup noir ont besoin l'un de l'autre.

Pour cela, il nous faut plonger en notre propre obscurité pour exposer à la lumière ce qui est dans l'ombre, le reconnaître, l'accepter et l'accueillir pour enfin l'intégrer en nous et nous guérir. C'est ainsi que nous pourrons retrouver notre unicité, notre complétude, notre soi entier et authentique.

CHERCHEZ VOTRE PART D'OMBRE ET DE LUMIÈRE

« Si vous ne faites pas face à votre ombre, elle vous viendra sous la forme de votre destin. »

Carl Gustav Jung

Commencez par découvrir votre ombre, puis apprivoisez-la pour en faire une alliée.

Ma part d'ombre (ce que vous n'aimez pas ou n'acceptez pas en vous) :

. . . .

. . . .

. . . .

. . . .

Ma part de lumière (vos dons, talents, capacités, compétences que vous dévoilez et exploitez) :

. . . .

. . . .

. . . .

. . . .

Ma lumière non exploitée ou mon « ombre lumineuse » (vos dons, talents, capacités, compétences que vous n'avez pas encore exploités) :

. . . .

. . . .

. . . .

. . . .

Pour aller plus loin : le travail sur l'ombre peut être réalisé en séances de coaching. Ce sont des accompagnements très puissants et sources de changements.

LES MASQUES QUE NOUS PORTONS

Notre famille, l'éducation reçue, la société ou la communauté auxquelles nous appartenons nous ont amenés à faire des choix. Très souvent, nous cachons aux autres une part de nous que nous ne souhaitons pas dévoiler et nous avons refoulé nos émotions dans l'ombre. Nous nous abritons ainsi derrière des masques. Il peut s'agir de masques sociaux qui représentent le visage que nous montrons aux autres ou qui reflètent différentes parties de notre personnalité. Les masques peuvent être utilisés pour se fondre dans un moule, être conformes aux attentes et aux exigences de la société ou de nos proches. Nous portons tous un masque, voire plusieurs, ou nous en avons déjà porté à un moment de notre vie.

Ces masques nous empêchent d'être nous-mêmes. Les enlever signifierait devoir nous dévoiler, nous mettre à nu, montrer au monde notre vulnérabilité, en pensant que ce sont des faiblesses ou des imperfections, des parts de nous que nous jugeons honteuses ou inavouables. Au contraire, c'est cette part de vulnérabilité et de sensibilité qui fait de nous des êtres humains uniques au monde. L'accepter demande une grande force et du courage.

Nos failles ne sont pas nos faiblesses : c'est par ces brèches que peut entrer la lumière en nous.

Mon masque

Pendant longtemps, j'ai porté un masque de perfection. J'ai été celle que l'on attendait, ou celle que je pensais que ma famille, ma communauté, mes amis et la société attendaient de moi. Je n'osais pas être moi-même par peur de montrer mon vrai visage, d'être rejetée, jugée ou abandonnée. Porter un masque donne l'illusion temporaire d'être intouchable, invisible ou sans défauts, même de pouvoir changer le passé, dans mon cas. Rien ni personne n'a ce pouvoir. Le passé, quel qu'il soit, ne pourra jamais être changé, et l'accepter a été l'une des plus grandes étapes de ma vie.

Un jour, lasse de porter constamment ce masque qui m'empêchait de respirer et de montrer celle que j'étais réellement, j'ai commencé peu à peu à l'enlever. Quelle libération de pouvoir enfin respirer ! Et j'ai découvert celle qui était cachée derrière, **j'ai apprivoisé mes parts d'ombre pour les mettre en lumière.** C'était terrifiant de se retrouver seule et nue face à soi-même. Mais c'est ainsi que j'ai le plus appris sur moi. J'ai réalisé que derrière toutes ces peurs profondes, j'avais un immense trésor enfoui en moi : une ombre lumineuse qui était tout ce potentiel inexploité qui ne demandait qu'à être révélé.

IDENTIFIEZ VOS MASQUES

Savoir identifier ses masques est un exercice puissant de connaissance de soi.

Quel masque portez-vous devant vos proches, votre patron, votre communauté ou en société ? Est-ce le même masque avec tout le monde ? Il est possible que le masque diffère selon les personnes. Si vous avez plusieurs masques, faites cet exercice pour chacun d'eux.

Je porte le masque de :

. . . .

Je le porte devant ces personnes :

. . . .

. . . .

Je porte mon masque dans les situations suivantes :

. . . .

. . . .

Quelle est la raison pour laquelle je le porte ?

. . . .

. . . .

Quels sont les bénéfices de ce masque ?

. . . .

. . . .

Quels en sont les inconvénients ?

. . . .

. . . .

De quoi me protège ce masque ?

. . . .

. . . .

Quelle est votre plus grande peur cachée derrière le masque ?

. . . .

. . . .

Quelles sont les peurs secondaires ?

. . . .

. . . .

Imaginez que vous enlevez ce masque. Que voit-on ?

. . . .

. . . .

L'enlevez-vous parfois ? À quelles occasions ?

. . . .

. . . .

CHAPITRE 14

La bienveillance envers soi

LE CHEMIN DE RÉSILIENCE N'EST PAS LINÉAIRE

Un chemin de reconstruction n'est jamais linéaire, ce n'est pas une route droite sans obstacle ni déviations. Il y a des hauts et des bas, des baisses de moral et de motivation, des moments de doutes et de peurs qui donnent parfois l'envie de tout abandonner. Ne lâchez rien, ceci est tout à fait normal et fait partie du processus de guérison. Il est fréquent de faire un pas en avant, de reculer d'un autre le lendemain et de faire des pas de côté un autre jour. Ce n'est pas une régression ni un échec. Au contraire, il faut souvent tâtonner et essayer plusieurs voies pour choisir celle avec laquelle nous sommes le plus à l'aise, et on ne tombe pas toujours sur la bonne route du premier coup. Tout comme dans un labyrinthe, il faut parfois rebrousser chemin pour retrouver la bonne direction.

Vous êtes en **apprentissage**, il n'y a ni raccourci ni passage secret pour atteindre la ligne d'arrivée. C'est le voyage lui-même qui compte, non la destination. Il est normal de tomber, de rechuter, cela fait partie des étapes d'un parcours de reconstruction. C'est en se relevant que l'on apprend à marcher avec plus d'aisance et de stabilité. Ce qui compte, c'est la régularité et la constance, même si c'est un tout petit pas par jour. Mais pas à pas, on finit toujours par arriver à destination, peu importe le temps nécessaire. **Chaque voyage est unique, et c'est tout le parcours qui est initiatique.**

L'essentiel est de voir la progression globale dans la durée. On n'analyse pas une courbe de progression au jour le jour, mais sur des périodes plus longues, cela se compte en mois et en années. Se reconstruire prend du temps.

FAIRE DE SON MIEUX, SANS SE JUGER

L'important est de faire de son mieux. Et le mieux varie selon les jours. Mon mieux d'hier n'est pas le même que celui de demain, et je l'accepte sans remettre en question mon choix d'avancer.

Autojugement, autosabotage, critiques : ma radio mentale en mode off

Nous ne sommes pas là pour nous juger ni faire notre autocritique. Nous avons tous en nous une petite voix qui nous fait parfois douter et même nous autosaboter. C'est ce que j'appelle la radio mentale. Alexandre Jollien[62] a une expression très parlante, je me permets de lui emprunter : radio « Mental FM ». Telle une radio qu'il suffirait d'allumer, « Mental FM »

62. Christophe André, Alexandre Jollien, Matthieu Ricard, *Trois amis en quête de sagesse*, L'iconoclaste, Paris, 2016.

diffuse toute la journée, sur les ondes de notre esprit, ses messages, ses pensées négatives et ses croyances limitantes, par exemple :

- Tu n'y arriveras jamais !
- C'est peine perdue ! Pas la peine d'essayer.
- Tu n'es pas assez forte, pas assez courageuse, pas assez intelligente...
- Ce n'est pas pour toi.
- C'est impossible, etc.

Reconnaissez-vous cette petite voix familière ? Nous l'avons tous entendue, c'est la voix du juge, du saboteur et du critique. Cette voix n'est pas toujours la nôtre, elle peut également être celle de nos proches, de nos amis, de notre communauté.

Mon conseil : éteignez votre radio mentale. Ce qu'elle émet n'est ni constructif ni positif. Dans un parcours de reconstruction, nous avons besoin de soutien, et non de dénigrement, de jugements et de peurs. À la place, je vous propose d'allumer la radio sur « Bienveillance FM » ou « Amour FM ».

ÉCOUTEZ VOTRE RADIO MENTALE !

Qu'entendez-vous sur votre radio mentale ? Reconnaissez-vous les émissions de « Mental FM » ? Faites la liste de ce que dit votre petite voix, ce qui n'est pas bénéfique pour vous et que nous aimeriez faire taire. Ensuite, notez si cette phrase est votre voix ou celle d'une autre personne.

Ce que dit ma radio mentale :	C'est la voix de :

Maintenant que tout est écrit, vous pouvez l'éteindre ! Les voix du saboteur, du juge et du critique sont en mode « off ». À la place de « Mental FM », allumez « Bienveillance FM » ou « Amour FM » qui diffusent la voix de votre cœur.

Listez les qualités et les ressources que vous voyez en vous, vos compétences, vos aptitudes, vos talents, ce que vous faites bien, ce que vous aimez chez vous, ce dont vous êtes fier. Parlez de vous en utilisant uniquement **des mots positifs**.

- . . . .
- . . . .
- . . . .
- . . . .

- ……………………………………………
- ……………………………………………
- ……………………………………………

Listez maintenant les qualités et les compétences que les autres voient en vous. N'hésitez pas à interroger vos proches et vos amis.

- ……………………………………………
- ……………………………………………
- ……………………………………………
- ……………………………………………
- ……………………………………………

L'IMPACT DU VOCABULAIRE

Il est essentiel de prendre conscience du vocabulaire que nous utilisons pour parler de nous et des pensées que nous avons pour nous-mêmes. La répétition des pensées crée des habitudes. Ces habitudes peuvent devenir des croyances limitantes que l'on va ancrer en soi et qui peuvent devenir, à terme, des certitudes difficiles à modifier.

Quand vous parlez de vous, mieux vaut bannir de votre vocabulaire :

- les tournures à la forme négative ;
- les mots « négatifs » comme « souci, problème, impossible, jamais » ;
- les doutes et les croyances limitantes : « Je ne suis pas capable, je n'y arriverai jamais, c'est impossible, je ne peux pas... » ;
- l'expression « oui, mais ».

Les affirmations positives

Je vous encourage à remplacer ces pensées négatives par des affirmations positives. Elles permettent de travailler sur les croyances limitantes, de les neutraliser et de les remplacer à force de répétition.

Pour créer une affirmation positive, utilisez :

- les phrases qui commencent par « je » ;
- les phrases affirmatives ;
- les phrases au présent ;
- les mots « positifs » tels que « solution, opportunité, challenge, succès, réussite, possible » ;
- des croyances positives ou aidantes comme : « je suis capable de », « je peux », « j'ai les ressources pour ... »
- des affirmations comme « Je décide de », « Je m'engage à ... »
- l'affirmation « oui ! »

Au lieu d'entretenir des croyances limitantes comme « Je ne vais pas y arriver, j'ai un problème, je ne réussirai jamais à le surmonter », remplacez la pensée négative par une affirmation positive comme « Je suis capable de, je relève le défi, je trouve des solutions ».

CRÉEZ DES AFFIRMATIONS POSITIVES !

Je vous propose de créer vos propres affirmations positives. Voici quelques exemples.

- Je m'accepte telle que je suis.
- Je m'aime et me respecte.
- J'ai toutes les capacités en moi pour réussir.

• Je mérite le meilleur.

Vos affirmations :

• . . . .

• . . . .

• . . . .

• . . . .

Pour pouvoir remplacer les croyances limitantes, l'affirmation positive doit être répétée plusieurs fois par jour pendant trente jours minimum, jusqu'à ce qu'elle soit bien intégrée en vous. **La répétition est la mère de l'apprentissage.** Elle permet d'ancrer le message dans notre esprit, et à force de le répéter, il passe du niveau conscient à celui du subconscient.

Je vous propose d'écrire ou d'imprimer vos affirmations positives sur une feuille, de les mettre en évidence pour qu'elles soient la première chose que vous voyez le matin au réveil et la dernière chose avant de vous coucher.

VOUS ÊTES UNIQUE : ARRÊTEZ DE VOUS COMPARER AUX AUTRES

Ce n'est pas une compétition. Je suis seule sur la ligne de départ et j'arriverai seule sur la ligne d'arrivée, peu importe le temps qu'il me faudra. Je prends le temps qui m'est nécessaire.

Ce n'est pas la ligne d'arrivée qui compte, mais **le chemin**, la course elle-même, les préparatifs jusqu'à chaque foulée. Chaque pas a son importance.

Comme il n'y a pas d'autres participants, abstenons-nous de nous comparer aux autres. Chacun a son propre rythme et il n'existe aucune règle universelle valable pour tous. Se comparer aux autres est peine perdue et source de souffrances inutiles. Chaque histoire et chaque parcours sont uniques. Vous êtes unique : il n'y aura jamais une autre personne sur terre avec la même épreuve, les mêmes circonstances, le même contexte ni le même environnement, alors, inutile de comparer ce qui ne l'est pas. Même deux vrais jumeaux n'ont pas la même vie.

LA BIENVEILLANCE ENVERS SOI

Pour cultiver et développer la bienveillance envers soi, devenons notre meilleur ami. Voici quelques conseils.

- Soyez indulgent et tolérant envers vous-même, vous faites de votre mieux à chaque instant.
- Pardonnez-vous les choses que vous n'avez pas bien faites, les actions dont vous n'êtes pas satisfait ou fier.
- Cessez l'autocritique, l'autojugement, l'autosabotage en éteignant votre radio mentale.
- Respectez-vous et n'employez que des mots positifs pour parler de vous.
- Reconnaissez vos réussites, fêtez vos petites et grandes victoires.

Soyez bienveillant envers vous-même et fier de la personne que vous devenez ! Soyez certain que vous avez fait le bon choix d'aller de l'avant. Le chemin est long, mais il est source de transformation. Il demande de la persévérance, de travailler sur ses peurs et ses croyances limitantes, de faire des efforts, de tâtonner, d'essayer de nouveau, parfois de revenir en arrière pour mieux repartir.

Mais si je l'ai fait, vous en êtes capable également. Je ne suis pas plus intelligente ni plus chanceuse que vous. Mon parcours était lui aussi semé d'obstacles à franchir, c'était difficile de sortir de ma zone de confort et de faire ce grand saut dans l'inconnu. J'ai eu des moments de doutes et des peurs, l'envie de tout abandonner en pensant que c'était au-dessus de mes forces et de mes capacités. Mais je me suis relevée après chaque chute. J'ai réussi à trouver au fond de moi la force de repartir et d'apprendre de chaque bataille.

Le premier pas est le plus difficile à faire, mais il est déterminant. Les autres pas viendront naturellement, à votre rythme. Ne forcez pas l'allure. Puis, pas à pas, étape après étape, ce qui vous semblait impossible deviendra réalité. Ce chemin que j'ai parcouru, vous pouvez l'emprunter aussi, je n'en ai aucun doute.

Mon conseil : n'hésitez pas à vous faire accompagner dans votre parcours. Ce n'est pas une faiblesse ni une honte de demander de l'aide. Au contraire, c'est faire preuve d'une grande force, de courage et d'humilité.

FÊTER TOUTES SES VICTOIRES

« L'HOMME QUI DÉPLACE UNE MONTAGNE COMMENCE PAR DÉPLACER LES PETITES PIERRES. »

Confucius

Nous avons tendance à fêter uniquement nos grandes victoires et nos succès. Les grandes réalisations sont en réalité une succession de petites victoires qui nous amènent peu à peu vers notre but ultime.

Il est important de se rappeler d'où l'on vient et de voir que l'on avance, peu importe la vitesse. Vous progressez à votre rythme. Vous faites de votre mieux à chaque instant et c'est ce qui compte. Demain est un autre jour. Ce qui est trop difficile aujourd'hui le sera sans doute moins dans une semaine ou dans un mois.

Continuez sur votre chemin, sans vous retourner constamment vers votre passé. Tout cela est désormais derrière vous. Le plus dur est passé et le meilleur est à venir. La seule fois où l'on devrait se retourner, c'est pour voir tout le chemin parcouru !

Mon conseil : Célébrer toutes vos petites victoires pour vous féliciter de chaque étape franchie, pour garder votre motivation à long terme et vous encourager à continuer.

Prendre conscience de ses progrès renforce les motivations à continuer sur sa lancée et à progresser davantage. Fêter ses petites victoires augmente la confiance en soi et l'estime de soi. Ce rituel aide à apprécier ce que l'on a déjà accompli et donne un sentiment de fierté. Il permet enfin d'ancrer des émotions positives en soi et rend plus heureux.

FÊTEZ VOS PETITES VICTOIRES !

Voici quelques idées pour fêter ses petites victoires au quotidien.

- En premier lieu, félicitez-vous et dites-vous que vous êtes fier de vous.
- Faites-vous un cadeau, offrez-vous quelque chose qui vous procure de la joie.
- Prenez du temps pour vous : lisez un livre qui vous plaît, prenez un bain chaud, préparez votre plat favori, écoutez de la musique que vous aimez, regardez un épisode de votre série préférée, faites-vous masser, allez au restaurant, allez voir une exposition ou un film, etc.
- Partagez votre joie avec vos proches et avec vos amis et fêtez vos petites victoires avec eux.
- Gardez une trace des moments en les inscrivant dans un journal.

Complétez la liste ! Voici ma façon de fêter mes petites victoires.

- ....
- ....
- ....
- ....
- ....

FORTIFIER SES RACINES

Lisez ce conte oriental, il transmet une belle leçon de résilience, de persévérance et d'espoir.

La fougère et le bambou

« Un jour, je me suis avoué vaincu... J'ai renoncé à mon travail, à mes relations, à ma vie. Je suis alors allé dans la forêt pour parler avec un ancien que l'on disait très sage.

– Pourrais-tu me donner une bonne raison de ne pas m'avouer vaincu, lui ai-je demandé.

– Regarde autour de toi, me répondit-il, vois-tu la fougère et le bambou ?

– Oui, répondis-je.

– Lorsque j'ai semé les graines de la fougère et du bambou, j'en ai bien pris soin. La fougère grandit rapidement. Son vert brillant recouvrait le sol. Mais rien ne sortit des graines de bambou. Cependant, je n'ai pas renoncé au bambou.

La deuxième année, la fougère grandit et fut encore plus brillante et abondante, et de nouveau, rien ne poussa des graines de bambou. Mais je n'ai pas renoncé au bambou.

La troisième année, toujours rien ne sortit des graines de bambou. Mais je n'ai pas renoncé au bambou.

La quatrième année, de nouveau, rien ne sortit des graines de bambou. Mais je n'ai pas renoncé au bambou.

Lors de la cinquième année, une petite pousse de bambou sortit de terre. En comparaison avec la fougère, elle avait l'air très petite et insignifiante.

La sixième année, le bambou grandit jusqu'à plus de vingt mètres de haut. Il avait passé cinq ans à fortifier ses racines pour être soutenu. Ces racines l'ont rendu plus fort et lui ont donné ce dont il avait besoin pour survivre.

Savais-tu que tout ce temps que tu as passé à lutter, tu étais en fait en train de faire pousser des racines ? dit l'ancien, et il continua…

Le bambou a une fonction différente de la fougère, cependant, les deux sont nécessaires et font de cette forêt un lieu magnifique.

Ne regrette jamais un seul jour de ta vie. Les bons jours te rendent heureux. Les mauvais jours te donnent de l'expérience. Les deux sont essentiels à la vie, lui dit l'ancien, et il continua…

Le bonheur te rend doux. Les essais te rendent fort. Les peines te rendent humain. Les chutes te rendent humble. La réussite te rend brillant.

Si tu n'obtiens pas ce que tu désires, ne désespère pas… Qui sait, peut-être es-tu juste en train de fortifier tes racines. »

Auteur inconnu

Il est impossible de faire pousser une fleur plus vite en tirant sur sa tige. Un chemin de reconstruction demande du temps et de la patience. Il n'est pas possible d'accélérer le processus.

Avant de sortir de terre, un arbre a besoin d'ancrer ses racines, puis de les développer.

Tel le bambou, fortifiez vos racines, laissez le temps, et faites preuve de bienveillance envers vous-même. Puis épanouissez-vous, lorsque vos fondations sont fortes et inébranlables.

LA LETTRE RESSOURCE

Lors de mes accompagnements, je propose un très bel exercice : l'écriture d'une lettre ressource. C'est une lettre adressée à soi-même pour s'aider dans le futur, quand on aura le moral au plus bas ou besoin de réconfort, de soutien et d'encouragements. C'est la lettre que l'on aimerait recevoir quand on va mal. Elle devient ainsi une ressource sur laquelle s'appuyer pour repartir.

ÉCRIVEZ VOTRE LETTRE RESSOURCE

Écrivez votre lettre ressource à un moment où vous vous sentez bien. Prenez une jolie feuille de papier et votre stylo préféré et rédigez la lettre que vous aimeriez lire pour vous remonter le moral en cas de coup dur.

Pensez à lister dans cette lettre vos qualités, ce que vous appréciez chez vous, vos forces, vos réussites, vos souvenirs heureux et vos moments de joie. Lorsque vous avez fini, mettez-la sous enveloppe et ouvrez-la le jour où vous en avez besoin.

Je partage avec vous ma lettre ressource personnelle. Vous pouvez en faire une copie, la garder dans une enveloppe et l'ouvrir le jour où vous avez besoin de soutien. Ce jour-là, sachez que vous n'êtes pas seul, et qu'une autre résiliente pense fort à vous.

À toi, cher/chère résilient(e),

Aujourd'hui, tu lis cette lettre, ce n'est pas un hasard si elle t'est arrivée entre les mains. Tu n'es peut-être pas au meilleur de ta forme. Je sais ce que tu peux ressentir pour être passée par là moi aussi. De nombreuses fois. Il y a des jours avec, des jours sans, et sache que cela fait partie du processus de guérison.

Dans ta vie, il y aura d'autres moments de doutes et de peurs, de souffrances et de douleurs, mais sache que tout cela aussi passera. Tout passe, rien ne dure. La vie elle-même est impermanente, les moments de bonheur comme les difficultés ne durent pas éternellement. Tout a un début et une fin. De nos épreuves les plus difficiles naissent nos plus grandes forces. Tu arriveras à surmonter cette difficulté, je sais que tu as toutes les ressources nécessaires en toi.

Accepte tes émotions, ne les refoule plus : pleure si tu as envie de pleurer, crie si tu as envie de crier, frappe dans un coussin si tu as besoin de frapper ou si tu ressens de la colère en toi, évacue tout cela hors de toi. Par l'écriture, le dessin, la parole, le chant, la musique, le sport, le théâtre, la peinture, la sculpture, peu importe comment, pourvu que cela s'exprime et sorte enfin de toi pour t'en libérer.

Chaque chose en son temps, pas à pas, étape après étape. Fais preuve de patience et surtout de bienveillance envers toi-même. Apprends à t'aimer et à te respecter. Tu es unique au monde, et tu as beaucoup à nous apporter.

Et quand tes émotions et ta douleur seront sorties, viendra enfin le temps de la libération et de la reconstruction. Le moment tant attendu de poser des fondations solides, tu t'épanouiras enfin, et tel un arbre, tes racines puissantes t'ancreront dans la terre pour que tu deviennes fort(e) et inébranlable.

Je suis fière de toi ! Aie confiance en toi et en la vie. Regarde tout ce chemin que tu as parcouru…

Le plus dur est derrière toi, et le meilleur est à venir. Tu le mérites tellement !

Avec tout mon amour,

Anya

CHAPITRE 15

La liberté d'être

« ÊTRE LIBRE, CE N'EST PAS FAIRE CE QU'ON DÉSIRE, NI VOULOIR CE QU'ON FAIT, NI MÊME SE RENDRE OÙ L'ON VEUT, MAIS DEVENIR CE QU'ON EST, AIMER CE QU'ON DEVIENT, ET MARCHER, COMME PAR HASARD, DANS SES PROPRES PAS. »[63]

Raphaël Enthoven

La liberté d'être est de pouvoir vivre sans contraintes intérieures. Nous ne sommes pas libres tant que nous dépendons des autres, de leur opinion ou de leur approbation.

Après une épreuve traumatique telle que des violences sexuelles, nombreuses sont les personnes qui ne s'autorisent pas à être libres et à vivre sans contraintes intérieures. Il y a une notion de permission et d'autorisation à soi-même qui revient fréquemment chez nombre de celles que j'accompagne.

63. *Philosophie magazine*, n° 21, juillet-août 2008.

Chaque personne mérite de vivre la vie qu'elle choisit, de se sentir libre d'être elle-même.

LA LIBERTÉ D'ÊTRE ET DE FAIRE SES PROCHES CHOIX

« Soyez vous-même,
tous les autres sont déjà pris. »

Oscar Wilde

Longtemps, j'ai laissé les autres décider pour moi, pensant que mes proches savaient mieux ce qu'il me fallait. Baignée dans ma double culture, j'ai porté longtemps le poids des traditions familiales. Je n'étais pas encouragée à exprimer mes sentiments ni mes émotions.

Après le viol, je pouvais encore moins montrer les émotions qui me rongeaient de l'intérieur. Comme je n'avais jamais appris à les exprimer, j'ai fait ce que j'avais toujours fait : les refouler. J'ai accepté que l'on décide pour moi. Cela m'évitait de prendre la responsabilité de ma vie.

À l'âge de 19 ans, mes parents m'ont demandé d'arrêter mes études pour m'occuper de la boutique qu'ils venaient d'acquérir. Parce que j'étais l'aînée et parce qu'une fille n'a pas besoin de faire de longues études. Je n'ai pas osé refuser le sacrifice qu'ils me demandaient ni faire entendre mon vœu cher de continuer à étudier, j'ai accepté à contrecœur pour leur faire plaisir et ne pas les décevoir. Je pensais que mes parents savaient mieux que moi ce qui était bon pour moi.

À 23 ans, je me suis mariée. Je suis rentrée dans le moule, ce chemin tout tracé par les traditions familiales et pour lequel j'étais conditionnée depuis mon plus jeune âge :

- *Il faut* se marier jeune.
- *Tu dois* faire des enfants, rapidement après le mariage.
- *Tu dois* travailler avec ton mari.
- *Tu dois* honorer ta belle-famille.
- *Il ne faut pas* exprimer tes émotions ni tes sentiments.
- *Tu dois* penser aux autres avant de penser à toi.
- *Il faut que…, tu dois…*, la liste était si longue !

Ma route était déjà tracée. J'ai accepté ces règles et fait tout ce qu'on attendait de moi.

Des années ont passé, j'ai pu libérer ma parole sur mon traumatisme et je me suis prise de passion pour le développement personnel. Cela a bouleversé ma perception des choses. Puis un jour, j'en ai eu assez que l'on choisisse pour moi, car ces choix allaient parfois à l'encontre de mes désirs.

J'ai pris conscience d'une certitude : celle de passer le reste de mes jours avec moi-même, alors autant être en accord avec soi. J'ai réfléchi à ce que je voulais vraiment, si je voulais prendre le risque de regretter un jour de ne pas avoir osé choisir dans ma vie. J'ai réalisé que j'étais la seule à savoir ce qui était le mieux pour moi.

C'est ainsi que j'ai changé au fur et à mesure les « Tu dois », « Il faut que », qui avaient guidé ma vie jusque-là, en « Je veux, je désire, j'ai envie, je choisis, je décide, je souhaite, j'aspire à… ». Ma vie s'en est trouvée transformée ! Un monde nouveau, rempli de possibilités, de nouvelles opportunités, de rencontres magiques et inspirantes s'est ouvert à moi.

J'ai fait le choix :

- de m'aimer, m'approuver et me respecter ;
- d'écouter mon cœur et de suivre mon intuition ;
- de croire en moi, en mes ressources et en mon potentiel ;
- de vivre mes passions et réaliser mes rêves ;
- de vivre la vie que je choisis, belle, épanouie, remplie de petits et grands bonheurs ;
- de me sentir enfin libre d'être moi-même et fidèle à qui je suis.

C'est parce que j'ai appris à m'aimer et à écouter mon cœur que tout cela est devenu possible. J'ai décidé de profiter de ma seconde vie, celle que je choisis, en m'offrant ce cadeau qui n'a pas de prix : la liberté d'être soi-même.

C'EST À VOUS !

Je vous propose, dans cet exercice, de noter les phrases qui commencent par « Je dois » et « Il faut que... » qui reviennent régulièrement, souvent inconsciemment. C'est un exercice utile qui aide à prendre conscience des choses que nous faisons par devoir.

- ....
- ....
- ....
- ....

Reprenez chacune des phrases.

De quoi avez-vous besoin ?

....

....

Y a-t-il un besoin non satisfait caché derrière chaque phrase ?

. . . .

. . . .

De quoi prenez-vous conscience ?

. . . .

. . . .

DÉVELOPPER LA CONFIANCE EN SOI

« CROIS EN TOI-MÊME ET EN TOUT CE QUE TU ES. SACHE QU'IL Y A DES CHOSES À L'INTÉRIEUR DE TOI QUI SONT PLUS GRANDES QUE N'IMPORTE QUEL OBSTACLE. »

Christian Larson

Une des clés pour avancer dans cette liberté d'être est de développer la confiance en soi. C'est une demande qui revient très fréquemment chez les personnes que j'accompagne dans leur parcours de résilience.

Il est difficile aux personnes qui ont été blessées de faire confiance aux autres, ce qui est compréhensible. Pour pouvoir faire confiance aux autres, il y a un travail à faire sur la confiance en soi. Quand on en manque pour soi, il est généralement difficile d'accorder sa confiance à autrui.

La confiance en soi est différente de l'estime de soi. L'**estime de soi** correspond à la reconnaissance de sa propre valeur.

La **confiance en soi** est la reconnaissance de ses propres compétences et capacités. Comme il s'agit des nôtres et non de celles d'autrui, évitons les comparaisons. Chacun est unique au monde, donc il est inutile de comparer ce qui n'est pas équivalent. La seule personne avec laquelle nous devons nous comparer, c'est nous-mêmes, en observant nos progrès.

Le moteur de la confiance en soi est l'action. Oser sortir de sa zone de confort et tenter de nouvelles expériences permet d'augmenter le niveau de confiance en soi. C'est en élargissant sa zone de confort qu'il est possible de gagner progressivement en confiance. Une bonne technique consiste à se lancer régulièrement des petits défis, puis des objectifs plus grands au fur et à mesure que l'on réussit. À chaque défi réalisé, on accroît ainsi son niveau de confiance en soi.

Tenir le journal de ses succès

Un outil très puissant pour développer la confiance en soi est de tenir le journal de ses succès.

Dans un carnet dédié, notez :

- vos expériences positives,
- chaque fois que vous avez réussi à sortir de votre zone de confort,
- ce dont vous êtes fier,
- vos réussites et vos succès, toutes vos petites et grandes victoires.

Il est important de se féliciter et de célébrer tous ses succès, les petites comme les grandes victoires. Inscrivez, à côté de chaque expérience, sa date de réalisation.

Tenir régulièrement ce cahier permet de prendre conscience des choses accomplies, de ses capacités, et augmente le niveau de confiance en soi.

Et quelle gratification de le relire plus tard et de voir tout le chemin parcouru !

CHAPITRE 16

L'amour de soi

« S'AIMER SOI-MÊME EST LE DÉBUT D'UNE HISTOIRE D'AMOUR QUI DURERA TOUTE UNE VIE. »

Oscar Wilde

L'amour de soi est un sentiment majeur. Les personnes qui ont subi des violences sexuelles sont nombreuses à me raconter leurs difficultés à le ressentir. Or, le manque d'amour de soi a des répercussions importantes pour créer des relations harmonieuses avec les autres.

L'AMOUR DE SOI EST LA SOURCE DE TOUT AMOUR

Tout vient de soi

Ma conviction profonde est que **l'amour de soi est la source de tout amour**. Ce n'est pas celui que nous recevons des autres qui va nourrir notre amour de nous-mêmes. L'amour reçu n'est pas non plus suffisant pour aimer. Ce n'est pas ce que nous recevons de l'extérieur qui nous donne une capacité à aimer, mais ce qui vient de notre intérieur.

Pour aimer, il faut d'abord s'accepter et apprendre à s'aimer. Nous ne pouvons pas recevoir des autres ce que nous ne nous donnons pas à nous-mêmes. Si nous ne savons pas nous aimer, nous risquons de projeter sur une autre personne nos attentes, nos besoins et nos désirs non satisfaits, en pensant que notre bonheur dépend d'elle et de ses actes. Nous allons attendre qu'elle comble notre vide intérieur, qu'elle prouve constamment son amour ou que nous sommes dignes d'être aimés.

C'est un leurre énorme qui annonce de nombreuses souffrances. Tout ce que je réclame à l'autre, je peux en réalité me le donner moi-même. Nous ne pouvons pas être comblés de quelque chose que nous n'avons pas au plus profond de nous. Il n'est pas possible de trouver à l'extérieur ce que nous ne possédons pas à l'intérieur. L'amour, ainsi que le bonheur, ne peuvent venir de l'extérieur ni d'autrui, au contraire, ils viennent de soi.

Le respect de soi

L'amour de soi commence avant tout par le **respect de soi**. Sans lui, il n'y a pas d'amour possible. Si nous ne nous respectons pas nous-mêmes, comment les autres pourraient-ils y parvenir ? Qui est le mieux placé pour savoir ce qui est bon pour soi-même ? Personne d’autre que nous, pas nos parents, ni notre conjoint, ni nos enfants, ni nos amis…

C’est ainsi que j’ai peu à peu appris à me respecter, en refusant de subir, en apprenant à refuser, en posant mes limites, en acceptant de faire mes propres choix. Une grande étape dans ma vie ! J’avais tellement peur, en posant mes limites ou en disant « non », de perdre l’amour ou l’amitié des autres. C’est le contraire qui s’est produit : lorsque j’ai appris à me respecter, les gens autour de moi ont commencé à changer et ils m’ont manifesté bien davantage de respect. J’ai commencé à avoir de plus en plus confiance en moi, à sentir de l’estime pour moi-même.

Il est essentiel de rétablir, dans notre vie, cette valeur fondamentale qu’est **le respect**, et d’abord **le respect de soi**. Dans le cas de violences sexuelles, cette valeur respect a été bafouée. Nous n’avons pas été respectés en tant qu’être humain, cela touche à notre intégrité et à notre dignité humaine. Il est donc primordial de ramener cette valeur dans votre vie pour rétablir un équilibre intérieur.

Être fidèle à soi-même, à ses désirs, à ses rêves, à ses besoins et aspirations est une façon de se respecter. Reconnaître et honorer ses propres besoins est une étape indispensable et une preuve de respect et d’amour de soi.

C’est ainsi que naît l’amour de soi : le respect de soi conduit vers l’estime de soi, la confiance en soi, en la vie, et tout ceci ouvre sur l’amour de soi. Enfin, l’amour de soi mène à la liberté intérieure.

NOUS SOMMES COMPLETS ET ENTIERS

Assez longtemps, j’ai pensé que j’étais incomplète. Je cherchais ma moitié, la personne qui me compléterait pour que je devienne entière. Dans une relation de couple qui nous satisfait, on pense alors avoir trouvé sa moitié, son âme sœur. Ce terme de « moitié » est réducteur. Personne n'est la moitié d'une autre personne ! Nous-mêmes ne sommes pas une moitié d'être humain. **Nous sommes nés entiers et complets.**

Toute notre vie, nous courons après l'amour, ou à la recherche du grand amour, celui qui est au-dessus de tous les autres, un don du ciel. Mais l'amour véritable ne peut être trouvé hors de nous si nous ne l'avons pas d'abord en nous. Tout commence par soi, et c'est en nous aimant tels que nous sommes, en cherchant l'amour en nous-mêmes, qu'il devient alors possible d'attirer l'amour vers soi.

Une personne qui nous aime profondément, ou une « âme sœur », n'est pas là pour nous compléter. Ce n'est pas son rôle. Elle est là pour nous encourager à nous compléter nous-mêmes, à redevenir entiers et à nous aimer dans notre complétude. Cette personne est là non pour nous réparer, nous guérir ou combler un vide en nous, mais pour nous encourager à **guérir nous-mêmes de l'intérieur nos propres blessures et à nous combler nous-mêmes.**

J'ai longtemps pensé que lorsque je trouverai la bonne personne, elle pourrait me réparer de mes blessures passées. Je pensais que mon mari ou mes enfants pourraient m'en guérir. J'ai projeté ces attentes irréalistes sur eux. Ce n'est pas leur rôle. **Personne ne peut faire pour moi ce chemin ni cicatriser mes blessures à ma place.**

Quand quelqu'un est tout pour nous, alors qu'est-on pour soi-même ? La réponse est souvent que l'on n'est pas grand-chose pour soi, car on dépend de l'autre pour se sentir entier et complet. Faites que dans votre vie, aucune personne ne soit tout pour vous. Ne cherchez pas à combler le vide en vous par une personne qui prenne toute la place : c'est une porte ouverte aux souffrances et à la dépendance affective. Je vous invite à devenir tout pour vous-même et à retrouver votre complétude.

Personne d'autre n'est là pour nous sauver ou nous combler, c'est à nous de nous secourir nous-mêmes. Personne d'autre que nous ne peut porter la responsabilité de notre bonheur ou de notre guérison. Nous devons apprendre à nous aimer, à nous aider et nous guérir nous-mêmes pour pouvoir vivre des relations saines et harmonieuses, en commençant par la relation la plus importante de notre vie : **celle que nous entretenons avec nous-mêmes.**

C'EST À VOUS !

Placez-vous seul face à un miroir, dans un endroit calme et où vous ne serez pas dérangé. Dites ces phrases à voix haute en vous regardant dans les yeux :

- Je m'aime et je m'accepte tel que je suis.
- Je m'aime et je m'approuve.
- Je m'aime et je me respecte.
- Je m'aime et je me pardonne.
- Je m'aime inconditionnellement tel que je suis.

Vous pouvez répéter plusieurs fois ces phrases pour bien les intégrer. Pratiquez ce rituel chaque jour pendant trente jours. C'est un exercice puissant et source de transformation. Essayez, c'est votre tour !

Pour ma part, je le faisais dans la salle de bains quand j'étais seule. Les premières fois, c'était très difficile. Je n'avais pas l'habitude de me dire ce genre de choses et cela me semblait faux. Mais j'ai persévéré.

N'écoutez pas votre ego qui est là pour vous juger et vous laminer. Éteignez votre radio mentale et persévérez jusqu'à que cela devienne naturel. J'ai pleuré en me disant ces phrases. Ce rituel a transformé ma vie.

Avec la pratique, j'ai complété peu à peu les affirmations, en ajoutant des phrases telles que : « Je suis une femme belle, intelligente, forte, courageuse. Je mérite le meilleur dans ma vie. J'ai toutes les ressources en moi pour vaincre ces difficultés. J'ai un potentiel illimité. »

À votre tour, créez vos propres affirmations positives :

- ....
- ....
- ....
- ....

LES CINQ LANGAGES DE L'AMOUR

Dans son livre *Les Langages de l'amour*[64], Gary Chapman dévoile ses cinq façons de manifester son amour à l'autre.

- Les cadeaux ;
- Les moments de qualité : temps de qualité partagé avec l'autre ;
- Les paroles valorisantes : compliments, mots d'appréciation ;
- Les services rendus : aides et services pour faire plaisir à l'autre ;
- Le toucher physique : contact physique avec l'autre.

À mon sens, il en est de même pour l'amour de soi.

Nous avons tous un langage prédominant parmi ces cinq langages. Trouvez le vôtre pour vous accorder à vous-même les manifestations d'amour auxquelles vous êtes le plus sensible. Par exemple, si notre langage est celui :

64. Gary Chapman, *Les Langages de l'amour. Les actes qui disent « je t'aime »*, éditions Farel, Pontault-Combault, 2015.

- **du toucher physique** : apportez-vous à vous-même ce contact dont vous avez besoin sous la forme d'un automassage ou offrez-vous un massage, prenez soin de votre corps en vous massant avec une crème parfumée après la douche, prenez un bon bain chaud, etc.
- **des cadeaux** : offrez-vous un cadeau qui vous fait plaisir ou fabriquez-le vous-même.
- **des paroles valorisantes** : complimentez-vous, ayez des pensées valorisantes et des mots positifs sur vous-même.
- **des moments de qualité** : donnez-vous du temps pour faire ce qui vous plaît, voir un film, une expo, une pièce de théâtre, etc.
- **des services rendus** : faites des petits actes pour vous faire plaisir, par exemple cuisinez votre plat préféré.

C'EST À VOUS !

Quel est votre langage de l'amour ?

. . . .

Quels gestes d'amour pourriez-vous mettre en place dans votre vie pour vous manifester votre amour ?

- . . . .
- . . . .
- . . . .
- . . . .

LA DÉPENDANCE AFFECTIVE

La dépendance affective est liée à un **manque d'amour de soi**. Nous allons ainsi chercher à l'extérieur ce que nous n'avons pas en nous, pour satisfaire le besoin de combler un vide en nous. Nous cherchons chez autrui matière à nous combler sentimentalement, affectivement ou sexuellement. C'est un puits sans fond, car ce vide intérieur ne pourra jamais être comblé ainsi.

En cherchant à compenser ce sentiment de manque par un apport extérieur, nous donnons un pouvoir inestimable à l'autre : celui d'être responsable de notre bonheur et nous perdons ainsi le pouvoir sur notre vie. Nous développons des attentes à l'égard d'une autre personne, en lui attribuant la responsabilité de nous rendre heureux. Notre bonheur ne nous appartient plus. Nous devenons dépendants.

Comme sous l'effet d'une drogue, nous devenons dépendants de la dose que l'autre accepte ou non de donner. Si la personne nous donne notre dose, c'est-à-dire de quoi être satisfaits dans l'instant, alors nous sommes heureux. Mais, comme avec toute drogue, l'effet est temporaire. Alors, nous demandons plus.

Si, au contraire, l'autre ne nous délivre pas notre dose, s'il se comporte mal ou nous rejette, nous souffrons et devenons malheureux. Cette situation de dépendance affective est comparable à une relation entre dealer et toxicomane où ce dernier est dépendant de la dose que le dealer accepte ou non de lui vendre. On peut passer ainsi de moments d'intense bonheur à des périodes de souffrances terribles liées au manque.

La dépendance affective n'est pas de l'amour

La dépendance affective n'est pas de l'amour, c'est une relation addictive. Une relation d'amour véritable n'est pas là pour combler un vide en nous ni projeter des attentes sur autrui.

La personne aimée n'a pas le rôle ni la responsabilité de nous rendre heureux ni de combler nos manques.

Une personne qui souffre de dépendance affective peut rester longtemps dans cette relation. Tout dépend de son seuil de tolérance et de sa capacité à résister à la souffrance. Tant que l'on ne réalise pas que ses besoins ne se trouvent pas à l'extérieur, mais à l'intérieur de soi, le scénario peut durer des années ou se reproduire dans différentes relations, comme si l'on attirait ces situations.

Voici ma conviction : nous reproduisons ces schémas dans nos vies tant que nous n'en tirons pas des apprentissages et tant que nous ne soignons pas nos blessures.

J'ai moi-même souffert de dépendance affective, j'ai mis du temps à en prendre conscience, ce qui a retardé ma guérison. En travaillant à soigner mes blessures, j'ai appris sur moi et tiré des leçons de vie inestimables. Les personnes sur qui nous projetons des attentes ou dont nous devenons dépendants ont un rôle important. Elles sont là pour nous aider à **mettre en lumière les parts de soi qui doivent être travaillées**, nos blessures de l'âme, notre part d'ombre refoulée et que nous pouvons alors nettoyer, réintégrer et ainsi guérir. Soigner ma dépendance affective m'a permis d'avoir une plus grande conscience de moi et d'aller plus loin dans ma croissance personnelle.

Remplir le vide en soi

Nos besoins non satisfaits ainsi que les blessures du passé laissent un vide en nous. Nous espérons le combler par une recherche extérieure. Mais c'est à nous que revient le rôle d'assouvir nos besoins pour le faire disparaître. Nombreuses sont les personnes qui ont tendance à chercher des sources de plaisirs immédiats au lieu de satisfaire des besoins plus profonds.

Le plaisir est par nature éphémère. Il est provoqué par quelque chose d'extérieur à soi. Il est différent de la joie qui est intérieure. Les sources de plaisir extérieur ne pourront donc jamais combler nos manques.

Après des violences sexuelles, de nombreuses personnes sombrent dans une forme de dépendance ou dans des conduites addictives comme si des sources extérieures pouvaient satisfaire leurs besoins non comblés. C'est une illusion. Rien ni personne ne pourra jamais combler ce vide en nous si nous ne le faisons pas nous-mêmes. Aucune substance, aucun médicament, aucune drogue ni personne. Au mieux, ce sera uniquement une source de plaisir éphémère. Une fois le plaisir passé, comme le vide est toujours là, elles chercheront une nouvelle dose de plaisir, puis une autre encore plus forte. C'est un cercle vicieux.

La clé pour guérir d'une addiction ou d'une dépendance est de prendre conscience que rien d'extérieur ne pourra jamais combler définitivement nos manques ni satisfaire nos besoins. La solution consiste à se guérir soi-même en soignant ses blessures.

Important : si vous souffrez d'addictions ou de dépendances, faites-vous accompagner par des professionnels. Ne restez pas seul avec vos souffrances, des solutions existent et le chemin est toujours plus difficile à parcourir dans la solitude.

L'amour de soi, remède à la dépendance affective

« Retrouver l'amour de soi-même pour pouvoir enfin s'accompagner dans la vie avec sérénité.[65] »

Jacques Salomé

La dépendance affective provenant d'un manque d'amour de soi, son remède est simple : le cultiver, se donner à soi-même ce que l'on cherche à l'extérieur, c'est-à-dire l'amour. Prenons conscience que notre bonheur ne dépend que de nous. Nous sommes les seuls à pouvoir nous guérir, à remplir notre vide intérieur pour retrouver notre complétude.

Apprendre à s'aimer suppose de passer du temps avec soi, dans l'introspection, d'apprendre à vivre seul avec soi-même, d'apprécier ces moments où l'on tente de s'apprivoiser et de se (re)connaître tel qu'on est réellement.

L'amour de soi passe par l'acceptation totale et inconditionnelle de soi-même, mais également par le pardon à soi. Se pardonner tout ce que l'on se reproche, se pardonner de s'être oublié. **Il n'est jamais trop tard pour se réconcilier avec soi-même et apprendre à s'aimer, à s'approuver et à se respecter.** L'amour que nous trouvons en nous-mêmes nous appartient, quoiqu'il arrive, et nous accompagnera toujours.

C'est l'amour de soi qui conduit vers l'amour de l'autre. En allant vers le meilleur de soi-même, on peut aller à la rencontre du meilleur de l'autre.

65. Jacques Salomé, *Bonjour Tendresse*, *op. cit.*

VIVRE POUR SOI-MÊME

« Ce n'est pas égoïste de vivre pour soi-même. Une personne qui n'a pas l'amour de soi ne peut donner de l'amour aux autres. »

André Mathieu

Vivre pour soi-même, c'est accepter de se placer au premier plan, c'est-à-dire devenir sa priorité. C'est en étant soi-même que l'on peut enfin se respecter, s'affirmer et se réaliser pleinement. Le fait de se placer au premier plan peut surprendre, ou ne pas plaire à ceux qui ont connu l'ancienne version de nous : celle qui était bridée et limitée par les masques qu'elle portait.

C'est ce qui m'est arrivé. Les gens n'attendaient pas que la femme effacée et soumise qu'ils côtoyaient devienne une version de moi plus affirmée, qui se montre telle que je suis, libre de déposer son masque. Oui, cela peut ne pas plaire à tous, mais ce qui compte avant tout est de se plaire à soi-même et d'y rester fidèle.

Je suis plus heureuse ainsi, libérée de mes masques. En s'acceptant tel que l'on est, l'approbation des autres devient secondaire. C'est un bonus dans la vie, mais non un but. « *L'infidélité la plus terrible, c'est de tromper le meilleur de soi en ne se respectant plus* », dit Jacques Salomé[66].

S'autoriser à penser à soi

Après toutes ces années où nous nous sommes trop souvent oubliés, relégués au second ou au dernier plan, **nous sommes**

66. Jacques Salomé, *Bonjour Tendresse*, *op. cit.*

légitimes à être enfin heureux et en paix avec soi. Nous avons le droit de penser enfin à nous avant de penser aux autres. Ce n'est pas de l'égoïsme ni de l'égocentrisme. Au contraire, devenir sa priorité, c'est faire preuve de bon sens et de respect envers soi.

Dans les avions, avant le décollage, une hôtesse de l'air, ou un steward, donne les consignes de sécurité suivantes : en cas de dépressurisation, il faut installer le masque à oxygène sur son visage, et c'est seulement après que l'on peut aider les autres, notamment les enfants, à mettre le leur. C'est toujours dans cet ordre qu'il faut agir : **c'est en s'aidant soi-même que l'on pourra ensuite aider les autres.**

Une chose est sûre, c'est avec soi que nous passons le reste de nos jours, alors autant que ce soit dans les meilleurs termes possibles afin d'être un bon compagnon de vie pour soi. **Personne ne vivra votre vie à votre place.**

Pour vous libérer du jugement des autres, acceptez que les gens présents autour de vous puissent être de passage. Ils restent dans votre vie parce que vous avez encore à apprendre les uns des autres. Ceux qui en sortent laissent la place à ceux qui vont y entrer et qui auront quelque chose à vous apporter. Nous évoluons et nous changeons. Il en est de même pour nos relations qui peuvent être amenées à se modifier, et ce, pour le meilleur !

Vers l'affirmation de soi

S'affirmer, c'est se respecter en toutes situations, c'est privilégier ses propres besoins et désirs au lieu de ceux des autres. C'est être authentique, s'assumer pleinement sans avoir besoin de porter un masque. C'est ne plus avoir besoin de rechercher l'approbation et l'acceptation des autres pour faire un choix, c'est reconnaître sa valeur personnelle. L'affirmation de soi, c'est pouvoir dire ses besoins, ses désirs, ses opinions, ses émotions, ses valeurs, poser des limites pour se respecter soi-même. Dire « non » à l'autre, c'est **se dire « oui » à soi**.

« Votre temps est limité, ne le gâchez pas en menant une existence qui n'est pas la vôtre. Ne soyez pas prisonnier des dogmes qui obligent à vivre en obéissant à la pensée d'autrui. Ne laissez pas le brouhaha extérieur étouffer votre voix intérieure. Ayez le courage de suivre votre cœur et votre intuition. L'un et l'autre savent ce que vous voulez réellement devenir. Le reste est secondaire. », dit Steve Jobs[67].

COUPER LES LIENS D'ATTACHEMENT

Lorsque nous avons des liens de dépendance vis-à-vis d'une personne ou d'une situation, il existe une méthode symbolique et puissante pour s'en défaire. Dans mes accompagnements, j'aime utiliser la technique des « bonshommes allumettes ». Créée par le thérapeute Jacques Martel, cette méthode a pour but d'aider à nous libérer de nos dépendances, de nos peurs et de nos attachements conscients et inconscients qui nous bloquent dans nos relations avec les autres. C'est une méthode de libération émotionnelle pour rompre ces liens qui nous empêchent d'avancer.

Cette méthode ne marche que pour des liens entre soi-même et une autre personne (ou une situation). Il n'est pas possible de l'utiliser pour couper des liens entre deux autres personnes. Elle fonctionne aussi pour couper un lien entre soi et une personne décédée. On travaille ainsi pour une personne ou une situation à la fois.

67. Discours de Steve Jobs, Université de Stanford, États-Unis, 2005. Discours disponible sur : https://youtu.be/UF8uR6Z6KLc

LES BONSHOMMES ALLUMETTES

Matériel nécessaire : une feuille de papier, un crayon ou un stylo, une paire de ciseaux.

Cet exercice doit être effectué seul, dans le calme et en pleine conscience. Voici les 7 étapes à faire dans cet ordre :

1. Dessinez-vous en bonhomme allumette (un rond pour la tête, un tronc, deux bras et deux jambes). Sous le bonhomme, écrivez votre nom et votre prénom.
2. Dessinez un autre bonhomme allumette pour représenter l'autre personne (ou un rectangle si c'est une situation). Inscrivez au-dessous le nom et le prénom de l'autre personne ou le nom de la situation.
3. Entourez le bonhomme qui vous représente d'un halo de lumière en faisant un cercle autour de lui et des rayons de lumière autour du cercle. Symboliquement, ce cercle de lumière signifie que l'on souhaite le meilleur pour soi.
4. Entourez également l'autre personne d'un cercle de lumière.
5. Entourez ensuite les deux personnes d'un cercle de lumière, pour représenter l'interaction entre les deux énergies.
6. Reliez les personnes entre elles au niveau des 7 chakras[68], qui sont des centres d'énergie vitale, en dessinant les lignes reliant chaque chakra : chakra racine, chakra sacré, chakra du plexus solaire, chakra cœur, chakra de la gorge, chakra du troisième œil et chakra couronne (voir le dessin pour l'emplacement des chakras). Ces lignes représentent les lignes d'attachement conscientes et inconscientes.
7. Avec les ciseaux, coupez de manière à rompre les lignes. Je précise que l'on coupe les liens qui nous entravent, on ne coupe pas l'amour.

---

68. Le mot chakra signifie « roue » en sanskrit. Les chakras ne sont pas visibles par l'œil humain. Ce sont des centres énergétiques par lesquels passent l'énergie vitale, ils constituent la base de la médecine ayurvédique en Inde.

Mon bonus : coupez en pleine conscience, en disant cette phrase à voix haute pendant la découpe : « Je coupe tous mes liens d'attachement et de souffrance. Et en les coupant, je me libère. Merci, c'est fait ! » Vous pouvez refaire l'exercice plusieurs fois, tant que vous en sentez le besoin.

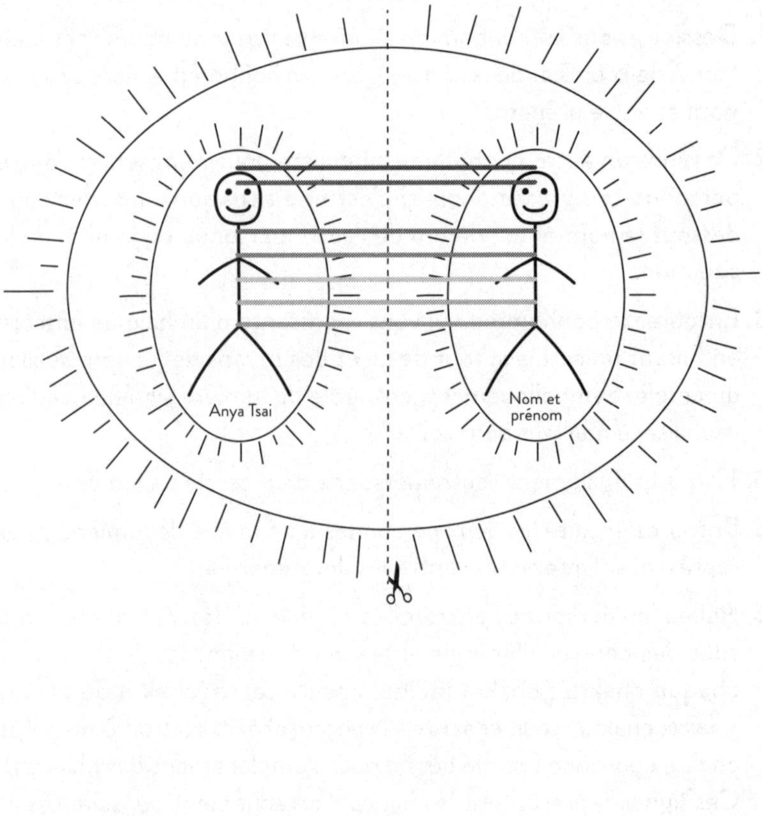

ÊTRE UN MEILLEUR COMPAGNON POUR SOI

« ON N'APPARTIENT QU'À SOI-MÊME
ET C'EST À SOI-MÊME QU'ON DOIT
LA FIDÉLITÉ LA PLUS IMPORTANTE. »

Robert Blondin[69]

Il y a une certitude : c'est avec soi-même que l'on passera le reste de sa vie, alors autant que cela se fasse en bons termes, d'où l'importance d'apprendre à être le meilleur compagnon possible pour soi. Il vaut mieux marcher ensemble main dans la main que vivre en opposition.

On n'est jamais seul quand on est bien en sa propre compagnie. C'est une solitude heureuse qui permet d'apprendre à se retrouver, à passer du temps seul, à s'apprivoiser, à se découvrir et à faire la paix avec soi, tout simplement vivre avec le meilleur de soi-même. Comme le dit très justement Jacques Salomé : « *La pire des solitudes n'est pas d'être seul, mais d'être un compagnon épouvantable pour soi-même.*[70] »

LE JOUR OÙ JE ME SUIS AIMÉ « POUR DE VRAI »

Ce poème de Kim & Alison Mc Millen a été immortalisé par Charlie Chaplin qui l'a repris dans le discours qu'il a prononcé pour son soixante-dixième anniversaire. Une magnifique leçon de vie à mettre en pratique sans plus attendre !

69. Robert Blondin, *Le Bonheur possible*, Les Éditions de l'Homme, Montréal, 1997.
70. Jacques Salomé, *Le courage d'être soi. Une charte de mieux-être avec soi-même et les autres*, Pocket, Paris, 2001.

Le jour où je me suis aimé pour de vrai,
J'ai compris qu'en toutes circonstances,
J'étais à la bonne place, au bon moment.
Et alors, j'ai pu me relaxer.
Aujourd'hui, je sais que cela s'appelle…
L'Estime de soi.

Le jour où je me suis aimé pour de vrai,
J'ai pu percevoir que mon anxiété et ma souffrance émotionnelle n'étaient rien d'autre qu'un signal lorsque je vais à l'encontre de mes convictions.
Aujourd'hui, je sais que cela s'appelle…
L'Authenticité.

Le jour où je me suis aimé pour de vrai,
J'ai cessé de vouloir une vie différente et j'ai commencé à voir que tout ce qui m'arrive contribue à ma croissance personnelle.
Aujourd'hui, je sais que cela s'appelle…
La Maturité.

Le jour où je me suis aimé pour de vrai,
J'ai commencé à percevoir l'abus dans le fait de forcer une situation ou une personne, dans le seul but d'obtenir ce que je veux, sachant très bien que ni la personne ni moi-même ne sommes prêts et que ce n'est pas le moment.
Aujourd'hui, je sais que cela s'appelle…
Le Respect.

Le jour où je me suis aimé pour de vrai,
J'ai commencé à me libérer de tout ce qui n'était pas salutaire, personnes, situations, tout ce qui baissait mon énergie.
Au début, ma raison appelait cela de l'égoïsme.
Aujourd'hui, je sais que cela s'appelle…
L'Amour propre.

Le jour où je me suis aimé pour de vrai,
J'ai cessé d'avoir peur du temps libre
Et j'ai arrêté de faire de grands plans, j'ai abandonné
les mégaprojets du futur.
Aujourd'hui, je fais ce qui est correct, ce que j'aime quand
cela me plaît et à mon rythme.
Aujourd'hui, je sais que cela s'appelle...
La Simplicité.

Le jour où je me suis aimé pour de vrai,
J'ai cessé de chercher à avoir toujours raison,
Et je me suis rendu compte de toutes les fois où je me suis trompé.
Aujourd'hui, j'ai découvert...
L'Humilité.

Le jour où je me suis aimé pour de vrai,
J'ai cessé de revivre le passé et de me préoccuper de l'avenir.
Aujourd'hui, je vis au présent, là où toute la vie se passe.
Aujourd'hui, je vis une seule journée à la fois et cela s'appelle...
La Plénitude.

Le jour où je me suis aimé pour de vrai,
J'ai compris que ma tête pouvait me tromper et me décevoir.
Mais si je la mets au service de mon cœur, elle devient une alliée
très précieuse ! Tout ceci, c'est...
Le Savoir-vivre.

Nous ne devons pas avoir peur de nous confronter.
Du chaos naissent les étoiles.
Aujourd'hui, je sais que ça s'appelle... ***La Vie !***

LORSQUE JE ME SUIS AIMÉ...

À votre tour, écrivez votre liste, que vous compléterez au fil de votre avancée sur le chemin de l'amour de soi.

Lorsque je me suis aimé pour de vrai :

- ....
- ....
- ....
- ....
- ....
- ....
- ....
- ....
- ....
- ....

HO'OPONOPONO

Technique ancestrale de guérison hawaiienne, Ho'oponopono est un merveilleux rituel de pardon et de réconciliation. Le mot « Ho'oponopono » signifie remettre les choses en ordre, corriger ce qui est erroné, rétablir l'équilibre et l'harmonie.

Selon Ho'oponopono, nous sommes à 100 % créateurs de nos vies. Nos problèmes sont causés par des pensées qui viennent de mémoires anciennes, de programmes inconscients. Ces mémoires du passé causent des déséquilibres et des dysharmonies, il convient de les nettoyer pour s'en libérer et libérer ainsi l'énergie bloquée. Ho'oponopono est un outil puissant de transmutation de nos mémoires erronées en énergie positive et lumineuse.

La méthode se constitue d'un mantra de purification à se répéter en pleine conscience : « Je suis désolé - S'il te plaît, pardonne-moi - Merci - Je t'aime. »

Ou cette variante plus courte : « Désolé - Pardon - Merci - Je t'aime. »

Voici les significations de ces quatre phrases.

- **Désolé :** ne signifie pas entrer dans la culpabilité, il n'y a ni victime ni coupable. Je reconnais l'événement. J'accepte la situation telle qu'elle est et j'admets que c'est moi qu'elle fait souffrir. Je ne savais pas que j'avais cette mémoire en moi, je n'en avais pas conscience.
- **Pardon :** pardon pour avoir créé déséquilibre et souffrance, pardon à la vie et pardon à moi-même. Je me pardonne d'avoir réagi selon mes schémas anciens. Le pardon permet d'ouvrir le cœur.
- **Merci :** merci d'avoir réveillé cette mémoire en moi que je portais sans le savoir et qui me donne l'opportunité de la nettoyer.
- **Je t'aime :** le nettoyage de cette mémoire se fait grâce à l'amour qui est l'énergie de transmutation. C'est l'amour qui va transformer les mémoires du passé. Je t'aime signifie : j'aime les autres, j'aime la vie et surtout je m'aime tel que je suis (amour de soi).

Les bénéfices de la méthode Ho'oponopono sont nombreux.

- Elle permet de récréer l'ordre à l'intérieur de soi en nettoyant notre « maison intérieure ». C'est un outil puissant de nettoyage énergétique des mémoires douloureuses du passé.
- Sa pratique permet de rétablir la sérénité et la paix intérieure, de retrouver l'équilibre.

- Elle développe l'amour de soi et le pardon à soi-même.
- Elle permet de se réconcilier avec soi-même.
- Sa pratique mène à la liberté en faisant devenir créateur de sa vie.
- Elle aide à surmonter plus facilement les difficultés de la vie.
- Elle contribue à reprendre la responsabilité de sa vie.
- Elle concourt à diminuer le stress et les tensions.
- Elle focalise notre esprit vers des pensées positives.
- Elle installe la pleine conscience et fait vivre en harmonie.
- Elle reconnecte à son enfant intérieur.

La pratique d'Ho'oponopono m'a été très bénéfique. Ces quatre mots répétés comme un mantra peuvent faire partie d'une pratique méditative.

À votre tour de la tester et de constater les résultats dans votre vie !

UNE LETTRE D'AMOUR À SOI-MÊME

Pour finir ce chapitre, je vous propose un nouvel exercice d'écriture : écrire une lettre d'amour à la personne qui le mérite le plus dans votre vie : vous !

C'est l'occasion de reconnaître votre vraie valeur, de vous aimer et de vous accepter inconditionnellement, tel que vous êtes.

N'hésitez pas à mettre en avant, sur cette lettre, vos qualités, vos talents, vos compétences, vos ressources, ce que vous appréciez chez vous, les qualités que les autres vous reconnaissent, vos réussites, ce que vous avez accompli dans la vie.

Mettez la lettre sous enveloppe, gardez-la précieusement et relisez-la quand vous en sentez le besoin.

CHAPITRE 17

Ouvrir son cœur

« Votre vision ne devient claire que lorsque vous pouvez regarder dans votre cœur. Celui qui regarde à l'extérieur rêve. Celui qui regarde à l'intérieur s'éveille. »

Carl Gustav Jung

Lorsqu'on a subi des violences sexuelles, il est fréquent de se réfugier dans le mental et les pensées et de se couper de ses ressentis et de ses émotions. C'est comme si toute l'énergie était concentrée dans la tête et cela empêche de se connecter à son cœur.

Pour écouter son cœur, il faut faire taire la radio mentale qui diffuse la voix de son ego. Choisissons plutôt la voie du cœur, suivons nos intuitions et ne nous laissons pas gouverner par notre mental, nos peurs et nos croyances. Nous avons tout à y gagner.

L'EGO

Pour rappel, l'ego est le faux soi qui est créé quand on s'identifie à son mental ou à ses pensées. Il inclut la manifestation de nos blessures non guéries du passé. L'ego est présent en chacun de nous, à des degrés divers. Il nous gouverne par la peur et ne facilite pas la connexion à notre cœur.

Reconnaître son ego

Les caractéristiques principales de l'ego peuvent être une entrave à notre épanouissement.

- Notre ego nous maintient dans notre zone de confort, il est résistant au changement. Il a besoin de tout contrôler pour se sentir en sécurité. Il n'arrive pas à lâcher prise.
- Il est dans la passivité. Pour lui, la vie est un combat et il réagit par la lutte, la résistance, la stagnation ou la fuite.
- Il se nourrit de la peur. Doué pour nous faire douter, il a peur et voit le danger partout. Il alimente sans cesse des émotions négatives comme la peur, la colère, la honte, la jalousie, la culpabilité, etc.
- Il nous juge sans cesse et fait des comparaisons. L'ego est notre juge intérieur, il critique, dévalorise, compare, sabote. C'est la voix de notre radio mentale.
- Il s'identifie à nos pensées, nos émotions, nos sentiments.
- Il cultive la culpabilité. Il cherche un coupable et se comporte en victime des circonstances extérieures. Il n'assume pas la responsabilité de ses résultats.
- L'ego est dans la possession, l'avoir. Il n'en a jamais assez et définit le bonheur par la possession matérielle, les signes de réussite extérieure.
- L'ego cultive l'illusion du manque et de la séparation. L'ego nourrit un sentiment de manque, de non-complétude, au

lieu de porter son attention sur ce qu'il a déjà. Il éprouve un sentiment de vide intérieur qu'il cherche à combler par des sources extérieures de plaisir immédiat, comme la consommation de nourriture, d'alcool, de médicaments, de drogues, qui peuvent provoquer dépendances et addictions.

Notre **voix du cœur** est à l'opposé de l'ego.

- Elle voit notre lumière ainsi que celle des autres.
- Elle est sérénité et confiance. Elle n'est pas dans le contrôle, mais dans la foi en la vie, en l'amour, en elle.
- Elle voit la guérison dans nos blessures et fait preuve de résilience. Elle n'est ni dans la lutte ni dans la survie comme l'ego, mais dans la croissance et le développement, et voit en chaque événement l'occasion d'apprendre et de grandir.
- Contrairement à l'ego qui se nourrit de la peur, elle se nourrit de l'amour.
- Elle sait que nous sommes unis et interdépendants, elle cultive l'unité et non la séparation.
- Elle sait que les résultats dans la vie sont les conséquences de ses pensées, de ses actions et décisions. Elle se comporte en responsable. Elle agit positivement, elle a une puissance créatrice.
- Elle cultive le pardon comme clé de libération intérieure.
- Elle est dans l'être et non dans l'avoir comme l'ego.
- Elle est reliée à l'abondance et non au manque. En cultivant amour et gratitude, elle attire l'abondance plus encore dans la vie.

Faire taire son ego

Il est important de savoir reconnaître son ego et de ne pas s'identifier à lui. C'est en effet l'identification à notre ego qui est source de souffrances dans le présent.

Pour faire taire son ego et écouter le silence en soi, voici quelques conseils.

- Vivre le moment présent. L'ego maintient le passé en vie ou au contraire se projette dans le futur. Vous pouvez vous en libérer en vous focalisant sur l'instant présent.
- Être dans la pleine présence : être pleinement conscient à ce qui est permet de diminuer considérablement le pouvoir de l'ego.
- Pratiquer la méditation pour se connecter à la voix de son cœur. Méditer est l'un des moyens les plus efficaces pour se détacher de son ego et prendre conscience de son fonctionnement.
- Ne pas s'identifier à son ego : vous n'êtes ni vos pensées, ni vos émotions, ni vos souffrances, ni vos traumatismes. Soyez l'observateur de ce qui se passe en vous, mais sans vous identifier aux manifestations. Soyez pleinement présent et conscient lors du processus. Vous pourrez ainsi vous libérer de l'emprise de votre ego et transformer votre vie.

LA VOIE DU CŒUR

Écouter et ouvrir son cœur

Voici l'un des meilleurs conseils que j'ai reçus : écouter son cœur et suivre ses intuitions pour faire les bons choix dans la vie. Ouvrir son cœur, c'est s'ouvrir à la vie et à l'amour. Plus le cœur s'ouvre, plus la conscience s'éveille. Nous avons toutes les réponses en nous, à nous d'ouvrir notre cœur pour les entendre.

Quand notre cœur parle, c'est avec la voix de l'amour, avec l'intention de nous aider et de nous guider. La voie du cœur est rarement le chemin le plus facile, elle nous fait souvent sortir de notre zone de confort.

Suivre la voie du cœur demande du courage. Le mot *courage* vient d'ailleurs du mot *cœur*. Suivre la voie du cœur est une invitation et un encouragement à se dépasser, à croître et à aller vers le meilleur de soi-même, vers son plein potentiel. Écoutez votre cœur et faites-vous confiance : le voyage en vaut la peine !

Écouter la voix de son cœur, suivre son intuition

L'intuition est la voix du cœur et de l'âme. Notre cœur est constamment en train de nous parler à travers l'intuition, il nous envoie des messages à chaque instant. Mais il parle à un volume très faible, quasiment imperceptible si nous ne lui prêtons pas attention. Et comme nous n'avons pas appris à l'écouter, ses messages passent souvent inaperçus.

À un volume beaucoup plus fort, c'est la voix de notre ego qui prend le dessus et nous empêche d'entendre celle du cœur. Nous entendons plutôt notre mental, nos pensées, nos ruminations. Pour entendre la voix du cœur, il suffit d'éteindre celle de notre ego en coupant la radio « Mental FM ». La méditation est un bon moyen pour y parvenir.

Quand on suit la voix de son cœur, on se connecte à ses intuitions. Écouter son cœur permet de vivre en accord avec soi-même. L'intuition est présente en chacun de nous, c'est aussi la langue de l'âme. Comme toute langue étrangère, elle ne s'apprend pas en un jour, elle demande de la pratique.

Voici quelques conseils pour écouter la voix de son cœur.

- Vivre dans le moment présent. Être pleinement dans l'instant permet d'augmenter sa conscience dans le quotidien.
- Créer de l'espace, des moments rien que pour soi : pratiquer la méditation, marcher dans la nature, garder des temps de silence, se concentrer sur sa respiration, porter son attention sur une seule chose à la fois.
- Écouter son corps pour développer sa conscience corporelle : l'âme s'exprime à travers le corps.
- Écouter ses émotions et les besoins qu'elles appellent.
- Avoir confiance en soi et en ses intuitions. Nous avons toutes les réponses en nous.
- S'entraîner à écouter ses intuitions.

VERS LE BONHEUR

Le bonheur est tel un jardin, il se cultive. Le bonheur est tel un muscle : plus on l'entraîne, plus il se développe. Le bonheur n'est pas possession et ne s'achète pas. Ce n'est pas ce que nous possédons qui nous rend heureux. Le bonheur est un état d'esprit, il est de l'ordre du ressenti. Il n'est donc pas de l'ordre de l'*avoir*, mais de l'*être.*

Le bonheur ne vient pas de l'extérieur, mais toujours de l'intérieur de soi. La plupart des personnes passent leur vie à le chercher à l'extérieur, dans les possessions, ils ne cherchent pas au bon endroit, le bonheur se trouve en eux-mêmes.

Beaucoup pensent qu'il faut posséder pour agir, c'est ce qui, pour eux, rend heureux : « Si j'avais un meilleur travail, j'aurais une plus grande maison et je serais heureux », « Si j'avais du temps, j'apprendrais le piano et je serais épanoui. », « Si j'avais quelqu'un dans ma vie, je ferais des projets et je serais comblé. »

La plupart des gens pensent qu'*avoir* permet de *faire*, pour enfin *être*. C'est tout l'inverse : le fait d'*avoir* ne permet pas d'*être*. Ce n'est pas en possédant quelque chose que nous serons heureux. Cela ne procure qu'un plaisir éphémère.

C'est en travaillant sur soi pour changer son état d'esprit que l'on peut cultiver la joie et le bonheur. En étant dans cet état d'esprit « d'être » et non « d'avoir », nous menons des actions qui conduisent vers ce que nous désirons. Lorsque nous sommes heureux, nos actions apportent ce que nous souhaitons. Cela marche toujours dans ce sens : *être - faire - avoir.*

La légende de Brahma

Une vieille légende hindoue raconte qu'il y eut un temps où tous les hommes étaient des dieux. Mais ils abusèrent tellement de leur divinité que Brahma, le maître des dieux, décida de leur ôter le pouvoir divin et de le cacher dans un lieu où il leur serait impossible de le retrouver. Le grand problème fut donc de lui trouver une cachette.

Lorsque les dieux furent convoqués à un conseil pour résoudre ce problème, ils proposèrent ceci : « Enterrons la divinité de l'homme dans la terre. »

Mais Brahma répondit : « Non, cela ne suffit pas, car l'homme creusera et la trouvera. »

Alors les dieux dirent : « Dans ce cas, jetons la divinité dans le plus profond des océans. »

Mais Brahma répondit à nouveau : « Non, car tôt ou tard, l'homme explorera les profondeurs de tous les océans, et il est certain qu'un jour, il la trouvera et la remontera à la surface. »

Déconcertés, les dieux proposèrent : « Il ne reste plus que le ciel, oui, cachons la divinité de l'homme sur la Lune. »

Mais Brahma répondit encore : « Non, un jour, l'homme parcourra le ciel, ira sur la Lune et la trouvera. »

Alors les dieux conclurent : « Nous ne savons pas où la cacher, car il ne semble pas exister sur terre ou dans la mer d'endroit que l'homme ne puisse atteindre un jour. »

Alors Brahma dit : « Voici ce que nous ferons de la divinité de l'homme : nous la cacherons au plus profond de lui-même, car c'est le seul endroit où il ne pensera jamais à chercher. »

Depuis ce temps-là, conclut la légende, l'homme a fait le tour de la Terre, il a exploré, escaladé, plongé et creusé, à la recherche de quelque chose qui se trouve en lui.

Conte hindou, auteur inconnu

Ce conte transmet le message suivant : tout ce dont vous avez besoin pour vivre heureux et épanoui est déjà en vous. À l'intérieur de vous se cachent votre pouvoir, vos ressources et votre potentiel, qui ne demandent qu'à être exploités. Vous avez un trésor inestimable en vous.

Pour le trouver, cherchez en vous-même et ouvrez votre cœur. Vous avez le potentiel de vous guérir, de transcender votre épreuve et de métamorphoser votre vie.

PARTIE IV

LA VOIE DU CHANGEMENT

« La porte du changement ne peut s'ouvrir que de l'intérieur. Chacun en détient la clef.[71] »

Jacques Salomé

71. Jacques Salomé, *Bonjour-Tendresse*, *op. cit.*

CHAPITRE 18

Rester en mouvement

« PENDANT DES ANNÉES, J'AI ATTENDU QUE MA VIE CHANGE. MAIS MAINTENANT, JE SAIS QUE C'ÉTAIT ELLE QUI ATTENDAIT QUE MOI JE CHANGE. »

Fabio Volo

Il n'est possible d'aller sur la voie du changement que si l'on assume l'entière responsabilité de sa vie. **Ce n'est pas ce qui nous arrive qui détermine notre destinée, mais comment on y réagit.** Pour changer une situation, il faut commencer par se changer.

Nous ne pouvons changer que ce dont nous sommes conscients. Il est impossible de changer une situation si nous restons dans le déni. La conscience est l'une des clés de la transformation personnelle.

LA SOUFFRANCE COMME LEVIER DU CHANGEMENT

Conte : le chien assis sur un clou

Voici une histoire qui m'a été contée. Elle m'a beaucoup inspirée pour me mettre en mouvement. Je vous livre ma version :

Une jeune femme est heureuse d'emménager dans sa nouvelle maison. Mais une chose l'intrigue lors de son jogging matinal : en passant devant la maison de son voisin, elle entend un chien qui hurle sans cesse : « Wouaaaff... Aouuuhhh... »

Le premier jour, elle pense que les hurlements sont passagers et que le chien va s'arrêter. Mais le lendemain, en repassant devant la maison, elle entend les mêmes hurlements de douleur du chien : « Wouaaaff... Aouuuhhh... »

Deux jours, trois jours, une semaine passent et le chien hurle toujours « Wouaaaff... Aouuuhhh... »

Ne pouvant plus supporter ces hurlements, elle sonne chez le voisin pour voir ce qui se passe. Le voisin lui ouvre et elle découvre le chien, assis sous le porche, qui continue à hurler « Wouaaaff... Aouuuhhh... »

Le voisin vaque à ses occupations comme si de rien n'était. Elle lui demande :

– Bonjour, c'est bien votre chien ?

– Oui, tout à fait.

– Mais pourquoi hurle-t-il toute la journée ? On dirait qu'il crie de douleur et qu'il souffre.

– Ah, la raison est simple, c'est parce qu'il est assis sur un clou !

– Assis sur un clou ? Je ne comprends pas. Pourquoi reste-t-il sur ce clou sans bouger ? Pourquoi ne change-t-il pas de place pour ne plus souffrir ?

Le voisin prend une longue inspiration avant de répondre : « C'est parce qu'il ne trouve pas encore sa situation assez douloureuse pour bouger. »

Nous sommes tous ce chien

Nous avons tous été à un moment de notre vie ce chien qui n'ose pas bouger malgré la douleur. Parfois, comme ce chien, nous aimerions que la douleur s'arrête, nous aimerions découvrir le monde en dehors du clou, mais la douleur nous fige et nous n'osons bouger de peur d'avoir encore plus mal. Alors qu'il suffirait de se lever pour être libéré du clou.

C'est cette étape qui est la plus difficile : se lever du clou, quitte à avoir très mal une bonne fois pour toutes. Tel ce chien, nous nous résignons à notre vie et aux douleurs associées. Alors qu'il suffit d'un pas, certes inconfortable, mais qui permet de nous libérer.

La souffrance peut être un levier puissant de changement. Le jour où le chien trouvera sa douleur insupportable, il changera de place. En attendant, tant qu'il supporte, il préfère ne pas sortir d'une zone familière, même inconfortable. L'inconnu lui fait peur.

Comme ce chien, nous avons un ou plusieurs clous dans notre vie. Certaines personnes font un travail ou des études qu'elles n'aiment pas, mais elles s'y résignent. D'autres sont dans une relation de couple non satisfaisante, parfois une relation toxique, mais ne changent pas par habitude ou par peur de l'inconnu. D'autres ne sont pas heureuses et rêvent d'une nouvelle vie, mais n'osent pas faire le premier pas vers la vie à laquelle elles aspirent.

Au lieu de passer à l'action pour changer la situation, tel ce chien, nous préférons rester assis sur un clou et hurler de douleur. Nous avons mal, mais nous ne bougeons pas, nous restons les créateurs de notre souffrance.

N'attendez pas d'avoir des douleurs insupportables pour bouger ni qu'il soit trop tard pour agir. Une vie vous attend en dehors du clou.

SORTIR DE SA ZONE DE CONFORT

« Ce n'est pas parce que les choses sont difficiles que nous n'osons pas, c'est parce que nous n'osons pas qu'elles sont difficiles. »

Sénèque

Nous avons tendance à choisir ce qui est le plus facile ou le plus confortable en restant dans notre zone de confort. Même la souffrance ressentie dans cette zone est connue, c'est rassurant. Elle est certes douloureuse, mais nous savons à quoi nous attendre, pas de surprise. Nous entretenons l'illusion d'avoir le contrôle et la maîtrise de la situation puisque tout est déjà connu. Le besoin de contrôle cache souvent une peur du changement.

Si nous continuons à faire ce que nous avons toujours fait, la suite est prédictible : nous aurons toujours le même résultat. Il est impossible de progresser en restant dans sa zone de confort. La progression se situe toujours dans notre zone d'apprentissage.

La vie veut pour nous l'évolution et non le statu quo. Elle nous envoie des épreuves pour nous faire sortir de notre zone de confort et faire des apprentissages. Nous avons en nous les capacités et les ressources nécessaires pour surmonter ces épreuves.

Sur le chemin du changement, ne cherchez pas le terrain connu ni le confort. Choisissez ce qui vous fera évoluer et grandir, même si c'est inconfortable. Toute réussite passe par une phase d'inconfort normale. Cette phase est temporaire. La transformation se trouve toujours en dehors de la zone de confort.

S'engager dans un processus de croissance personnelle est la clé de la transformation. En continuant d'apprendre chaque jour, en faisant de votre développement personnel une priorité, vous aurez des résultats au-delà de vos espérances.

Pour récolter les fruits d'un arbre, il faut d'abord planter la graine et la faire germer. Le premier pas est le plus difficile, mais il est décisif. Quel que soit votre point de départ, commencez là où vous êtes. Le premier pas crée le mouvement, il vous met en confiance, et tout naturellement, vient le deuxième pas, puis le troisième, et ainsi de suite. Comme le dit Lao-Tseu : « *Un voyage de mille lieues commence toujours par un premier pas.*[72] »

C'EST À VOUS !

Quelle est la dernière fois où vous avez été fier de vous ?

. . . .

. . . .

Il est fort probable que vous soyez sorti de votre zone de confort ce jour-là.

72. Lao-Tseu, *Tao Te King*, c. 600 av. J.-C.

MON CHALLENGE MENSUEL

L'origine de ce défi vient d'une cousine qui m'avait proposé de réaliser chaque mois une chose que je n'avais jamais faite. J'ai trouvé l'idée géniale ! Pour nous motiver, nous nous sommes lancé ce défi mutuel et de faire le point chaque mois pour partager nos expériences. Voici une liste non exhaustive des bénéfices obtenus :

- sortir de sa zone de confort et de la routine, élargir ses horizons,
- augmenter la confiance en soi,
- être fier de soi et renforcer l'estime de soi,
- se découvrir de nouvelles ressources et capacités,
- être plus épanoui,
- développer son imagination et sa créativité,
- se débarrasser de ses peurs,
- ne plus regretter des choses que l'on n'a pas faites,
- faire de nouveaux apprentissages,
- faire de nouvelles rencontres,
- réaliser que les seules limites que l'on a sont celles que l'on impose à soi-même, et tout devient possible,
- inspirer les autres.

LANCEZ-VOUS DES DÉFIS

Je vous propose de participer à ce challenge pour sortir de votre zone de confort et transformer votre vie.

Quel défi choisissez-vous de réaliser pour la première fois, ce mois-ci ?

. . . .

. . . .

. . . .

Date de réalisation :

. . . .

N'oubliez pas de fêter comme il se doit cette victoire et de le consigner dans le journal de vos succès !

CHAPITRE 19

Le pouvoir des habitudes et de l'engagement

Surveille tes pensées,
car elles deviennent des mots.
Surveille tes mots, car ils deviennent des actes.
Surveille tes actes,
car ils deviennent des habitudes.
Surveille tes habitudes,
car elles deviennent ton caractère.
Surveille ton caractère, car il devient ton destin.

Lao-Tseu

NOUS SOMMES LE RÉSULTAT DE NOS HABITUDES

L'être humain est un être d'habitudes. Nous sommes ce que nous répétons chaque jour, c'est-à-dire le résultat de nos habitudes. Ce que nous répétons a un impact sur notre vie présente. « *L'excellence est un art que l'on n'atteint que par l'exercice constant. Nous sommes ce que nous faisons de manière répétée. L'excellence n'est donc pas une action, mais une habitude* », disait très justement Aristote.

Notre cerveau n'aime pas le changement ni l'inconnu, il cherche le plaisir immédiat. C'est pourquoi il est difficile de sortir de sa zone de confort. Notre mental trouve des excuses pour nous empêcher de changer nos habitudes et rester dans une zone connue. Alors que le processus de résilience est tout sauf immédiat : il demande du temps, de la patience, de la persévérance, de l'engagement. La gratification n'est donc pas immédiate, c'est le chemin qui compte plus que la destination. C'est un voyage initiatique vers un processus alchimique.

« *La folie, c'est de faire toujours la même chose et de s'attendre à un résultat différent* », disait Einstein. **Des habitudes différentes produisent des résultats différents.** Pour changer ses habitudes, il faut en ancrer de nouvelles. Les nouvelles habitudes s'obtiennent par la répétition et la constance, jusqu'à devenir un automatisme.

Si vous ne changez rien à votre vie aujourd'hui, il sera impossible d'obtenir un changement dans votre vie demain.

CHANGER SES HABITUDES POUR CHANGER DE VIE

« Il n'y a qu'une façon d'apprendre :
c'est par l'action.
Tout ce que tu avais besoin de savoir,
c'est le voyage qui te l'a enseigné.[73] »

Paulo Coelho

Les niveaux d'apprentissage

Il existe, pour moi, trois niveaux d'apprentissage.

- **Savoir** : cela se situe au niveau de la tête. Savoir n'est pas suffisant. Comprendre un principe ne sert pas à grand-chose si nous ne le mettons pas en application, les débouchés sont très limités.
- **Vouloir** : on le ressent en soi, le savoir descend de la tête au cœur. On ressent le besoin de mettre en application.
- **Pouvoir** : c'est la phase d'intégration, on passe du cœur à l'action. On applique les principes appris, on s'entraîne, on met en pratique et on implémente jusqu'à ce que la compétence soit acquise. Elle devient automatique sans que nous ayons à y penser, comme marcher, respirer, se brosser les dents.

73. Paulo Coelho, *L'Alchimiste*, J'ai Lu, Paris, 2020. Trad. du portugais par Jean Orecchioni.

Savoir ou vouloir n'est pas pouvoir

« LES PLUS BELLES VÉRITÉS DU MONDE NE SERVENT À RIEN TANT QUE LEUR TENEUR N'EST PAS DEVENUE POUR CHACUN UNE EXPÉRIENCE INTÉRIEURE ORIGINALE.[74] »

Carl Gustav Jung

Avoir les connaissances ou accumuler de la théorie n'est pas suffisant. C'est un bon point de départ, mais ce savoir ne sert à rien si nous ne le mettons pas en application. Le savoir et la lecture passive ne suffiront pas pour provoquer un changement dans la vie. Nous avons beau lire tous les livres du monde, apprendre toutes les matières possibles, si nous ne faisons qu'accumuler les connaissances théoriques sans les mettre en application, tout ce savoir est inutile. **Tout ce que vous lisez, écoutez ou apprenez n'a de valeur que si vous décidez de vous en servir.**

Vouloir n'est pas suffisant non plus pour s'engager. Par exemple, vouloir arrêter de fumer n'est pas suffisant pour arrêter. Il faut prendre la décision ferme et s'y tenir. La volonté seule est insuffisante pour aller vers le chemin du changement sans prise de décision ni engagement.

En revanche, mettre en application les principes appris transformera radicalement votre existence. **La clé du succès est le niveau d'implémentation et de pratique.** Le changement nécessite de s'impliquer et de s'engager personnellement.

« *Certains veulent que ça arrive, d'autres aimeraient que ça arrive et d'autres font que ça arrive* », dit Michael Jordan, champion de basket-ball américain. Vous avez le savoir et les connaissances, vous avez le pouvoir de transformer votre vie. Faites-en bon

74. Carl Gustav Jung, *Problèmes de l'âme moderne*, Buchet-Chastel, Paris, 1994.

usage. N'attendez pas que les choses arrivent d'elles-mêmes, faites-en sorte qu'elles se produisent.

Nos habitudes conditionnent notre présent et notre avenir

La voie du changement demande un travail de croissance personnelle, de remettre en cause ses croyances limitantes, de mettre en place de nouvelles habitudes pour obtenir de nouveaux résultats. Les habitudes ne sont pas figées. Il est possible de les changer, de les supprimer ou de les remplacer par de meilleures. Changer ses habitudes peut radicalement transformer votre vie !

Adopter de nouvelles habitudes nécessite un temps d'adaptation, de la persévérance et de l'engagement. Voici quelques questions pour savoir où vous en êtes.

- À quel niveau d'engagement suis-je ? Suis-je seulement au stade du souhait : *je veux, je souhaite, j'aimerais* ?
- Ou suis-je au stade de la décision et de l'action – *je décide dès maintenant d'agir* –, qui est celui du véritable engagement.
- À combien est-ce que je me sens engagé sur une échelle de 0 à 10 ?
- Jusqu'où suis-je prêt à aller pour changer ?

Oui, modifier ses habitudes et s'engager dans la voie du changement est difficile et nécessite de sortir de sa zone de confort. Mais le jeu en vaut la chandelle. Ne rien faire et subir sa vie coûte encore plus et ouvre la porte aux regrets futurs.

Je ne connais aucune grande réalisation ni aucune réussite sans un engagement plein et entier de tout son être. En s'engageant pleinement, en se mettant en action, des choses se produisent : des rencontres, de l'aide inespérée, des événements. Tel est le pouvoir de l'engagement.

Plus on pratique et plus on progresse

« La plus grande gloire n'est pas de ne jamais tomber, mais de se relever à chaque chute. »

Confucius

C'est la règle fondamentale de tout apprentissage : découvrir, mettre en pratique, puis persévérer. Plus on s'entraîne, plus on progresse, c'est le secret. La répétition est la mère de l'apprentissage et des aptitudes. Ce n'est pas ce que nous faisons de temps à autre qui change la vie, c'est la **constance**, c'est-à-dire ce que nous faisons régulièrement.

Cette règle vaut pour le positif comme pour le négatif. Plus on stresse et plus on est stressé. Plus on rumine des idées noires et plus on déprime.

Poser une intention ou prendre une nouvelle résolution n'est pas suffisant. Pour obtenir des résultats, il n'y a d'autre choix que de se mettre en action, de pratiquer régulièrement. Pour apprendre à lire, connaître l'alphabet et les combinaisons de lettres ne suffisent pas. Comme tout élève, il nous a fallu pratiquer pendant des années, jusqu'à ce que la lecture devienne fluide.

Si je souhaite apprendre le piano, poser cette intention ne suffit pas pour savoir jouer. Sans action répétée, sans persévérance et sans pratique assidue, je ne serai jamais musicienne. Pour devenir expert dans n'importe quel domaine, rien ne remplace la pratique et l'entraînement. Même Mozart n'a pas su jouer sans s'entraîner assidûment.

Il en est de même pour toutes les clés proposées dans cet ouvrage. Si vous ne faites que les lire passivement sans les mettre en application, il est peu probable que les choses changent d'elles-mêmes. Mon livre n'a de valeur que si vous le lui en accordez. Les outils que je partage n'ont de valeur que si vous leur en donnez. C'est en implémentant tout cela dans ma propre vie que j'ai pu transformer mon présent et mon avenir. Ne me croyez pas uniquement sur parole : **testez vous-même pour vous forger une opinion.**

Rester humble en toutes circonstances

L'humilité est une qualité essentielle sur la voie du changement. Si l'on pense n'avoir plus rien à apprendre, il est difficile d'évoluer. Le but d'une vie est d'avancer, de croître, pour s'améliorer et aller vers la meilleure version possible de soi.

La croissance personnelle demande de rester humble, d'accepter de ne pas tout savoir pour apprendre et grandir. Cela nécessite de mettre son ego de côté et d'accepter de se remettre en question.

Développer l'humilité a été l'une des clés de voûte de ma résilience. Je ne sais pas tout, j'accepte de me remettre en question, je mets mon ego de côté pour apprendre et évoluer. C'est l'attitude que je vous encourage à développer pour pouvoir, vous aussi, aller vers le meilleur de vous-même.

Trente jours de pratique pour changer de vie

Pour qu'une nouvelle habitude de vie puisse s'instaurer, il faut environ un mois de pratique quotidienne, jusqu'à ce qu'elle devienne un automatisme et que l'on soit inconsciemment compétent, c'est-à-dire que nous la répétions sans même y penser.

Reproduire une nouvelle habitude juste un jour ou deux ne sera pas suffisant, c'est un point de départ, mais on ne pourra pas l'ancrer sans constance.

Hal Elrod partage son secret dans son livre *Miracle Morning*[75] : « Votre vie changera le jour où vous déciderez de ne plus accepter d'être médiocre, quand vous prendrez conscience qu'aujourd'hui est le jour le plus important de votre vie, quand vous déciderez que le moment présent est le plus important de tous les moments, car c'est l'individu que vous devenez chaque jour, sur la base de vos décisions et de vos actes, qui détermine celui ou celle que vous serez pour le restant de vos jours. »

Dès aujourd'hui, votre vie peut prendre un nouveau tournant. Sans prise de décision et sans actions, demain sera la réplique d'aujourd'hui et rien ne changera. Prenez la décision et l'engagement dès maintenant, pas demain ni le mois prochain. Reporter une tâche équivaut à ne pas la faire. La procrastination est une forme de fuite. Si vous ne le faites pas dès maintenant, vous n'aurez pas plus de motivation demain. C'est ici et maintenant que tout se joue.

Vivre sa vie selon ses propres termes

« Rien ne vous emprisonne excepté vos pensées.
Rien ne vous limite excepté vos peurs.
Et rien ne vous contrôle excepté vos croyances. »

Marianne Williamson

Vous avez en vous la capacité de créer la vie que vous souhaitez, selon vos propres termes. Vous n'avez aucune limite. Pour cela, il vous faut changer votre état d'esprit vers un esprit de croissance, puis mettre en place de nouvelles habitudes et de nouvelles actions.

75. Hal Elrod, *Miracle Morning. Offrez-vous un supplément de vie*, Paris, First éditions, 2017. Trad. de l'anglais par Christophe Billon.

Voici quelques conseils pour y parvenir.

- Faire taire son mental pour écouter la voix de son cœur et suivre ses intuitions.
- Se reconnecter à son *pourquoi* : pour quelle raison je souhaite le faire, ce que cela représente pour moi. Faire un travail sur ses valeurs fondamentales est un bon point de départ pour trouver son *pourquoi*. Ce travail peut se faire avec un coach professionnel. Trouver son *pourquoi* est un magnifique objectif de coaching et ouvre l'horizon des possibles.
- Agir dès maintenant et passer à l'action !

Tout commence par une décision

« Si on veut obtenir quelque chose
que l'on n'a jamais eu,
il faut tenter quelque chose
que l'on n'a jamais fait. »

Périclès

Ce sont les décisions que nous prenons qui vont déterminer notre futur, et non les événements de notre vie. Si vous n'aimez pas votre situation actuelle, vous avez un pouvoir immense : décider de la changer. À chaque instant de notre vie, nous pouvons faire des choix et prendre des décisions, c'est notre libre arbitre. **Une nouvelle décision a le pouvoir de transformer votre vie.**

Pour vivre ses rêves et non juste rêver sa vie, tout commence par une décision. La décision précède l'engagement et l'action. Le vouloir ne suffit pas, il faut poser son intention, prendre une décision ferme et congruente : « Je prends la décision de... ».

ÉCRIVEZ VOTRE DÉCISION

Une vraie décision se reconnaît et se mesure à l'action qui en découle. Sans action, ce n'est pas une véritable décision.

Prenez le temps d'écrire votre décision en commençant la phrase par « Je décide de », puis lisez-la à voix haute devant le miroir, en vous regardant dans les yeux pour vous le dire à vous-même.

Ma décision :

. . . .

. . . .

. . . .

. . . .

CHANGEZ VOS HABITUDES

Les trois habitudes que je souhaite changer :

- . . . .
- . . . .
- . . . .

Les trois nouvelles habitudes pour les remplacer :

- . . . .
- . . . .
- . . . .

Choisissez une habitude et commencez par celle-là :

. . . .

Réfléchissez au premier pas à faire pour la mettre en place. Le premier petit pas ou la première action vers cette nouvelle habitude est :

. . . .

Travaillez sur une seule habitude à la fois. Il n'est pas souhaitable d'en changer plusieurs en même temps, cela risque de vous décourager.

Fêtez toutes vos petites victoires et marquez-les dans le journal de vos succès !

LE MEILLEUR MOMENT EST MAINTENANT

« *Le meilleur moment pour planter un arbre était il y a 20 ans. Le deuxième meilleur moment est maintenant* », dit un proverbe chinois. Le meilleur moment pour s'engager sur la voie du changement est aujourd'hui, pas demain. Lorsque nous reportons notre engagement, il y a peu de chances qu'il soit tenu.

C'est maintenant ou jamais. L'action se passe uniquement dans le présent, et il n'y aura jamais de meilleur moment qu'aujourd'hui. C'est dans le présent qu'il est possible de tout changer. Débutez maintenant, au moment où vous lisez ces lignes. Votre engagement a le pouvoir de transformer votre vie.

Le jour le plus favorable

« IL N'Y A QUE DEUX JOURS DANS L'ANNÉE
OÙ L'ON NE PEUT RIEN FAIRE.
L'UN S'APPELLE HIER ET L'AUTRE S'APPELLE DEMAIN.
AUJOURD'HUI EST LE MOMENT IDÉAL POUR AIMER,
CROIRE, FAIRE ET PRINCIPALEMENT VIVRE. »

Dalaï-Lama

Dans mon enfance, ma mère avait l'habitude de consulter un calendrier spécial, une sorte d'horoscope selon les signes astrologiques chinois. Elle voulait connaître les jours les plus favorables à toute décision importante : date de mariage, signature de contrat, réunion importante, départ en voyage, etc.

Avec le temps, je m'étais habituée à cette « bizarrerie », je m'y conformais si cela pouvait rassurer ou faire plaisir à ma mère. C'était sa croyance personnelle et elle partait d'une intention positive : elle voulait mettre toutes les chances de son côté pour prendre des décisions importantes pour la famille en trouvant la meilleure date. Mais très souvent, il restait très peu de choix compte tenu de ses contraintes.

Personnellement, je ne crois pas aux horoscopes. Je ne pense pas qu'il y ait un jour plus favorable qu'un autre pour agir et prendre des décisions. En attendant le meilleur jour possible, on risque tout simplement de reporter nos actions et nos prises de décisions, parfois même à jamais... Ce qui est remis à une date ultérieure n'est pas toujours honoré. Il est parfois tentant de reporter l'échéance lorsqu'on a un choix à faire, mais la procrastination n'est pas la meilleure alliée dans la réalisation de ses projets.

Le temps qui passe ne revient jamais

« En suivant le chemin qui s'appelle plus tard, nous arrivons sur la place qui s'appelle jamais. »

Sénèque

Le jour le plus favorable est et sera toujours aujourd'hui. C'est maintenant qu'il faut agir pour transformer sa vie, non demain. Tout le pouvoir de notre vie réside dans le moment présent. Le temps est la seule chose qui, une fois perdue, ne se rattrape jamais. Une journée qui passe ne reviendra plus. L'argent que l'on perd se gagne de nouveau. Mais le temps perdu ne se récupère jamais. Le temps a donc plus de valeur que l'argent.

Pour chaque jour qui passe, nous sommes crédités de 86 400 secondes sur le compte temps de notre vie, et le compteur se remet à zéro chaque jour. Imaginons qu'il soit converti en argent, nous serions crédités de 86 400 euros tous les matins. Le soir, à minuit, toute somme non dépensée serait à jamais perdue. Que feriez-vous de tout cet argent à dépenser en 24 heures, sachant que toute somme non utilisée serait définitivement perdue ? Je pense que vous feriez tout pour le dépenser avant minuit, l'offrir à ceux qui vous sont chers ou le donner à ceux qui sont dans le besoin pour ne pas perdre cette somme à jamais.

Il en est de même pour chacune de nos journées : toute seconde perdue ne revient jamais, à nous de ne pas gaspiller ce temps précieux. Le temps qui passe est inestimable. Il n'est pas possible de posséder le temps ni de le conserver sur un compte. À nous d'en faire bon usage pour vivre la vie de nos rêves.

La valeur du temps

« Pour apprendre la valeur d'une année, demande à l'étudiant qui a raté un examen.

Pour apprendre la valeur d'un mois, demande à la mère qui a mis un enfant au monde trop tôt.

Pour apprendre la valeur d'une semaine, demande à l'éditeur d'un journal hebdomadaire.

Pour apprendre la valeur d'une heure, demande aux fiancés qui attendent de se revoir.

Pour apprendre la valeur d'une minute, demande à celui qui a raté son train, son bus ou son avion.

Pour apprendre la valeur d'une seconde, demande à celui qui a perdu quelqu'un dans un accident.

Pour apprendre la valeur d'une milliseconde, demande à celui qui a gagné une médaille d'argent aux jeux Olympiques.

Le temps n'attend personne. Rassemble chaque instant qu'il te reste et il sera de grande valeur.

Partage-les avec une personne de choix et ils deviendront encore plus précieux. »

Auteur anonyme

AGIR POUR NE PAS AVOIR DE REGRETS

« DANS VINGT ANS, VOUS SEREZ PLUS DÉÇU PAR LES CHOSES QUE VOUS N'AVEZ PAS FAITES QUE PAR CELLES QUE VOUS AVEZ FAITES. ALORS, SORTEZ DES SENTIERS BATTUS. METTEZ LES VOILES. EXPLOREZ. RÊVEZ. DÉCOUVREZ.[76] »

Qu'y a-t-il de pire que d'arriver au dernier jour de sa vie avec des regrets ? Il semblerait que 95 % des gens arrivent sur leur lit de mort avec des regrets, car ils n'ont pas eu la vie dont ils rêvaient ou n'ont pas eu le courage de faire certains choix. Les regrets sont essentiellement liés aux choses que l'on n'a pas faites.

76. Citation apocryphe, souvent attribuée à Mark Twain.

Bronnie Ware, infirmière en soins palliatifs, a répertorié[77] les cinq principaux regrets des personnes en fin de vie :

- J'aurais aimé avoir le courage de vivre la vie que je voulais vraiment et non celle que les autres attendaient de moi.
- Je regrette d'avoir travaillé autant.
- Je regrette de ne pas avoir eu le courage d'exprimer mes sentiments.
- Je regrette de ne pas avoir gardé le contact avec mes amis.
- J'aurais aimé m'autoriser à être plus heureux.

Et vous, s'il ne vous restait qu'un an à vivre, que feriez-vous de ce temps ? Que changeriez-vous dans votre vie ? Que choisissez-vous : agir pour ne pas avoir de regrets, ou bien continuer à vivre ainsi ?

La clé est entre vos mains.

LA VISUALISATION POSITIVE

Chaque jour, notre cerveau produit en moyenne 60 000 pensées. 95 % de ces pensées sont identiques à celles de la veille, 80 % environ sont des pensées négatives et nous n'en avons pas toujours conscience.

Le pouvoir des pensées positives

Émile Coué, psychologue et pharmacien français, est à l'origine de la pensée positive. Avec sa méthode d'autosuggestion positive, il démontre que le pouvoir de l'imagination est supérieur à celui de la volonté. Notre inconscient est sensible à la suggestion. C'est la fameuse « *méthode Coué* ». Se répéter plusieurs fois par jour une affirmation positive peut avoir

---

77. Bronnie Ware, *Les 5 regrets des personnes en fin de vie*, Guy Trédaniel, Paris, 2013.

des effets bénéfiques et active le pouvoir de guérison de notre esprit : « Chaque jour et à tous points de vue, je vais de mieux en mieux. »

Si nous pensons échouer, nous nous mettons déjà en condition mentale d'échec. Si nous nous répétons chaque jour que nous sommes stupides, il y a de fortes chances que l'on finisse par le croire. Si nous nous répétons constamment que nous n'y arriverons jamais, c'est en effet ce qui va se produire.

À force de répéter des pensées négatives et de les cultiver, elles deviennent notre nouvelle norme. Ces pensées vont s'ancrer profondément en nous, puis devenir des croyances limitantes ou des convictions. D'où l'importance de choisir celles que l'on se répète ainsi que le vocabulaire utilisé !

Ce sur quoi nous portons notre attention se développe et s'amplifie. En effet, notre cerveau ne peut se focaliser que sur **une chose à la fois**, ce qui signifie que nous ne pouvons pas nous concentrer sur le problème et sur la solution en même temps. En portant notre attention sur le problème, impossible de voir la solution.

Les bénéfices de la visualisation positive

La visualisation positive agit sur notre mental en lui donnant des images pour favoriser le succès et atteindre ses objectifs. C'est une technique de préparation mentale qui a fait ses preuves. Elle est utilisée notamment par les sportifs de haut niveau pour améliorer leurs performances.

Pratiquer la visualisation positive permet d'augmenter la confiance en soi, d'abaisser le stress et l'anxiété et d'accroître ses chances de réussite. En effet, notre cerveau ne fait pas la différence entre l'imaginaire et le réel. Les découvertes en neurosciences démontrent que, dans les deux cas, quand on fait une action et quand on s'imagine en train de la faire, ce sont les mêmes zones cérébrales qui s'activent.

Notre cerveau possède une plasticité incroyable, on parle de neuroplasticité. Il est possible de modifier nos connexions neuronales en changeant notre façon de penser, c'est-à-dire que **le cerveau peut être reprogrammé grâce à des messages répétés.** La visualisation positive envoie un signal puissant au cerveau. Il le met dans les conditions du succès en nous projetant dans la situation de réussite pour la ressentir comme si elle était réelle. Plus on s'entraîne à la visualisation positive, plus on améliore ses capacités, en créant des automatismes et de nouveaux circuits neuronaux. À force de pratique mentale, nous serons dans les meilleures conditions le jour J pour atteindre nos objectifs.

La technique de visualisation positive est extrêmement bénéfique avant une compétition, une audition, un examen, une prise de parole, une prestation en public, un entretien important, etc. Je l'applique régulièrement dans ma vie et son impact a été considérable dans la réalisation de mes projets, comme pour l'écriture de ce livre.

PRATIQUEZ LA VISUALISATION POSITIVE

Voici les étapes pour bien préparer votre visualisation.

- Installez-vous confortablement dans un endroit calme et tranquille. Fermez les yeux.
- Faites quelques cycles de respiration profonde.
- Projetez-vous dans le futur : imaginez-vous avoir atteint votre objectif. Visualisez chaque étape pour y parvenir, comme si vous viviez la scène.

- Faites appel à tous vos sens. Que voyez-vous ? Qu'entendez-vous ? Dans quel endroit êtes-vous ? Y a-t-il des formes, des couleurs, des sons, des odeurs particulières ? Que ressentez-vous ? Ressentez toutes ces sensations et émotions dans votre corps et votre cœur. Sentez la joie, le bonheur, la fierté, l'accomplissement d'avoir réussi et atteint votre objectif.
- Imprégnez-vous de vos sensations corporelles et émotionnelles, de votre sentiment d'accomplissement personnel. Ancrez-les en vous avant de revenir, à votre rythme, au moment présent.

Entraînez-vous tous les jours pour vous inscrire dans une dynamique positive de changement et l'intégrer dans votre inconscient. Pratiqué de façon régulière, c'est un outil extrêmement puissant de croissance personnelle, car il met notre cerveau en condition de réussite.

LE POUVOIR DE L'ENGAGEMENT

S'engager dans la voie du changement

Tout changement commence par soi. Si nous souhaitons que les choses changent autour de nous, il faut d'abord commencer par se changer. Gandhi disait : « *Vous devez être le changement que vous voulez voir dans ce monde.* »

S'engager dans la voie du changement nous mènera naturellement dans la direction où nous avons besoin d'aller, nous fera rencontrer les personnes qui peuvent nous aider et nous enseigner ce que nous devons apprendre pour continuer. « *Quand l'élève est prêt, le maître apparaît* », dit très justement un proverbe bouddhiste.

Faire son apprentissage

Ce livre est un échange entre vous et moi. Je partage mon expérience avec vous, je vous transmets ce que j'ai appris et tout ce qui m'a aidée à transformer ma vie. Je n'ai pas la prétention de vous dire ce qui est le mieux pour vous ni comment vivre à votre place, car n'oubliez pas : **vous seul êtes l'expert de votre vie.** Personne ne détient la vérité universelle et absolue. Il n'y a pas un unique chemin, à chacun de trouver sa vérité.

Lire avec passivité, c'est rester à la surface des choses. On ne peut pas en saisir la substantifique moelle sans aller en profondeur. **La vie est un processus d'apprentissage.** Pour intégrer de nouveaux apprentissages, le meilleur moyen est de les expérimenter soi-même. C'est ainsi que le processus de transformation alchimique pourra se faire.

Ne prenez pas quelque chose pour acquis ou pour vérité sans l'avoir testé. Vivez-le par vous-même. Faites vos propres expériences, adaptez-les si nécessaire, suivez votre chemin d'apprentissage et trouvez vos propres clés. La vérité se révèlera non à travers les mots, mais à travers l'expérience.

Découvrez ce qui est vrai pour vous en vivant votre expérience. Si les clés que vous avez trouvées ont transformé votre vie, alors transmettez-les à votre tour.

POSEZ VOTRE INTENTION

L'intention est la disposition d'esprit par laquelle on se fixe délibérément un but. Elle guide nos actions en permanence. Poser son intention lui donne un pouvoir de concrétisation et permet de prendre conscience de la raison pour laquelle on agit.

Voici quelques conseils pour poser son intention.

- Écrivez votre intention à la première personne (je).
- Posez votre intention au présent (et non au futur), comme si elle était déjà là.
- Écrivez-la à l'affirmative (évitez la forme négative).

- Soyez clair et précis.
- Réfléchissez en quoi c'est important pour vous, pour quelle raison vous le faites.

Mon intention :

. . . .

En quoi est-elle essentielle ? :

. . . .

Être congruent

Pour donner toute sa valeur à votre parole et pouvoir transformer votre vie, il est important de faire ce que vous dites. Si vous n'avez pas l'intention de le faire, abstenez-vous d'en parler !

Il est essentiel de faire preuve de **congruence**, c'est-à-dire d'avoir un **alignement cohérent entre ce que l'on pense, ce que l'on dit, ce que l'on fait et ce que l'on est.** C'est avoir un comportement en cohérence avec ses valeurs profondes. Être congruent, c'est être entier et authentique, en alignant nos pensées, nos paroles et nos actions. « *Le bonheur, c'est lorsque ce que tu penses, ce que tu dis et ce que tu fais sont en harmonie* », disait très justement Gandhi.

Si on se promet de faire quelque chose, il est fondamental de respecter sa parole et son engagement envers soi. Nous nous prouvons ainsi que nous sommes dignes de confiance. Cette attitude agit positivement sur la confiance en soi et sur l'estime de soi. Lorsque vous prenez un engagement, surtout envers vous-même, faites tout pour le tenir. C'est ainsi que vous allez acquérir la capacité d'aller au bout des choses et pouvoir changer votre vie.

Trouver un compagnon d'engagement

Un des meilleurs moyens de se motiver et d'éviter de se désengager à la moindre difficulté est de se trouver un compagnon d'engagement, surtout si vous avez du mal à tenir seul dans la durée.

Si vous avez pris la décision de faire du sport une fois par semaine, il sera plus motivant d'être accompagné. Même quand vous n'en aurez plus envie, vous vous sentirez engagé si une autre personne est impliquée dans le projet ou si elle compte sur votre présence. Lorsque nous sommes seuls, il est tentant d'écouter sa petite voix intérieure qui dit de rester au chaud.

C'est la constance et la régularité qui font la réussite. Si vous manquez une semaine de sport, il sera difficile de vous remotiver la semaine suivante. Sans compter que tenir sa parole et maintenir son engagement sont essentiels pour aller sur la voie du changement.

Le compagnon d'engagement est une aide précieuse. Il n'est pas nécessaire qu'il vous accompagne dans chaque action. Il peut être celui à qui vous rendez des comptes ou que vous tenez au courant de vos avancées.

Le pouvoir de l'engagement

« *Quand tu veux quelque chose, tout l'univers conspire à te permettre de réaliser ton désir*[78] », dit joliment Paulo Coelho. Lorsque nous sommes engagés dans la voie du changement, les choses se mettent en place pour nous aider dans la réalisation de notre désir.

« *Tant que nous ne nous engageons pas, le doute règne, la possibilité de se rétracter demeure et l'inefficacité prévaut toujours. [...] Dès le moment où on s'engage pleinement,*

78. Paulo Coelho, *L'Alchimiste*, *op. cit.*

la providence se met également en marche. Pour nous aider, se mettent en œuvre toutes sortes de choses qui sinon n'auraient jamais eu lieu. Tout un enchaînement d'événements, de situations et de décisions crée en notre faveur toutes sortes d'incidents imprévus, des rencontres et des aides matérielles que nous n'aurions jamais rêvé de rencontrer sur notre chemin. Tout ce que tu peux faire ou rêver de faire, tu peux l'entreprendre. L'audace renferme en soi génie, pouvoir et magie. Débute maintenant. »

W. H. Murray[79]

RÉDIGEZ UNE LETTRE D'ENGAGEMENT

Pour que l'engagement soit plus efficace, rien ne vaut un engagement écrit. Les paroles s'envolent, les écrits restent. Je vous propose de rédiger une lettre d'engagement. C'est un acte symbolique fort, un contrat que l'on fait avec soi-même.

Pour aller encore plus loin dans votre engagement et rester motivé, cherchez un témoin de votre engagement. Son rôle sera de rester en contact avec vous pour échanger sur vos avancées. Avoir un témoin multiplie vos chances de réussite, car vous aurez à lui rendre des comptes. Choisissez-le bien !

Modèle de lettre à recopier par écrit, à dater, signer, puis à afficher dans votre bureau :

79. W. H. Murray, *The Scottish Himalayan Expedition*, J. M. Dent & Sons, Londres, 1951.

Je soussigné(e) . . . . *(nom et prénom)*
m'engage à . . . .
. . . . *(inscrivez votre objectif)*
Mon intention est de . . . .
. . . .
. . . .
Pour atteindre cet objectif, je vais mettre en place :

. . . .
. . . .
. . . .
(nouvelle habitude ou première action à faire pour l'atteindre)

. . . .

(2e habitude, ou action, à mettre en place)

. . . .

(3e habitude, ou action, à mettre en place)

. . . .

Je serai suivi(e) dans cet objectif par . . . .
(nom et prénom du témoin)

le . . . . *(Indiquez les dates des prochains rendez-vous pour faire le point, ou une date récurrente, par exemple tous les lundis à 18 heures)* afin de discuter de mes progrès.

Fait à . . . . le . . . . *(lieu, date et signature)*

+ date et signature du témoin

CHAPITRE 20

Cultiver la gratitude

Dans mon chemin personnel de reconstruction après les violences sexuelles, cultiver la gratitude est l'une des habitudes qui a eu l'effet le plus transformateur dans ma vie. Je partage avec vous cette merveilleuse découverte qui a permis de changer mon état d'esprit, en focalisant mon attention sur le positif, et de m'ancrer davantage dans le moment présent.

Cultiver la gratitude, c'est embrasser la vie, lui dire un grand Oui. Ressentir de la gratitude, c'est être reconnaissant pour ce que nous avons et qui nous procure de la joie, du plaisir, du bonheur. C'est porter son attention sur ce que nous avons au présent, et non sur ce que nous n'avons pas.

CE SUR QUOI NOUS PORTONS NOTRE ATTENTION SE DÉVELOPPE

Si nous focalisons nos pensées sur des choses négatives, nous risquons d'attirer du négatif. Tel un cercle vicieux, notre mental ne fera qu'appuyer sur ce qui ne va pas dans nos vies et les amplifier.

En revanche, si nous choisissons de porter notre attention sur le positif, notre esprit va y être plus sensible et les sources de gratitude vont se développer. Plus nous remercions la vie, plus nous sommes reconnaissants pour ce que nous avons, et plus la vie nous offre des occasions d'éprouver de la gratitude. C'est un cercle vertueux. L'état d'esprit que nous choisissons de cultiver est essentiel. La vie est remplie de moments de grâce, à nous d'y être attentifs.

LES BIENFAITS DE LA GRATITUDE

Cultiver la gratitude apporte de multiples bénéfices :

- Une augmentation de notre niveau de bien-être ;
- Un état d'esprit positif, on est plus heureux, plus optimiste ;
- Une meilleure capacité à gérer son stress, son anxiété, un sommeil plus réparateur ;
- Une plus grande résilience face aux épreuves et aux difficultés ;
- Une meilleure santé physique et un meilleur système immunitaire ;
- Une meilleure santé mentale, elle diminue les risques de dépression ;
- Elle booste la confiance en soi et l'estime de soi ;
- Elle permet de se reconnecter au moment présent ;

- Elle attire les opportunités : cultiver la gratitude est comme un aimant et ouvre à l'abondance dans notre vie. Un cœur reconnaissant attire à lui encore plus de sources de gratitude.

LE POUVOIR DE LA GRATITUDE

Gratitude et loi de l'attraction

La gratitude est l'une des clés du bonheur, d'une vie heureuse et épanouie. Elle permet d'**ouvrir son cœur**, de se focaliser sur l'**abondance** et non sur le manque. Il est impossible de ressentir de la gratitude et d'avoir en même temps des pensées ou des émotions négatives. À tout moment, nous pouvons choisir nos pensées et le regard que nous portons sur notre vie. La gratitude se cultive, c'est un choix de vie, un état d'esprit.

Nous attirons à nous ce que nous émettons et tout ce que nous émettons nous revient : c'est la **loi de l'attraction**. Cette loi part du principe que tout, dans l'univers, est constitué d'énergie et émet une fréquence, y compris nos pensées. Par nos fréquences vibratoires, nous attirons les personnes et les expériences qui reflètent nos vibrations et notre état d'esprit, que ce soit conscient ou inconscient. Nous émettons des vibrations qui résonnent avec des vibrations similaires, car nous recevons toujours sur la fréquence énergétique émise. En des termes plus simples : **on récolte ce que l'on sème.**

Les mêmes ondes s'attirent. Une personne heureuse et positive attire des personnes heureuses, inspirantes, qui vibrent sur la même longueur d'onde. Cultiver la gratitude est le meilleur moyen d'augmenter sa fréquence énergétique positive pour attirer à soi la plénitude, la sérénité, l'amour et l'abondance.

Savourer le bonheur au présent

Comme tout le monde, il m'est arrivé de vivre des journées où rien n'allait, où les problèmes tombaient sans crier gare et semblaient s'accumuler. Longtemps, j'ai focalisé mon attention sur mes soucis, je les ressassais, me plaignais à mon entourage, ruminais ces pensées négatives en espérant trouver une solution, et cela ne me rendait pas heureuse.

Un jour, j'en ai eu assez de ruminer mes soucis, de focaliser toute mon attention sur eux et de vivre dans l'anxiété du futur, au lieu de me concentrer sur le moment présent. Ruminer des pensées négatives m'empêchait de voir qu'en réalité, il y a toujours des moments positifs dans une journée, je n'en prenais pas toujours conscience.

C'est en lisant un magnifique livre sur la joie, écrit par deux prix Nobel de la paix[80], que j'ai commencé à changer ma perception des choses et à déplacer mon attention sur ce qui en vaut vraiment la peine : les petits miracles de la vie. Avant de m'endormir, je pensais aux choses positives de la journée, ce qui me donnait de la joie pour m'endormir apaisée.

J'ai ensuite consigné par écrit tous ces moments, pour cultiver un état d'esprit positif, de reconnaissance et de gratitude, pour savourer le bonheur de l'instant. Jamais je n'aurais imaginé l'impact que la tenue d'un simple journal aurait sur ma vie ! J'ai réalisé qu'il y a dans une journée plusieurs sources de joie, de plaisir, de plénitude. Tout est une question de perception. Quelle que soit la situation, je choisis de porter mon attention sur l'expérience qu'elle m'apporte, et non sur les difficultés apparentes. Je suis heureuse de partager avec vous l'outil le plus puissant pour métamorphoser sa vie.

80. Le Dalaï-Lama & Desmond Tutu, *Le Livre de la joie*, J'ai Lu, Paris, 2017.

De la culture du malheur à celle de l'émerveillement

Cultiver la gratitude, c'est passer de la culture du malheur (plaintes, lamentations, ruminations) à **la culture de l'enchantement et de l'émerveillement.** C'est admirer la vie avec des yeux neufs et en tirer la substantifique moelle.

Les personnes qui cultivent la gratitude, qui vivent dans la joie, l'amour, la compassion, le pardon, sont souvent celles qui ont connu des traumatismes, des crises, des blessures profondes. Mais elles ont décidé de donner un sens à leurs souffrances, en transformant leurs blessures en force pour inspirer et aider les autres qui traversent des souffrances similaires.

Dans un parcours de reconstruction, il est possible de trouver la sérénité à travers les difficultés grâce à la pratique de la gratitude. Ma vie s'est trouvée métamorphosée en apprenant à cultiver la gratitude. Le moyen le plus simple et le plus efficace est de commencer à tenir un journal de gratitude.

LE JOURNAL DE GRATITUDE

Mon journal de gratitude est un carnet dans lequel je note quotidiennement ce qui m'a rendue heureuse, m'a procuré du plaisir ou de la joie, m'a fait mettre l'accent sur tous les petits et grands bonheurs du quotidien. C'est une sorte de journal intime axé sur les éléments positifs pour lesquels j'ai de la reconnaissance. Je le tiens chaque soir avant de me coucher, il m'aide à me focaliser sur des choses positives avant de m'endormir, au lieu de ressasser des pensées anxieuses et énergivores.

Tenir un journal de gratitude a eu un effet spectaculaire sur ma vie. C'est l'habitude qui a eu l'impact le plus puissant pour me transformer. Cette pratique nécessite de la régularité, de la persévérance et un engagement personnel. Mais le pouvoir de transformation qu'il possède en vaut la peine !

L'importance de la pratique quotidienne

Pour en ressentir tous les bienfaits, il est nécessaire d'avoir une pratique assidue, les résultats n'étant pas immédiats. Les changements ne se produisent pas par magie du jour au lendemain, mais par la **constance**. En effet, **la répétition crée de nouveaux circuits neuronaux**, d'où l'importance de persévérer, de pratiquer quotidiennement pendant trente jours pour changer ses habitudes jusqu'à ce qu'elles deviennent un automatisme.

Il faut se concentrer pour se remémorer sa journée, la revivre mentalement pour en extraire les choses qui nous ont donné le sourire, procuré de la joie, du plaisir ou du bien-être.

C'est un excellent exercice, car à force de pratiquer, on conditionne son esprit à se souvenir des choses positives et à porter son attention sur elles, au lieu de ne retenir que les situations négatives et les sources de stress. Avec le temps, c'est de plus en plus facile, et les moments de joie augmentent.

En cultivant la reconnaissance et la gratitude, je choisis de transformer ma vie. En me focalisant ainsi sur l'aspect positif des situations, je perçois les épreuves comme des opportunités de croissance au lieu de me laisser abattre.

Merci la vie !

Je tiens quotidiennement mon journal de gratitude depuis 2017. Je lui ai même donné un nom, c'est mon journal « *Merci la vie !* » Je choisis de jolis carnets à conserver comme des trésors et c'est devenu mon rituel préféré avant le coucher. Je me remémore ma journée et je note ce qui m'a apporté de la joie, du plaisir et tous les bonheurs du moment présent. Je revisualise chaque moment pour m'imprégner de cet état de gratitude.

Une des grandes utilités de ce journal est de pouvoir s'y référer lorsque le moral est moins bon. C'est toujours encourageant et gratifiant de relire ce qui nous a rendus heureux, c'est un coup de boost très utile les jours de petite forme.

Il y a en réalité peu de choses matérielles dans mon journal, ce sont surtout des petits bonheurs du quotidien. Voici quelques exemples : un moment que je me suis accordée, un bon bain chaud, un compliment reçu ou une bonne nouvelle, le rire d'un enfant, la lecture d'un livre inspirant, un bon moment en famille ou entre amis, la dégustation de mon plat préféré, un coucher de soleil, etc. Nous pouvons aussi noter des choses pour lesquelles nous ne pensons pas toujours à être reconnaissants, comme être en bonne santé, avoir un toit, manger à sa faim, voir grandir ses enfants, etc.

Ces joies n'ont pas de prix, elles sont inestimables. Cultiver la gratitude, c'est apprendre à voir ce que la plupart ne voient pas : **c'est trouver l'extraordinaire au cœur de l'ordinaire**. Tenir ce journal, c'est ma façon de remercier la vie pour tout ce qu'elle m'apporte et qui m'est donné à vivre, et je lui en suis infiniment reconnaissante.

PRATIQUER LA GRATITUDE

La lettre de gratitude

Je vous propose un très bel exercice : écrire une lettre à une personne pour qui vous éprouvez de la gratitude. Cela peut être une personne qui vous a aidé dans le passé, à qui vous êtes reconnaissant. Écrivez-lui pour lui exprimer toute votre gratitude.

Dans un deuxième temps, je vous propose de lui envoyer, de lui donner en main propre ou de lui lire la lettre en personne.

C'est un exercice puissant. J'ai été témoin de résultats extraordinaires sur la vie des personnes que j'accompagne, et de l'impact considérable que la gratitude peut avoir.

TENEZ VOTRE JOURNAL DE GRATITUDE

À votre tour, je vous propose d'intégrer cette habitude, qui a eu l'effet bénéfique le plus spectaculaire dans ma vie, tenir votre journal de gratitude.

Choisissez un joli carnet dédié à cet effet. Chaque soir, inscrivez la date du jour, puis écrivez ce qui vous a procuré de la joie ou du bonheur, pour lequel vous ressentez de la gratitude ou de la reconnaissance. Même si vous ne mentionnez qu'une seule chose, c'est un bon début !

Pour exploiter toute la puissance de ce rituel : visualisez ce moment pour vous en imprégner de nouveau et ressentez cet état de gratitude.

Tenez **chaque jour** ce journal. Mettez une alarme sur votre téléphone si nécessaire ou placez-le en évidence à votre chevet.

Mais surtout : persévérez pour que cette nouvelle pratique puisse vous apporter tous les bénéfices. Tenez bon et faites ce rituel trente jours de suite. Puis constatez vous-même ce que cette nouvelle habitude vous apporte.

N'hésitez pas à m'écrire pour me faire part de vos résultats !

CHAPITRE 21

La liste de vie

« La vie est un défi à relever, un bonheur à mériter, une aventure à tenter. »

Mère Teresa

Se fixer des objectifs de vie apporte de nombreux bénéfices. C'est une étape importante pour se libérer de son passé, elle permet d'avancer dans le présent et de se concentrer sur des objectifs de vie dans le futur. On se détache ainsi de l'influence du passé, des pensées négatives et des croyances limitantes associées pour chercher des moyens de réalisation personnelle et de dépassement de soi, qui mènent vers l'accomplissement et le bonheur.

Lors d'une séance de coaching, j'avais donné à une personne, que j'accompagnais sur son parcours de reconstruction après des violences sexuelles, un exercice consistant à lister ses objectifs de vie. Grâce à cette liste, elle avait pris conscience que sa vie ne se limitait pas au traumatisme subi. Elle était très émue de réaliser qu'elle avait aussi des rêves et des projets. Une belle métamorphose a eu lieu ce jour-là !

RÉALISER SES RÊVES

Parce que j'ai fait le choix d'écouter mon cœur, de vivre et de profiter de cette seconde vie qui m'est donnée, il était temps de réaliser mes rêves. Pour ne pas les oublier, et pour qu'ils ne restent pas à l'état de rêves, mais deviennent des objectifs à atteindre, rien de mieux que les noter. C'est ainsi qu'est née ma « *Bucket list* ».

Une *bucket list* est une liste d'envies, elle accueille tout ce que l'on aimerait faire avant de mourir. Personnellement, je préfère traduire *bucket list* par **« liste de vie »** ou tout ce que l'on a envie de réaliser de son vivant. Cette liste n'est pas figée, elle est en constante évolution. J'y consigne mes rêves, même les plus fous, mes projets, petits ou grands, qu'ils soient à court, moyen ou long terme. Et lorsque cela devient plus concret, j'essaie de marquer une date ou une année pour fixer un objectif visible.

Ma touche personnelle : ma liste de vie ne contient pas que des rêves à réaliser. Je l'ai séparée en trois parties :

- les rêves ou projets à réaliser,
- ce qui est en cours de réalisation,
- ce qui a été réalisé.

Voir ce qui a été réalisé, ou ce qui est en cours de réalisation, est très encourageant et donne une motivation supplémentaire. Lorsque je relis ce que j'ai accompli, quelle fierté !

À voir : le magnifique film *Sans plus attendre* de Rob Reiner (titre original : *The Bucket list*) avec Morgan Freeman et Jack Nicholson. Inscrivez-le sur votre liste de vie. Très inspirant !

DRESSEZ VOTRE LISTE DE VIE

À votre tour, commencez à rédiger une liste de vie !

À réaliser :

- ....
- ....
- ....
- ....
- ....
- ....
- ....
- ....
- ....
- ....
- ....

En cours de réalisation :

- ....
- ....
- ....
- ....

- . . . .
- . . . .
- . . . .

Réalisé avec joie et fierté !

- . . . .
- . . . .
- . . . .
- . . . .
- . . . .
- . . . .
- . . . .
- . . . .
- . . . .
- . . . .

CRÉEZ VOTRE TABLEAU DE VISUALISATION

Reprenez votre liste de vie. Vous allez maintenant créer un tableau de visualisation, un outil qui vous aidera à illustrer vos rêves et vous motivera dans leur réalisation.

Cherchez des images pour illustrer chaque rêve ou chaque objectif. Vous pouvez les dessiner, les découper dans un magazine ou les chercher sur Internet. Choisissez celles qui vous inspirent. Il faut qu'à la vue de l'image ou du dessin, vous compreniez instantanément de quel rêve ou de quel projet il s'agit.

Créez un tableau de visualisation personnel. Une fois les images collectées, collez-les sur une grande feuille afin d'avoir une vision globale de tous vos rêves et projets. Il ne vous reste plus qu'à l'afficher chez vous de façon à l'avoir en vue tous les jours.

L'importance d'avoir une vision

Les tailleurs de pierre

Il était une fois un homme qui rencontra sur son chemin trois tailleurs de pierres, qui effectuaient la même tâche avec les mêmes outils. À chacun d'entre eux, il posa la même question : « Que faites-vous ? »

Le premier, l'air fatigué et malheureux, répondit : « Je taille des pierres. »

Le deuxième, l'air neutre, répondit : « Je construis un mur. »

Le troisième, l'air heureux et radieux, répondit : « Je construis une cathédrale ! »

JE VOUS SOUHAITE DES RÊVES…

Je vous souhaite de souhaiter.

Je vous souhaite de désirer.

Le bonheur, c'est déjà vouloir.

Comme en droit pénal, l'intention vaut l'action.

Le seul fait de rêver est déjà très important.

Je vous souhaite des rêves à n'en plus finir et l'envie furieuse d'en réaliser quelques-uns.

Je vous souhaite d'aimer ce qu'il faut aimer et d'oublier ce qu'il faut oublier.

Je vous souhaite des passions.

Je vous souhaite des silences.

Je vous souhaite des chants d'oiseaux au réveil et des rires d'enfants.

Je vous souhaite de respecter les différences des autres, parce que le mérite et la valeur de chacun sont souvent à découvrir.

Je vous souhaite de résister à l'enlisement, à l'indifférence et aux vertus négatives de notre époque.

Je vous souhaite enfin de ne jamais renoncer à la recherche, à l'aventure, à la vie, à l'amour, car la vie est une magnifique aventure et nul de raisonnable ne doit y renoncer sans livrer une rude bataille.

Je vous souhaite surtout d'être vous, fier de l'être et heureux, car le bonheur est notre destin véritable.

Jacques Brel, *1er janvier 1968*

Je vous souhaite de rire chaque jour, d'imaginer, de rêver, de découvrir, de partager, de voyager, de sortir de votre zone de confort, de surmonter tous les obstacles et d'en ressortir grandi, de vous émerveiller, de créer, d'aimer, de pardonner, de garder votre âme d'enfant, de passer du temps avec ceux qui vous sont chers, d'apprendre encore et toujours, de profiter du moment présent, de vivre avec passion, de vous émouvoir, d'embrasser la vie à pleine bouche, de vous inspirer, de vous épanouir, de vous accomplir, de cultiver la gratitude, de réaliser vos rêves...

Je rejoins les mots de Jacques Brel pour vous souhaiter d'aimer et surtout de vous aimer, de vous sentir libre d'être vous-même et fier de l'être, d'être heureux, car le bonheur est votre destin véritable.

PASSER À L'ACTION POUR RÉALISER SES RÊVES

Avoir des buts dans sa vie est essentiel pour grandir et vivre pleinement. Avoir un but ou une vision permet de savoir dans quelle direction on va et pour quelle raison on se lève le matin. Avoir un *pourquoi* donne du sens et de la motivation pour réaliser ses objectifs.

Tout est dans l'action

Il existe une différence entre le désir, ou le rêve, et un but. Un désir ne devient un but que lorsqu'on se met en action pour le réaliser.

Ainsi, le désir d'écrire un livre était mon rêve le plus profond. C'est d'ailleurs l'un des rêves les plus répandus. Mais combien se mettent en action ? Peu de personnes. Par contre, le désir d'écriture devient un but dès que l'on se met en mouvement : commencer à réfléchir à l'histoire, au plan, aux personnages, à l'intrigue, demander des conseils, interroger des auteurs, s'inscrire à un atelier d'écriture, etc.

Dès que l'on met de l'énergie à réaliser un rêve, ou un désir, alors il prend forme et devient un objectif de vie. Il ne tient qu'à vous de vous lancer.

Définir clairement un objectif

« IL N'EST PAS DE VENT FAVORABLE POUR CELUI QUI NE SAIT PAS OÙ IL VA. »

Sénèque

La clarté est essentielle à la réussite de tout projet. Il est nécessaire de définir clairement son objectif, c'est-à-dire ce que nous souhaitons obtenir. Sans clarté, nous ne savons pas où commencer ni dans quelle direction aller.

La plupart des gens savent ce qu'ils ne veulent pas dans la vie, mais peu d'entre eux savent ce qu'ils souhaitent. Formuler clairement ses objectifs permet de s'adresser à notre inconscient en lui communiquant ce que nous attendons de lui, comme si nous lui passions une commande.

Appliquer la méthode SMART (« intelligent » en anglais) est efficace. C'est une méthode de management par objectifs. L'acronyme SMART a été créé en 1981 par le professeur en management George T. Doran[81]. C'est une méthode fréquemment utilisée en gestion de projet, en management ou en coaching pour fixer les critères d'un objectif :

- **S** pour spécifique
- **M** pour mesurable
- **A** pour atteignable
- **R** pour réaliste (ou réalisable)
- **T** pour temps, soit temporellement défini

Lors de mes séances d'accompagnement en coaching, je vais encore plus loin en utilisant des critères supplémentaires pour clarifier les objectifs de mes coachés et les accompagner sur le chemin de la réussite.

Établir un plan d'action

Après avoir défini des objectifs clairs, l'étape suivante est d'établir un plan d'action : c'est ce qui différencie un rêve d'un objectif. Personne ne pourra agir pour nous et sans aucune action, rien ne tombera du ciel ! Si vous faites uniquement des prières, vos rêves ne verront jamais le jour.

81. George T. Doran, "There's a S.M.A.R.T. way to write management's goals and objectives", *in Management Review*, vol. 70, n° 11, 1981, p. 35-36.

Il est préférable de définir votre plan d'action par écrit. Une fois rédigé, le plan vous engage et vous permet d'y voir clair. Plus le plan sera précis et détaillé, plus les actions auront de chance d'être réalisées.

Mon conseil : définir ses objectifs et établir un plan d'action efficace est difficile à faire seul. Je recommande de vous faire accompagner par un coach professionnel. Aider mes coachés à réaliser leurs rêves, les accompagner à se mettre en action et être témoin de leur épanouissement est une merveilleuse aventure humaine !

DÉFINISSEZ VOS OBJECTIFS

Prenez le temps d'écrire vos objectifs en les répartissant dans la durée.

Mes objectifs à court terme :

- ....
- ....
- ....
- ....

Mes objectifs à moyen terme :

- ....
- ....
- ....
- ....

Mes objectifs à long terme :

- ....
- ....

- ....
- ....

ÉCRIVEZ VOS INTENTIONS DE VIE

Voici un exercice intéressant pour planifier vos intentions et vos buts, par exemple dans six mois ou un an, ou toute autre durée que vous définissez. Quelles sont vos intentions de vie, sur le plan personnel, professionnel, social, familial et sentimental ? Quelle personne serez-vous devenue à ce moment-là, quels progrès aurez-vous réalisés, quels succès aurez-vous atteints ?

Visualisez-vous dans le futur. Faites comme si vous aviez déjà réussi, vivez la vie désirée. Écrivez avec clarté et précision ce que vous visualisez, le lieu, l'environnement autour de vous, la date, les projets réalisés, les conditions idéales atteintes, mais également ce que vous percevez avec vos cinq sens, les couleurs, les formes, les odeurs, les sons, les sensations, les émotions que vous ressentez à ce moment-là.

Puis écrivez comment vous vous y êtes pris pour atteindre ce but ainsi que les différentes étapes qui vous ont mené au succès.

Rédigez **à la première personne et au présent,** comme si vous aviez déjà réalisé tout ce que vous écrivez. Utilisez les phrases à **l'affirmative**. Évitez les tournures négatives, ne marquez pas ce que vous ne voulez pas, mais ce que vous souhaitez devenir ou obtenir.

Je fais moi-même régulièrement cet exercice, avec plusieurs objectifs : ma vie souhaitée à court, moyen et long terme, dans toutes les sphères de mon existence. Écrire m'a permis d'avoir beaucoup plus de clarté dans mes objectifs et d'être guidée par une vision. Réservez-vous quelques heures au calme pour pouvoir faire cet exercice dans les meilleures conditions. Connectez-vous à votre cœur et écrivez ce qu'il vous dicte !

PARTIE V

ALCHIMIE & SENS

« IL EST POSSIBLE DE TROUVER UN SENS À L'EXISTENCE,
MÊME DANS UNE SITUATION DÉSESPÉRÉE, OÙ IL EST
IMPOSSIBLE DE CHANGER SON DESTIN.
L'IMPORTANT EST ALORS DE FAIRE APPEL AU POTENTIEL
LE PLUS ÉLEVÉ DE L'ÊTRE HUMAIN, CELUI DE
TRANSFORMER UNE TRAGÉDIE PERSONNELLE EN VICTOIRE,
UNE SOUFFRANCE EN UNE RÉALISATION.
LORSQU'ON NE PEUT MODIFIER UNE SITUATION,
ON N'A PAS D'AUTRE CHOIX QUE DE SE TRANSFORMER.[82] »

Viktor Frankl

82. Viktor E. Frankl, *Découvrir un sens à sa vie, op. cit.*

CHAPITRE 22

Tout ce qui est détruit peut être reconstruit

« TOUT EST EN COURS DE TRANSFORMATION. TOI-MÊME TU ES EN ÉTAT DE TRANSFORMATION CONTINUE ET, À CERTAINS ÉGARDS, DE DISSOLUTION ; DE MÊME POUR L'UNIVERS ENTIER.[83] »

Marc Aurèle

83. Marc Aurèle, *Pensées pour moi-même*, Livre IX, Flammarion, Paris, 1964.

LE CHOIX DE RECONSTRUIRE

Tout ce qui est détruit peut être reconstruit. C'est ma conviction profonde.

En 2019, Notre-Dame, monument quasi millénaire, symbole du cœur de Paris, a été ravagée par un incendie et une partie de la cathédrale a été détruite par les flammes. Suite à l'émotion collective et au soutien mondial, des dons ont été récoltés pour la reconstruire.

Je ne doute pas une seconde que Notre-Dame sera reconstruite et je serai heureuse d'aller l'admirer. Dans cinq ou dix ans, peu importe. Si Notre-Dame, malgré l'ampleur des dégâts et la complexité du chantier, peut être reconstruite, pourquoi n'en ferions-nous pas de même de nos propres vies ? Que serons-nous devenus dans le même laps de temps, dans cinq ans ou dans dix ans ? Aurons-nous avancé dans notre propre reconstruction ?

Notre vie est comme un monument unique au monde, nous en sommes l'architecte. Un monument aussi ancien soit-il, n'est pas à l'abri des catastrophes. De même, l'existence est impermanente et jalonnée d'épreuves. Ainsi va la vie des hommes : nous avons chacun nos épreuves à surmonter. Nous avons en nous la capacité de rebondir malgré l'adversité, d'en tirer des leçons de vie et de nous reconstruire.

Le temps de la renaissance

« CE QUI NE ME TUE PAS ME REND PLUS FORT.[84]»

Friedrich Nietzsche

84. Friedrich Nietzsche, *Crépuscule des idoles*, Gallimard, Paris, 1889.

Dans toute épreuve, il y a un avant et un après. On meurt pour mieux renaître à la vie. Mais cette renaissance est placée sous le signe de l'espoir. Dans cette seconde vie, on garde les souvenirs et les apprentissages de la vie précédente, mais on a grandi et évolué. Cette nouvelle chance peut être plus belle et plus heureuse que la première vie.

Après une épreuve traumatique, passée la période de deuil, deux choix se présentent :

- on laisse le champ de ruines tel quel après la catastrophe et on dresse un mausolée à cette tragédie. On décide d'entretenir la mémoire du traumatisme, de vivre dans le passé, accroché à ses souvenirs et à la souffrance associée ;
- ou on décide, après la phase de deuil, qu'il est temps de reconstruire, pierre après pierre.

Pendant longtemps, j'ai dressé mon mausolée, un monument aux morts, suite au viol, pour entretenir le souvenir de ce passé révolu, tel un cimetière secret, connu de moi seule.

Un jour, après des années de solitude, seule face à mes peurs, j'ai fait le choix de déterrer mon passé et de détruire ce mausolée. Entretenir le souvenir de l'épreuve ne me convenait plus. J'ai eu envie de passer à autre chose, de sortir du mode victime dans lequel je m'étais moi-même enfermée et de tourner la page. J'ai alors choisi de me réapproprier mon histoire et de me reconstruire.

Réparation vs reconstruction

Je parle bien de *reconstruction*, et non de *réparation*, ce qui est différent.

La **réparation** est pour moi un geste rapide, un collage de deux morceaux avec de la colle instantanée, mais la tenue à long terme reste incertaine. Dans l'instant, ça a l'air de tenir, mais pour combien de temps ?

Une **reconstruction** signifie « construire à nouveau » : il y a une seconde vie dans ce mot, j'entends en filigrane le mot « renaissance ». Ce processus prend du temps. Il est impossible de reconstruire sur des fondations instables. Il faut faire un travail de nettoyage et de restauration pour reconstruire à partir des fondations, ramasser toutes les pièces de son passé, nettoyer chaque pièce abîmée, repérer les blessures, les assainir et combler les failles. Puis, tel un puzzle géant, on peut assembler les morceaux et les consolider ensemble.

REVENIR À LA VIE : RENAÎTRE DE SES CENDRES

J'ai été très touchée par des mots entendus lors d'une conférence sur l'amour et le désir. Esther Perel, thérapeute de couple, parlait de ses parents avec gratitude. Ils l'avaient beaucoup inspirée et elle les considérait comme ses modèles. Ils étaient rescapés des camps de concentration et voyaient, parmi les survivants, deux catégories de personnes : ceux qui n'étaient pas morts et ceux qui étaient revenus à la vie.

Ses paroles sont entrées en résonance avec moi. Je ne suis pas une survivante de la Shoah, mais j'ai survécu à un viol dans l'enfance. Après toutes ces années où je n'étais pas morte, j'ai fait un jour le choix de revenir à la vie et, tel un phœnix, renaître de mes cendres. J'ai alors choisi de **vivre**, et non de survivre.

TRANSFORMER L'ADVERSITÉ EN OPPORTUNITÉ DE CROISSANCE

Chaque crise contient une opportunité

En chinois, le mot *crise* est composé de deux caractères différents qui signifient *danger* et *opportunité*. Ces deux caractères ne sont pas antinomiques, mais complémentaires. Dans chaque crise se cache une opportunité de croissance et de changement.

Il est possible de transformer l'adversité en opportunité de croissance. L'être humain a des capacités d'adaptation et de développement incroyables. Il peut surmonter tous les obstacles, s'y adapter, trouver des solutions d'évolution, et revenir à son niveau de bonheur d'avant l'épreuve.

Ce n'est pas ce qui nous arrive qui compte, mais comment nous y réagissons. La façon dont on réagit aux événements les rend plus difficiles à supporter ou les adoucit.

Le voyage du héros

La vie invite à suivre le voyage d'un héros, un chemin d'apprentissage dans lequel nous avons le premier rôle. Sur le chemin, les épreuves sont là pour nous faire évoluer et nous donner des enseignements. Ce sont les matières brutes à partir desquelles une transmutation peut se faire, et le processus alchimique se réaliser. Tout ce que l'on vit dans ce voyage initiatique est à notre service, une leçon de vie est cachée dans toute épreuve.

Et si vos failles devenaient vos forces ? Et si vos blessures étaient une opportunité de les transcender ? Et si votre épreuve la plus douloureuse devenait un tremplin pour vous accomplir ?

L'adversité permet de se réinventer, de se recréer, de renaître. Une épreuve peut devenir un levier de croissance très puissant.

CHAPITRE 23

Alchimie et sublimation

« IL FAUT ENCORE PORTER EN SOI UN CHAOS, POUR POUVOIR METTRE AU MONDE UNE ÉTOILE DANSANTE.[85] »

Friedrich Nietzsche

LA FORCE DE NOS BLESSURES : TRANSFORMER SES ÉPREUVES EN FORCE

Nos blessures renferment en elles un trésor : notre potentiel inexploité. Même dans le chaos, dans la souffrance et la douleur, le germe du changement est présent. Tel un alchimiste

85. Friedrich Nietzsche, *Ainsi parlait Zarathoustra*, 1885, Société du Mercure de France, Paris, traduction par Henri Albert (Première partie, Le prologue de Zarathoustra, 5).

qui transforme le plomb en or, il est possible de transmuter les épreuves douloureuses en force pour avancer. Nous avons en nous les ressources pour faire face à toutes les difficultés.

Nous vivons plusieurs vies en une. Plus jamais notre vie ne sera comme avant, c'est certain. Personne ne rentre d'un voyage comme il en est parti. Il y a un avant et un après. Mais l'après peut être tellement mieux ! Tout ce que nous apprenons sur notre chemin de reconstruction est au service de notre vie.

Je ne regrette rien de ma vie. Je ne regrette pas mes épreuves même si je ne souhaite à personne de vivre cela. Sans elles, je ne serai pas celle que je suis aujourd'hui et je n'aurai pas appris tout ce que partage dans ce livre. C'est de mon chaos intérieur que j'ai pu tirer toute la force que je vous transmets.

De nos épreuves les plus difficiles naissent nos plus grandes forces. Peu importe la difficulté à surmonter, il y a, sur terre, des personnes qui ont réussi à utiliser leur épreuve au service des autres. Elles ont pu créer à partir de cette matière et la transcender. Elles ont su se relever, transformer leur épreuve en force et, à leur tour, inspirer les autres. C'est le chemin que j'ai choisi : **la voie de l'alchimiste pour transformer, transcender, transmuter.**

NOS CICATRICES VISIBLES ET INVISIBLES

Nous portons tous en nous des cicatrices. Certaines sont visibles, d'autres invisibles. J'ai mis du temps à accepter les miennes. J'ai voulu les cacher pour montrer de moi une apparence parfaite, sans aucune altération.

J'ai des cicatrices visibles, traces de mes épreuves physiques passées. D'autres sont invisibles, ce sont mes cicatrices émotionnelles. La cicatrice physique la plus importante est celle de l'épisiotomie. Elle est indissociable de ma cicatrice émotionnelle. Ma cicatrice visible se trouvant au même endroit que ma cicatrice invisible, elles ont fini par fusionner quand j'ai fait la paix avec mon passé.

Cette cicatrice fait partie de moi et de mon histoire. Elle a finalement trouvé sa place. J'ai appris à l'accepter quand j'ai su enfin m'accepter et m'aimer, telle que je suis. Apprendre à l'accepter et me la réapproprier m'ont permis de faire la paix avec moi-même.

Je suis fière de cette cicatrice et de sa symbolique. Gardienne de mon histoire, elle me rappelle à chaque instant que je suis vivante. Avec du temps et de la patience, j'ai appliqué de l'or sur mes blessures et ma cicatrice en a été sublimée. Tout comme moi, elle est unique au monde.

EXPLOREZ VOS CICATRICES

À votre tour, je vous propose de noter ici vos cicatrices et de réfléchir à leur valeur symbolique.

Mes cicatrices visibles :

....

....

Mes cicatrices invisibles :

....

....

Que symbolisent ces cicatrices pour vous ?

....

....

KINTSUGI, UN ART MÉTAPHORE DE LA RÉSILIENCE

Le *kintsugi* est une technique ancestrale découverte au Japon. Il consiste à réparer un objet brisé avec de la laque en soulignant ses lignes de faille avec de la poudre d'or, au lieu de chercher à les masquer. Le mot *kinstugi* vient du japonais *kin* (or) et *tsugi* (jointure) et signifie littéralement « jointure à l'or ». L'art du *kintsugi* est également appelé *kintsukuroi*, qui signifie « raccommodage à l'or ».

Un symbole de résilience

La symbolique du *kintsugi* est très fortement liée à la résilience, il prend en compte le passé de l'objet brisé, son histoire, ses failles, afin de les mettre en valeur au lieu d'en effacer les traces. L'objet brisé n'est pas à jeter, il peut être ainsi réparé et sublimé et vivre une seconde vie.

Le *kintsugi* est une magnifique métaphore de la résilience. Considéré par beaucoup comme de l'art-thérapie, c'est l'art de sublimer ses blessures en appliquant de l'or sur les cicatrices, pour en faire un objet d'art unique au monde, infiniment plus beau et plus précieux qu'avant d'être brisé.

Le *kintsugi* s'inscrit dans la philosophie japonaise du *wabi-sabi*, ou l'art d'accepter l'imperfection.

La réparation *kintsugi* se fait selon un processus long et extrêmement précis, qui se déroule en de nombreuses étapes pouvant durer de plusieurs semaines à plusieurs mois. On dit même qu'il faut parfois un an pour réaliser le meilleur *kintsugi* ! Le processus de réparation demande du temps, de la minutie, de la précision, de la persévérance et de la patience : tout comme un parcours de résilience après une épreuve.

La découverte du *kintsugi*, il y a quelques années, a été pour moi une révélation et un véritable coup de cœur ! Cela a tellement résonné en moi que je me suis formée à cet art auprès d'un Maître laqueur.

Les origines

Le *kintsugi* serait apparu au XVe siècle, au Japon. Le shogun Ashikaga Yoshimasa avait l'habitude d'utiliser son bol préféré pour la cérémonie du thé. Un jour, il le cassa malencontreusement. Il le renvoya en Chine, d'où le bol était originaire, pour le faire réparer. Le bol lui fut renvoyé, réparé avec des agrafes métalliques, mais le shogun n'était pas satisfait de la réparation qu'il ne jugeait ni esthétique ni étanche.

Il demanda à des artisans japonais de trouver un moyen plus esthétique de le restaurer. C'est ainsi qu'est né l'art du *kintsugi*.

Les différentes étapes

Étape 1 : assemblage et collage

Cette étape consiste à rassembler les morceaux et, tel un puzzle, à reconstituer la pièce. Pour cela, on utilise une colle spéciale, la colle *nori*, qui est un mélange d'amidon de riz et de laque brute *urushi*, une laque naturelle de l'arbre laquier. On pourrait utiliser uniquement de la laque brute pour coller les pièces, mais le temps de séchage serait plus long.

À l'aide d'une spatule, on applique le mélange sur les bords des pièces à recoller, on les assemble, puis on essuie l'excédent de colle et on maintient le tout par une bande adhésive. On laisse ensuite sécher pendant une semaine, dans un endroit chaud et humide : idéalement à une température de 23 °C et entre 65 à 75 % d'humidité.

Étape 2 : la réparation

Après le temps de séchage, la pièce est poncée afin d'enlever l'excédent de colle, puis les fissures et les trous sont comblés par plusieurs enduits. Le premier enduit (*kiriko*) est une pâte à base d'argile, d'eau et de laque brute.

Si les trous sont importants, cette opération est renouvelée après chaque temps de séchage d'une semaine.

Après le séchage complet, la pièce est poncée, puis on lui applique un enduit fin (*sabi*), mélange de laque et d'argile fine. On laisse sécher de nouveau la pièce pendant une semaine avant de poncer de nouveau.

Étape 3 : la révélation des cicatrices

Ensuite a lieu la révélation des lignes de faille. Chacune d'elles est soulignée par de la laque. Deux couches de laque différentes sont appliquées. La première est constituée de laque noire, qu'on laisse sécher plusieurs jours, avant de poncer de nouveau. Une seconde couche à base de laque rouge est ensuite passée.

Étape 4 : la sublimation

Au bout de toutes ces semaines, arrive enfin la dernière étape : la sublimation des cicatrices. Après la laque rouge, c'est le moment d'appliquer de la poudre d'or sur les lignes pour en révéler toute la beauté ! On laisse ensuite sécher une semaine dans une boîte de séchage.

Après ce long et minutieux processus, l'objet est réparé. Admirez le résultat : ses lignes de faille ont été sublimées en lignes de force. L'objet ainsi restauré révèle de magnifiques cicatrices en or qui en font une œuvre unique au monde !

DE L'OR SUR NOS BLESSURES

Une vie humaine est comme une œuvre d'art : elle est unique au monde. Nous avons tous une histoire singulière, il n'y a jamais deux parcours identiques. Ce long processus de réparation, le *kintsugi*, offre un parallèle avec le processus de résilience. Dans les deux cas, la reconstruction demande du temps, de la patience et de la persévérance. Mais le résultat est admirable.

Tout comme l'art du *kintsugi*, il est possible d'appliquer de **l'or alchimique sur ses cicatrices**. Quelle que soit l'épreuve subie, vous avez survécu et vous êtes vivants. Il est possible de rassembler les morceaux, de les recoller, de se réparer pour guérir ses blessures, de tirer de la force de nos lignes de failles, pour transcender et sublimer ses cicatrices en appliquant de la poudre d'or. Vous méritez d'être mis en lumière comme une pièce réparée au *kintsugi* et de rayonner d'un nouvel éclat !

Nos blessures, en cicatrisant, deviennent nos plus grandes forces. Chacune de nos cicatrices nous a fait grandir et nous a enseigné quelque chose. C'est par nos lignes de faille que la lumière d'or entre en nous. Soyez fiers de vos cicatrices d'or, elles sont là pour vous rappeler tout le chemin parcouru. Elles sont le témoin de votre processus de transformation : vous êtes une œuvre unique au monde, bien plus belle qu'avant l'épreuve. Vous avez été transformé et sublimé. Prenez conscience de votre valeur inestimable.

Pour aller plus loin : le *kintsugi* résonne pour vous ? Je propose des ateliers pour découvrir cet art et ses techniques, ainsi que de nombreux ateliers et stages pour vous accompagner sur votre parcours de reconstruction. Pour en savoir plus : https://anyatsai.com/

CHAPITRE 24

Une vie pleine de sens

« DANS LA VIE, JE NE PERDS JAMAIS.
SOIT JE GAGNE, SOIT J'APPRENDS. »

Nelson Mandela

TIRER DES LEÇONS DE VIE DE CHAQUE ÉPREUVE

Dans la vie, il n'y a pas d'échecs, seulement des apprentissages. Face à une épreuve, on tombe à terre, on se relève, on agit différemment, on réessaie, on apprend à chaque instant pour évoluer et grandir. L'échec n'existe pas tant que nous gagnons en expérience. Il est possible d'apprendre de chaque événement, heureux ou douloureux. Une leçon de vie se cache en chaque épreuve.

Persévérer encore et toujours

« LA CHUTE N'EST PAS UN ÉCHEC.
L'ÉCHEC, C'EST DE RESTER LÀ OÙ ON EST TOMBÉ. »

Socrate

Savez-vous combien de fois tombe un bébé avant de savoir marcher ? En moyenne 2 000 fois. Mais peu importe le nombre, ce n'est pas important. Ce que l'on retient, c'est sa réussite ! Il persévère et, chaque fois qu'il tombe, il apprend, jusqu'au moment où il pourra enchaîner les pas. Nous pouvons nous inspirer de cet apprentissage et l'appliquer dans notre vie. Nous aussi, si nous persévérons et nous relevons après les chutes, il est certain qu'un jour nous saurons marcher.

Tout le monde connaît le succès planétaire de J.K. Rowling et les aventures d'Harry Potter. Savez-vous le nombre de réponses négatives qu'elle a reçues avant de trouver un éditeur qui accepte de publier son livre ? Pas moins de douze !

Lorsqu'il a présenté son projet de parc de loisirs pour obtenir un prêt, Walt Disney a, lui aussi, dû faire face à de nombreux refus. Pas dix, ni vingt, ni même cent, mais 302 refus avant de trouver une banque qui accepte. Parce qu'il a toujours cru au potentiel de son projet et qu'il a persévéré, il a réussi là où sans doute beaucoup auraient abandonné dès les premiers refus.

« Je n'ai pas échoué. J'ai juste trouvé 10 000 solutions qui ne fonctionnent pas », disait Thomas Edison. Les personnes qui ont eu les plus grands succès ont toutes connu des coups durs, mais elles ont su repartir après chaque difficulté. **La**

persévérance est la clé du succès. C'est de ces personnes aux parcours inspirants qu'il faut apprendre.

On devient impossible à arrêter quand aucun obstacle, aucune difficulté, ne peut nous empêcher d'avancer ou de nous relever quand on tombe. « Ne baisse pas les bras, tu risquerais de le faire deux secondes avant le miracle », dit un proverbe arabe.

APPRENEZ DE VOS ÉPREUVES

Nous pouvons mettre à profit toutes les expériences de vie, même les plus douloureuses, pour en tirer des bénéfices. J'ai souffert dans ma vie, mais sans ces souffrances, je n'aurais pas pu me développer, apprendre, grandir pour devenir celle que je suis aujourd'hui et dont je suis fière. J'ai tiré des leçons de chaque épreuve, et plus elle était difficile, plus les apprentissages étaient inestimables. Mes épreuves les plus difficiles ont été mes plus grands maîtres.

Ensemble, nous allons traverser de nouveau les épreuves de votre vie et faire le bilan de vos apprentissages. Complétez le tableau en indiquant :

- l'événement du passé ou l'épreuve traversée,
- les difficultés surmontées,
- les qualités que vous avez développées ou les ressources mises en place,
- l'apprentissage de cette épreuve, les leçons apprises.

Épreuves	Difficultés surmontées	Qualités, ressources	Apprentissages

Pour aller plus loin, je vous recommande de faire ce travail d'exploration en coaching. Ces séances sont des sources de profonde transformation.

DONNER UN SENS POUR TRANSCENDER SON PASSÉ

« J'AI TOUJOURS CRU, ET JE LE CROIS ENCORE QUE,
QUELLE QUE SOIT NOTRE BONNE
OU NOTRE MAUVAISE FORTUNE,
NOUS POUVONS TOUJOURS LUI DONNER UN SENS
ET LA TRANSFORMER EN QUELQUE CHOSE DE VALEUR. »

Herman Hesse

La vie n'est pas contre nous, mais avec nous. Elle est là pour nous faire évoluer et grandir. Elle nous laisse choisir la personne que nous voulons devenir. Nous façonnons notre vie à chaque instant. Il ne tient qu'à nous de réécrire notre histoire, nous pouvons à tout moment faire le choix de devenir le héros de notre vie, en choisir la direction et le sens.

Le sens de son épreuve

« LA QUESTION N'EST PAS DE SAVOIR SI LA VIE A UN SENS, MAIS COMMENT POURRAIS-JE DONNER UN SENS À MA PROPRE VIE. »

Dalaï-Lama

Le mot « sens » est riche, en tant que direction, signification et raison d'être. Je suis persuadée que donner un sens à son épreuve est une démarche essentielle dans un parcours de résilience. Cette quête de sens arrive généralement après avoir avancé sur son chemin de reconstruction.

La notion de sens est subjective. Je ne peux pas trouver le sens à votre place et il n'y a pas de réponse universelle. C'est un voyage personnel. Tout comme vous, il est unique. C'est à vous de trouver votre propre chemin, et le sens viendra. **C'est vous qui créez le sens.**

C'est en avançant dans mon parcours de reconstruction et en me libérant de mon passé que la notion de sens m'est venue naturellement. Après avoir travaillé sur la culpabilité et l'acceptation, reconnecté mes trois dimensions cœur-corps-esprit, après avoir fait un travail de développement personnel, en explorant mes valeurs, mes peurs, mes croyances, mes désirs et besoins, la route s'est ouverte. Puis en mettant en place de nouvelles habitudes, en changeant ma perception des choses, en décidant d'assumer l'entière responsabilité de ma vie, alors, la notion de sens est devenue une évidence. Tout ce processus prend du temps, c'est un pas après l'autre que l'on avance.

Il m'a fallu passer par chacune de ces étapes pour découvrir tout ce que je partage avec vous aujourd'hui. J'ai choisi d'embrasser ma souffrance, de la transmuter et d'apporter ma contribution en construisant le monde que je souhaitais voir, en cohérence avec mes valeurs profondes. Toutes ces leçons de vie sont des héritages que je souhaite vous transmettre.

C'est ainsi que j'ai choisi d'utiliser mon épreuve, et les apprentissages que j'en ai tirés, comme une contribution, à mon échelle, à un monde meilleur. Au lieu de me demander ce que le monde pouvait faire pour moi, je me suis demandé **ce que je pouvais apporter au monde**.

Lorsque vous vivez une épreuve difficile, au lieu de vous demander pourquoi cela vous arrive, je vous invite à vous interroger sur **ce qu'elle vous apprend et vers quoi elle vous dirige**.

QUELQUES PISTES DE RÉFLEXION

Je vous propose de répondre à différentes questions en pensant à une épreuve que vous avez subie. Cela vous aidera à y voir clair.

Qu'est-ce que cette situation peut m'apporter ?

. . . .

Qu'est-ce que cette souffrance m'enseigne ?

. . . .

Quelles qualités me fait-elle développer ?

. . . .

Quelles ressources me fait-elle exploiter ?

. . . .

Qu'est-ce que cette épreuve m'oblige à faire différemment ?

. . . .

Qu'est-ce qu'elle me contraint à regarder en moi ?

. . . .

Qu'est-ce qu'elle révèle de moi ?

. . . .

Qu'ai-je appris de cette épreuve que je ne savais pas avant ?

. . . .

Que puis-je faire de ces apprentissages ?

. . . .

À quel moment je me sens entier et en accord avec moi-même ?

. . . .

Quelles sont mes valeurs fondamentales ?

. . . .

Qu'est-ce qui me fait me lever le matin ? Quel est mon « *pourquoi* » ?

. . . .

Quelle trace je souhaite laisser de mon passage sur terre ?

. . . .

Que puis-je faire de mon épreuve pour inspirer les gens et les aider à guérir de leurs blessures ?

. . . .

Comment puis-je m'accomplir tout en apportant ma contribution au monde ?

. . . .

Que puis-je faire pour contribuer à un monde meilleur ?

. . . .

Quel message je souhaite transmettre ?

. . . .

Quelle direction je souhaite donner à ma vie ?

. . . .

Quel sens puis-je créer à partir de mon épreuve ?

. . . .

N.B. Il est normal de ne pas savoir répondre à toutes les questions. Plus on avance sur son parcours, plus les réponses deviennent évidentes.

Je n'ai pas attendu de trouver le sens de mon épreuve pour me mettre en mouvement, je n'avais pas besoin de toutes les réponses à mes questions. C'est tout l'inverse : en avançant sur mon chemin, les réponses m'arrivaient au fur et à mesure. Et plus j'avançais, plus le sens m'apparaissait clairement.

Le sens de mon épreuve, je dirai même le sens de ma vie, est d'aider les personnes à se reconstruire après des violences sexuelles, à se libérer de leur passé pour guérir elles-mêmes de leurs blessures, à transformer leurs épreuves en force et révéler leur potentiel pour vivre une nouvelle vie heureuse et épanouie. C'est ainsi que ma mission de vie est venue à moi. Je n'ai pas eu besoin de la chercher, c'est elle qui m'a trouvée.

L'explorateur et aventurier Mike Horn a dit cette phrase très juste : « *Pour se mettre en marche, il suffit d'avoir 5 % de réponses à ses questions. Les 95 % restantes viennent le long du chemin. Ceux qui veulent 100 % de réponses avant de partir restent sur place.* »

Je suis en accord complet avec lui. N'attendez pas d'avoir toutes les réponses ni de trouver du sens à votre épreuve pour commencer à vous mettre en marche. Il faut d'abord se mettre en mouvement. Faites un premier pas sur votre parcours, puis un second et enchaînez-les à votre rythme.

Les signes, les réponses, puis le chemin lui-même apparaîtront clairement. C'est ainsi que le sens viendra, **vous le créerez au fur et à mesure de votre avancée.**

RÉVÉLER SON POTENTIEL

« Vous êtes nés avec un potentiel.
Vous êtes nés pour la bonté et la confiance.
Vous êtes nés avec des idéaux et des rêves.
Vous êtes nés pour accomplir de grandes choses.
Vous êtes nés avec des ailes.
Vous n'êtes pas faits pour ramper,
alors ne le faites pas.
Vous avez des ailes.
Apprenez à les utiliser et envolez-vous. »

Rûmi

L'histoire du Bouddha d'or

Dans les années 1930, en Thaïlande, des travaux d'aménagement d'un fleuve nécessitèrent la destruction d'un ancien temple qui contenait un Bouddha géant en argile. La statue ne pouvant être détruite, car les statues de Bouddha sont vénérées en Thaïlande, elle a été transférée sur le site d'un petit temple et elle est restée 20 ans à l'extérieur sous un simple toit de tôle, car le temple n'avait pas de bâtiment pour l'accueillir.

En 1955, des moines firent construire un nouveau temple et eurent la tâche de déménager le Bouddha d'argile vers le nouveau lieu. Le Bouddha fut soulevé à l'aide d'une grue, mais un incident se produisit et la statue tomba dans la boue. Au même moment, un orage éclata et il se mit à pleuvoir des trombes d'eau, ce qui rendit le déplacement du Bouddha impossible. Les moines partirent s'abriter, attendant la fin de l'orage pour reprendre leur tâche.

Un moine alla ensuite vérifier l'état du Bouddha et commença à essuyer la boue sur la statue. Pendant qu'il essuyait, il découvrit une fissure et la lumière de sa lampe lui renvoya un reflet éclatant. Curieux, il continua à gratter pour voir ce que cachait la fissure, et en enlevant un à un les morceaux d'argile, il découvrit un magnifique Bouddha en or massif.

Les historiens racontent que, plusieurs siècles auparavant, alors que l'armée birmane s'apprêtait à envahir la Thaïlande, les moines avaient recouvert leur précieux Bouddha d'une épaisse couche d'argile pour éviter qu'il ne soit volé. Les Birmans ayant tué tous les moines, le secret du Bouddha en or fut gardé plusieurs siècles, jusqu'en 1955.

Le Bouddha d'or est la statue en or massif la plus importante au monde, elle mesure trois mètres de haut, pèse plus de 5,5 tonnes et se trouve à Bangkok, en Thaïlande, dans le temple Wat Traimit où des visiteurs viennent du monde entier pour l'admirer.

Nous avons tous, caché en nous, un trésor en or massif, comme ce Bouddha. Ce trésor a été recouvert d'argile. Cette carapace nous protège du monde et elle renferme, à notre insu, un trésor inestimable. À chaque nouvelle blessure, la couche d'argile s'épaissit et masque davantage notre or précieux. Pour découvrir ce trésor enfoui, il faut nous débarrasser de chaque morceau de carapace. C'est ainsi que nous pourrons libérer notre trésor intérieur et rayonner de notre lumière d'or.

Déployer votre potentiel

La graine d'un arbre fruitier renferme en lui tout le potentiel de l'arbre. Il y a dans cette semence tout ce qui est utile et nécessaire pour qu'elle puisse germer, pousser, devenir un arbre, fleurir puis donner des fruits. Pour cela, cette graine a besoin de toutes les conditions favorables pour pousser : un sol fertile, de l'eau, du soleil, du temps. Puis la graine prendra racine dans la terre pour donner naissance à une jeune pousse, qui deviendra, au fil des années, un arbre. Pendant tout ce temps nécessaire, la graine renfermait en elle tout le potentiel de l'arbre, tel un trésor, attendant les conditions favorables de pouvoir germer.

L'être humain est comme cette graine : tout son potentiel est enfoui en lui depuis sa mise au monde. Nous avons en nous tout ce qu'il faut pour nous épanouir, croître, grandir et nous accomplir. Tout ce potentiel illimité est déjà là, il attend d'être révélé et exploité.

Nous sommes des êtres de talent

Dans une conférence TED sur l'éducation et la créativité, Sir Ken Robinson[86] explique que les ressources humaines sont comme des ressources naturelles : elles sont cachées profondément. Elles ne sont pas révélées au grand jour, il faut donc les rechercher. À nous de créer les circonstances où elles se révèleront. Les êtres humains n'ont pas une unique compétence ou un seul talent. Les communautés humaines s'appuient sur

86. Conférence disponible sur : https://www.ted.com/talks/sir_ken_robinson_do_schools_kill_creativity

une diversité de talents, car nous avons des ressources variées et extraordinaires.

Son approche est juste. Nous avons tous en nous un talent à apporter au monde. L'être humain est par nature créatif, et nous refoulons souvent cette part de créativité. Nous avons en nous des ressources insoupçonnées, à nous de les rechercher et de les révéler.

Se reconnecter à sa créativité

Pendant longtemps, j'ai pensé qu'il y avait deux catégories de personnes : les créatifs et les gens ordinaires. Les créatifs, musiciens, écrivains, peintres, créateurs, artistes... étaient pour moi des personnes bénies de la vie, nées avec un don. Je les voyais exercer leur art et vivre de leur passion et je les enviais, car je pensais être tout sauf créative.

Avec le temps, les rencontres, les expériences, j'ai réalisé que la créativité n'est pas un don du ciel réservé à certains « élus » à leur naissance. Elle n'est pas non plus réservée qu'aux artistes vivant de leur passion. La créativité est présente en chacun d'entre nous, mais nous n'en avons pas toujours conscience. La créativité est un état d'esprit et une attitude à cultiver.

UNE VIE CRÉATIVE

Nous sommes les créateurs de notre vie, les artistes de notre bonheur. Il ne tient qu'à nous de rendre notre vie plus riche, intense et créative. Chaque moment de notre vie est une possibilité d'exploiter ce potentiel et d'exprimer notre créativité. Nous sommes tous des créateurs, mais nous l'ignorons.

La créativité peut s'exprimer par l'art, mais elle est également présente au quotidien, lorsque nous faisons la cuisine, lorsque nous passons du temps avec nos enfants, que nous inventons des histoires, que nous cherchons une solution à un problème, lorsque nous organisons nos journées, quand nous construisons et entretenons une relation, que nous allons sur la voie du changement et que nous réalisons nos rêves, etc.

Enfin, se recréer à chaque instant, voilà une magnifique expression de la créativité. C'est ce que Jung nous dit avec ces mots : « *Si vous n'avez absolument rien à créer, vous pourriez peut-être vous créer vous-même.*[87] »

Peut-on développer sa créativité ?

La réponse est un grand « Oui » ! La créativité se développe avec la curiosité, l'esprit d'ouverture, le fait d'écouter et d'ouvrir son cœur, de sortir de sa zone de confort qui pousse à franchir les barrières mentales et les limites que nous nous sommes imposées. C'est accepter de s'ouvrir à l'inconnu, écouter ses intuitions. C'est sortir de sa routine pour élargir les horizons et développer son potentiel créatif.

Mon challenge mensuel, qui m'a fait sortir régulièrement de ma zone de confort, a énormément stimulé ma créativité. En découvrant de nouvelles choses, en faisant de nouvelles rencontres, on devient curieux et ouvert, et notre vie devient plus créative. J'ai appris à chercher les ressources en moi, à sortir des sentiers battus, à puiser dans mon potentiel et ma richesse intérieure.

Ma vie créative

J'ai pris conscience que j'avais déjà une vie créative. Elle ne demandait qu'à s'enrichir. L'écriture en fait partie. Avant de commencer à écrire, je ne pensais pas en être capable, je doutais de mes capacités et de ma légitimité. Je me mettais des barrières et je suis heureuse d'avoir réussi à les surmonter.

87. Citation attribuée à Carl Gustav Jung.

Pour écrire, il m'a juste suffi d'ouvrir grand mon cœur et d'écouter ce qu'il avait à me dire. C'est ainsi que les mots sont venus à moi.

En apprenant le piano à l'âge adulte, j'ai réalisé un grand rêve d'enfance. Le piano me permet d'exprimer ma créativité musicale, il m'a aidée à sentir mes émotions refoulées, puis à pouvoir les exprimer. Interpréter un morceau, même s'il n'est pas joué parfaitement, est un acte de création chaque fois unique. La musique fait partie de mon chemin de reconstruction. Grâce à elle, j'ai appris l'importance de la respiration et des temps de silence qui lui donnent toute son intensité et ses nuances. C'est de ces temps de silence que naît ma musique intérieure.

En devenant coach de vie et en aidant les gens à se réaliser, j'utilise ma créativité et les accompagne pour révéler la leur.

Enfin, transcender mon passé et lui donner un sens ont été un tremplin dans ma vie créative. En me réappropriant mon histoire, en l'écrivant et en partageant mon chemin personnel vers la résilience, je suis devenue auteure de ma propre destinée, en créant chaque jour cette nouvelle vie.

Je suis reconnaissante de pouvoir chaque jour exprimer ma créativité. Aujourd'hui, j'ai une vie très créative qui m'enrichit intérieurement, faite de passions et de nouvelles rencontres, de challenges et de nouveaux projets à construire. Elle me fait vibrer et me permet de m'accomplir.

Nous sommes tous les artistes de notre propre vie, nous la créons à chaque instant. Nous pouvons décider d'en faire un chef-d'œuvre. Ayez foi en vous pour découvrir et exploiter votre potentiel, sortir de votre zone de confort, être curieux de la vie et oser vous lancer.

C'EST À VOUS !

Comment s'exprime votre créativité ?

- ....
- ....
- ....
- ....
- ....
- ....
- ....
- ....

CHAPITRE 25

L'or de nos cicatrices

« La blessure est l'endroit par lequel
la lumière entre en vous. »
Rûmi

LIBÉRER SA LUMIÈRE INTÉRIEURE

J'ai l'intime conviction que c'est à partir des moments les plus obscurs de notre vie que peut surgir la plus grande lumière. Ce sont des épreuves les plus difficiles que nous tirons les plus grands apprentissages. **Notre cœur blessé se fissure et s'ouvre : à travers ces brèches, la lumière peut entrer en nous.**

Le chemin vers la lumière passe toujours par l'obscurité. Même dans le tunnel le plus obscur, dans la pénombre la plus noire, cherchez la lumière au bout. Dans toute part d'ombre, il existe une part de lumière.

Le but de votre existence est d'évoluer vers le meilleur de vous-mêmes, de vous accomplir, de rayonner de votre lumière et de faire de votre vie une œuvre unique. Il est temps de croire en vous, en vos ressources, en votre potentiel pour rayonner à votre tour et apporter votre contribution au monde. Comme le dit joliment Paulo Coelho : « *Accomplir sa légende personnelle est la seule et unique obligation des hommes.*[88] »

Nous avons en chacun de nous un trésor enfoui : un potentiel créateur illimité qui attend d'être révélé. Ce trésor sera perdu s'il reste inexploité. Vous n'êtes pas venus au monde dans le but de subir, souffrir ou survivre. Vous n'êtes pas sur terre pour vous contenter d'une vie médiocre ni vous limiter. Vous méritez le meilleur !

SE GUÉRIR SOI POUR GUÉRIR LE MONDE

Pour finir, il me tient à cœur de partager ce magnifique texte de Marianne Williamson[89]. Que ces mots soient source d'inspiration et de lumière pour vous comme ils l'ont été pour moi :

« *Notre peur la plus profonde n'est pas que nous ne soyons pas à la hauteur.*

Notre peur la plus profonde est que nous sommes puissants au-delà de toute limite.

C'est notre propre lumière et non pas notre obscurité qui nous effraie le plus.

Nous nous posons la question : « qui suis-je, moi, pour être brillant, radieux, talentueux, merveilleux ? »

---

88. Paulo Coelho, *L'Alchimiste*, *op. cit.*
89. Marianne Williamson, *Un Retour à l'amour*, J'ai Lu, Paris, 2010.

En fait, qui êtes-vous pour ne pas l'être ? Vous êtes un enfant de Dieu.

Vous restreindre, vivre petit ne rend pas service au monde.

L'illumination n'est pas de vous rétrécir pour éviter d'insécuriser les autres.

Nous sommes nés pour rendre manifeste la gloire de Dieu qui est en nous.

Elle ne se trouve pas seulement chez quelques élus : elle est en chacun de nous et au fur et à mesure que nous laissons briller notre propre lumière, nous donnons inconsciemment aux autres la permission de faire de même.

En nous libérant de notre propre peur, notre présence libère automatiquement les autres. »

Peu importe vos épreuves de vie, vous avez en vous la capacité de tout surmonter, de vous réinventer, de tout transformer. De chaque difficulté, vous pouvez tirer des leçons de vie que vous pourrez ensuite transmettre.

En guérissant de vos blessures du passé, en vous réappropriant votre histoire, vous pourrez accueillir la lumière en vous et la diffuser. C'est en se guérissant d'abord soi-même qu'il est possible de guérir le monde.

Ayez foi en vous. Autorisez-vous à voir grand, accordez-vous la permission de vivre la vie de vos rêves. Vous le méritez, c'est en votre pouvoir, il faut juste vous en donner les moyens. Prenez des engagements et mettez-vous en action, à votre rythme, un pas après l'autre. Le moment est venu de renaître de vos cendres et de vous réaliser pleinement.

VOTRE CADEAU AU MONDE

Chacun de nous est sur terre pour une raison : nous avons tous **une mission de vie**. La mienne passe par la transmission de ce message à travers ce livre, vous accompagner sur le chemin de votre renaissance et la découverte de votre potentiel.

Vous avez une contribution à apporter au monde, quelque chose que personne d'autre ne possède : un don unique et précieux. À votre tour de trouver ce trésor en vous, de révéler vos dons et vos talents, d'exploiter ce potentiel. Faites surgir sa lumière pour éclairer les autres. C'est un cadeau que vous ferez au monde.

Votre cadeau n'est pas nécessairement utile à tous. Il peut s'agir d'aider ou de guérir une seule personne : **vous-même.** En guérissant vos blessures, vous encouragez les autres à faire de même. **En vous guérissant, vous guérissez le monde.**

Le plus beau cadeau que vous puissiez offrir au monde, ainsi qu'à vous-même, est d'aller sur le chemin de la connaissance de soi, de retrouver votre puissance personnelle et de vous accomplir. En vous autorisant à vivre vos rêves, en exploitant vos trésors, vous encouragez les personnes autour de vous à faire de même et à prendre conscience de leur lumière intérieure.

Nous sommes tous liés les uns aux autres. Ce que nous faisons a un impact collectif. Chaque acte compte. Plus nous serons nombreux à irradier de notre lumière, plus nous encouragerons les autres à révéler l'or qui gît au fond d'eux-mêmes. Ainsi, le monde s'enrichira et rayonnera. Votre contribution a toute sa place, le monde a besoin de votre lumière d'or pour rayonner davantage. Votre participation est requise. Vous êtes un cadeau pour le monde, un trésor unique et précieux !

CONCLUSION

Ce livre n'a de valeur que si vous lui en donnez. Imaginez que vous ayez investi toutes vos économies dans ce livre, pensez alors à l'attention que vous lui accorderiez. Il est probable que vous mettiez tout ce que vous apprenez en application, sans vous poser de questions. Vous le feriez puisque vous avez investi en lui et que vous attendez un retour de votre investissement.

Mettez-vous en action dès maintenant, il n'y aura jamais de meilleur moment. C'est en semant des graines dans le présent que vous récolterez des fruits le moment venu. Tout commence par un premier pas, et chaque pas compte dans ce voyage initiatique.

Si ce chemin est difficile à faire seul, n'hésitez pas à vous faire aider. C'est faire preuve de force, de courage et d'humilité de demander de l'aide.

Sortez de votre zone de confort. Mettez en application, pratiquez, persévérez, entraînez-vous. C'est la clé de la transformation personnelle. Investir en soi est sans comparaison possible le meilleur placement que l'on puisse faire. En misant sur vous et sur votre croissance personnelle, vous obtiendrez des résultats au-delà de toutes vos espérances...

Je vous souhaite un merveilleux voyage sur ce chemin personnel, à la découverte de vous-même et de votre potentiel. Faites-en bon usage !

Vous êtes unique au monde et vous avez une contribution à lui apporter. À votre tour de rayonner de l'or de vos cicatrices. Le monde a tant besoin de votre lumière : il vous attend.

Avec toute ma gratitude et mon amour,

Anya

Remerciements

Je vous remercie, cher lecteur, de m'avoir suivie dans ce voyage de transformation. Sans vous, ce voyage n'aurait pas été le même !

Merci à mon père et à ma mère de m'avoir donné la vie, et d'avoir fait de moi celle que je suis aujourd'hui. Papa, Maman, je vous aime de tout mon cœur...

Merci à mes trésors, Alexandre, Antoine et Lily-Rose. Vous êtes les lumières de ma vie. Avec toute ma gratitude et mon amour infini...

Merci à Michel qui a partagé mon parcours de reconstruction toutes ces années et sans qui je ne serais pas arrivée jusque-là. Toute ma reconnaissance pour ce que tu m'as apporté.

Merci à Justine et à Frédéric pour votre soutien inconditionnel et vos encouragements.

Merci à Évelyne, tu es une sœur pour moi. Ton challenge mensuel m'a tellement inspirée ! Toute ma gratitude pour ton soutien inconditionnel, ta présence et ton écoute.

Merci à François d'avoir accueilli ma parole et de m'avoir encouragée à me libérer, c'est ainsi que ce voyage de transformation a commencé. Je t'en suis si reconnaissante !

Merci à Sarah Bully et Mathilde Riffort pour votre enthousiasme et pour avoir cru en mon projet. J'ai été heureuse de vous emmener avec moi dans cette belle aventure !

Merci à Nathalie et à Laurent pour vos encouragements et votre soutien, ils ont été précieux dans mon parcours. Merci à Ryu de m'avoir encouragée à porter plainte, je t'en suis très reconnaissante. Merci à Anne pour ton aide et pour avoir mis sur mon chemin de belles rencontres qui ont changé ma vie.

Merci à Mylène de m'avoir guidée vers ma propre lumière...

Merci à Éric, pour avoir partagé avec moi ta passion du piano et avoir fait entrer la musique dans ma vie ! Cela a transformé mon chemin de résilience...

Merci à Céline et à Matthieu d'avoir cru en mon projet et de m'avoir ouvert les bonnes portes.

Merci à la Maison First éditions et toute sa merveilleuse équipe pour avoir cru en moi et m'avoir donné l'occasion de transmettre mon message.

Merci à tous les bénévoles de mon association pour votre aide précieuse dans sa mission. Je vous en suis si reconnaissante ! Sans vous, je n'aurais pu aller si loin et je sais que nous avons encore tant à construire et à cocréer.

Merci à tous les Résilients et Résilientes que j'ai eu la chance d'accompagner. Vos parcours pleins de force et de courage m'ont tellement inspirée ! Merci à ma merveilleuse communauté Les Résilientes, j'ai appris et grandi auprès de vous. Vos encouragements me portent chaque jour et me donnent des ailes.

Merci à tous ceux qui ont accueilli ma parole. Vous m'avez encouragée à me libérer et à me réaliser pleinement.

Merci à tous ceux qui ont croisé ma route, vous m'accompagnez à chaque instant dans mon voyage. Vous m'êtes très chers et je vous porte dans mon cœur.

Merci à la Vie pour cette renaissance qui m'a été donnée.

Ressources

NUMÉROS ET SITES UTILES

Les Résilientes : l'association propose des groupes de parole pour les femmes et les hommes afin de les accompagner sur leur chemin de reconstruction après des violences sexuelles. Pour en savoir plus : https://lesresilientes.com/

Violences femmes infos : tél. 3919

Numéro national pour les victimes de violences. Appel anonyme et gratuit. De 9 heures à 22 heures du lundi au vendredi, et de 9 heures à 18 heures, samedi, dimanche et jours fériés. http://www.solidaritefemmes.org/

Viol femme information : tél. 0800 05 95 95

Numéro national pour les victimes de violences sexuelles. Appel anonyme et gratuit, du lundi au vendredi, de 10 heures à 19 heures. Pour en savoir plus : https://cfcv.asso.fr/

La Maison des femmes accueille les femmes victimes de violences et organise des groupes de parole :
https://www.lamaisondesfemmes.fr/

Association Parler : accompagnement des victimes de violences sexuelles et groupes de parole.
https://www.associationparler.com/

Violences dans l'enfance

Association L'enfant Bleu : tél. 01 56 56 62 62

Site : https://enfantbleu.org/

Enfance en danger : tél. 119 (24 h/24, 7 jours/7)

Site : https://www.allo119.gouv.fr/

Innocence en danger : https://innocenceendanger.org/

POUR ALLER PLUS LOIN

Pour intégrer les principes et aller encore plus loin dans la pratique, j'organise des ateliers thématiques pour accompagner les personnes dans leur parcours de reconstruction, des groupes de parole à distance en visioconférence, des conférences, des stages et des formations sur le thème de la résilience et de la transformation.

Pour en savoir plus : https://anyatsai.com/

E-mail : anya@anyatsai.com

À propos de l'auteure

Anya Tsai est coach de vie, praticienne en thérapies brèves (PNL, Hypnose, DNR), spécialisée dans l'accompagnement des personnes en résilience et en reconstruction après des violences sexuelles.

Elle est la fondatrice de l'association **Les Résilientes** qui accompagne les femmes et les hommes victimes sur leur chemin de reconstruction et encourage la libération de la parole.

Elle est l'auteure du blog **Les Résilientes** et créatrice de la chaîne YouTube du même nom.

Elle-même résiliente, elle accompagne les personnes sur le chemin de leur transformation personnelle. Elle propose des ateliers de résilience, des stages, des conférences, des cercles de parole, des formations et des accompagnements individuels pour apprendre à faire de ses épreuves une force et à appliquer de l'or sur ses cicatrices.

• **Pour la retrouver :** https://anyatsai.com/

• **Les Résilientes :** https://lesresilientes.com/

• **YouTube :** https://www.youtube.com/c/LesResilientes

• **Pour lui écrire** : anya@anyatsai.com

Lectures conseillées

Témoignages & romans

- Ensler (Eve), *Pardon*, Denoël, Paris, 2020
- Foïs (Giulia), *Je suis une sur deux*, Flammarion, Paris, 2020
- Goll Compagnon (Meena), *Apprivoiser le pardon*, Le courrier du livre, Éditions Trédaniel, Paris, 2016
- Lebas (Maya), *Nos Vies à l'épreuve*, Éditions de la Martinière, Paris, 2016
- Springora (Vanessa), *Le Consentement*, Grasset, Paris, 2020
- Teyssedre (Mary Laure), *Sur le chemin du cœur*, Jouvence, Genève, 2020
- Winfrey (Oprah), *Ce dont je suis certaine*, Éditions du trésor caché, Gatineau (Québec), 2015

Méditation & bien-être

- André (Christophe) *Je médite, jour après jour*, L'iconoclaste, Paris, 2015
- André (Christophe), *La Vie intérieure*, L'iconoclaste, Paris, 2018

- Dalaï-Lama et Tutu (Desmond), *Le Livre de la joie*, J'ai Lu, Paris, 2017
- Lenoir (Frédéric), *Méditer à cœur ouvert*, Nil éditions, Paris, 2018
- Maurel (Joëlle), *Guérir, un chemin d'amour et de conscience*, Guy Trédaniel, Paris, 2019

Psychologie & développement personnel

- André (Christophe), Jollien (Alexandre), Ricard (Matthieu), *À nous la liberté*, L'iconoclaste, Allary éditions, Paris, 2019
- André (Christophe), Jollien (Alexandre), Ricard (Matthieu), *Trois Amis en quête de sagesse*, L'iconoclaste, Allary Éditions, Paris, 2016
- Bernier (Lucie), Lenghan (Robert), *La Technique des petits bonshommes allumettes*, Éditions Atma, Québec, 2016
- Bodin (Luc) Hurtado-Graciet (Maria-Elisa), *Ho'oponopono*, Jouvence, Genève, 2011
- Bourbeau (Lise), *Écoute ton corps*, Éditions E.T.C. Inc, Saint-Jérôme (Québec, Canada), 1999
- Bourbeau (Lise), *La Puissance de l'acceptation*, Pocket, Paris, 2017
- Bourbeau (Lise), *Les 5 blessures qui empêchent d'être soi-même*, Pocket, Paris, 2013
- Chapman (Gary), *Les Langages de l'amour*, Éditions Farel, Pontault-Combault, 1997
- Clerc (Olivier), *Peut-on tout pardonner ?*, Eyrolles, Paris, 2015
- Coelho (Paulo), *L'Alchimiste*, J'ai Lu, Paris, 2007
- Craig (Gary), *Le Manuel d'EFT*, J'ai Lu, Paris, 2016
- Cyrulnik (Boris), *Un merveilleux malheur*, Odile Jacob, Paris, 1999

- Elrod (Hal), *Miracle Morning*, First, Paris, 2016
- Emmons (Robert), *Merci ! Quand la gratitude change nos vies*, Belfond, Paris, 2008
- Filliozat (Isabelle), *Trouver son propre chemin*, Pocket, Paris, 2004
- Ford (Debbie), *La part d'ombre du chercheur de lumière*, J'ai Lu, Paris, 2010
- Frankl (E. Viktor), *Découvrir un sens à sa vie avec la logothérapie*, J'ai Lu, Paris, 2013
- Ghesquière (Anne), *Métamorphose*, Eyrolles, Paris, 2014
- Gilbert (Elizabeth), *Comme par magie : vivre sa créativité sans la craindre*, Le Livre de Poche, Paris, 2017
- Goleman (Daniel), *L'intelligence émotionnelle*, J'ai Lu, Paris, 2014
- Hay (Louise), *Transformez votre vie*, Marabout, Paris, 2019
- Horowitz (Élisabeth), *La Courrier-thérapie*, Jouvence, Genève, 2017
- Jung (Carl Gustav), *L'Âme et la Vie*, le Livre de Poche, Paris, 1995
- Katie (Byron), *Aimer ce qui est*, Synchronique éditions, Antony, 2018
- Krebs (Geneviève), *Dépendance affective*, Eyrolles, Paris, 2018
- Krishnamurti, *Le Sens du bonheur*, Points, Paris, 2014
- Kübler-Ross (Elisabeth), Kessler (David), *Sur le chagrin et le deuil*, JC Lattès, Paris, 2009
- Lee Patel (Meera), *Tout commence ici*, Le Livre de Poche, Paris, 2016
- Loÿ (Virginie), *Sortir d'une relation abusive*, Eyrolles, Paris, 2019

- Monbourquette (Jean), *Apprivoiser son ombre*, Points Vivre, Paris, 2015
- Navarro (Tomás), *Kintsukuroi, l'art de guérir les blessures émotionnelles*, Éditions de la Martinière, Paris, 2018
- Odoul (Michel), *Dis-moi où tu as mal, je te dirai pourquoi*, Albin Michel, Paris, 2002
- Peck (Scott), *Le chemin le moins fréquenté*, J'ai Lu, Paris, 2004
- Poletti (Rosette), Dobbs (Barbara), *Accepter ce qui est*, Jouvence, Genève, 2018
- Pradervand (Pierre), *Apprendre à s'aimer*, Jouvence, Genève, 2018
- Pradervand (Pierre), *Plus jamais victime*, Jouvence, Genève, 2017
- Pradervand (Pierre), *Se faire le cadeau du pardon*, Jouvence, Genève, 2014
- Rosenberg (Marshall B.), *Les mots sont des fenêtres (ou bien ce sont des murs). Initiation à la communication non violente*, La découverte, Paris, 2016
- Ruiz (Don Miguel), *Les quatre accords toltèques*, Jouvence, Genève, 2016
- Salmona (Muriel), *Violences sexuelles. Les 40 questions-réponses incontournables*, Dunod, Paris, 2015
- Salomé (Jacques), *Bonjour Tendresse. Une pensée-tendresse par jour*, Albin Michel, Paris, 1992
- Salomé (Jacques), *La Ferveur de vivre*, le Livre de Poche, Paris, 2014
- Salomé (Jacques), *Le Courage d'être soi*, Pocket, Paris, 2001
- Santini (Céline), *Kintsugi, l'art de la résilience*, First éditions, Paris, 2018

- Thalmann (Yves-Alexandre), *Au diable la culpabilité*, Jouvence, Genève, 2014
- Thalmann (Yves-Alexandre), *Responsable, oui ! Coupable, non !*, Jouvence, Genève, 2018
- Tolle (Eckhart), *Le Pouvoir du moment présent*, J'ai Lu, Paris, 2010
- Tolle (Eckhart), *Nouvelle Terre*, Éditions Ariane, Outremont (Québec), 2018
- Van der Kolk (Bessel), *Le corps n'oublie rien : le cerveau, l'esprit et le corps dans la guérison du traumatisme*, Albin Michel, Paris, 2020
- Williamson (Marianne), *Des larmes au succès, voyage spirituel de la souffrance à la lumière*, J'ai Lu, Paris, 2019

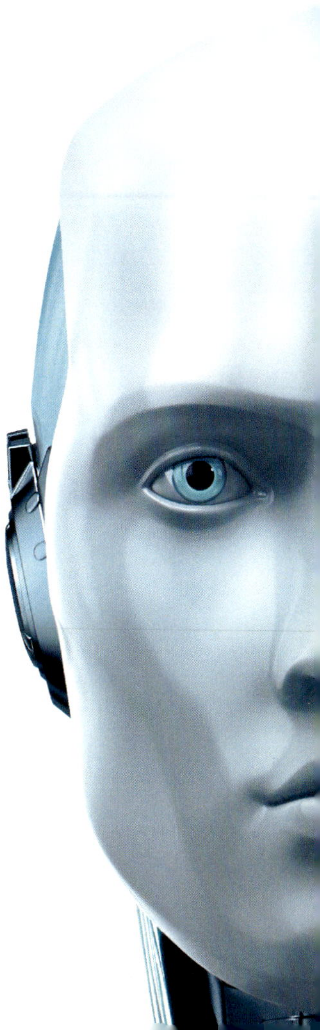